경영학은 쉽다

경영학이 어렵다고?

비전공자도 쉽게
읽을 수 있는
경영학 입문서

쉽다 경영학은

현대 경영학을 만든 기업 이야기

최성락 지음

페이퍼로드
paperroad

경영학을 이해하는
가장 쉽고 빠른 길

이론의 탄생 배경이 된 기업의
실제 사례에 주목하라

'배수의 진'을 공부하는 두 가지 방법

동양의 군사 용어 중에 '배수의 진'이라는 것이 있다. 이것이 무엇인지를 아는 방법은 두 가지가 있다. 하나는 먼저 이론적으로 '배수의 진'이 무엇인가를 배우는 것이다.

'배수의 진'은 강을 뒤에 두고 군사를 배치하는 것이다. 앞에는 적군이 있고 뒤에는 강물이 있다. 도망갈 곳이 없기 때문에 적군과 죽기 살기로 열심히 싸울 수밖에 없다. 군사들이 최선을 다해 열심히 싸우도록 이끌어내는 것이 이 진법의 장점이다. 그러나 문제점도 있다. 만약 그렇게 열심히 싸웠는데도 진다면 도망갈 곳이 없어 모두 전사한다는 것이다.

'배수의 진'이 무엇인지 아는 또 하나의 방법은 그것이 사용된

실제 전투 사례에 대해 배우는 것이다. 중국을 최초로 통일한 진시황제가 죽은 후 중국은 항우의 초나라와 유방의 한나라로 나뉘어 서로 싸운다. 이때 한나라의 유명한 장수로 한신이란 사람이 있었다. 한신이 초나라의 속국이었던 조나라 군사 20만 명과 싸우게 되었다. 한신의 군대는 그동안 많은 승리를 거두어 왔지만 군사 수에서 조나라 군대보다 훨씬 적었고, 무엇보다 군량을 제대로 보급받지 못하고 있었다. 장기간 조나라 군대와 싸우게 되면 불리할 수밖에 없었다.

그래서 한신은 배수의 진을 치고 조나라 군대와 싸운다. 조나라 장수는 한신이 강을 뒤에 두고 군대를 배치한 것을 보고 병법을 전혀 모르는 놈이라고 비웃었다. 하지만 한신의 군대는 도망갈 곳이 없는 절박한 상황에서 최선을 다해 싸운다. 결국 한신의 군대가 승리했고, 조나라는 한나라 땅이 되었다.

사실 '배수의 진'은 어떤 천재적인 군사 이론가에 의해서 창안된 것이 아니다. 한신이 적과 대치한 상태에서 강을 뒤에 두고 군사를 배치했다. 이렇게 군대를 배치하고 큰 승리를 얻자, 이 전쟁 사례를 바탕으로 '배수의 진'이라는 말이 만들어지고 유명해진 것이다. 즉 배수의 진은 전쟁 사례가 먼저이고, 군사 이론은 나중이다. 한신의 사례를 바탕으로 해서 군사 이론이 나온 것이다.

경영학은 기업들의 성공과 실패 스토리 모음집

경영학은 어려운 것일까 쉬운 것일까? 경영학 책을 보면 잘 알지도 못하는 용어에 이해하기도 힘든 내용들이 많이 나온다.

['배수의 진'이란 강을 등지고 군사를 배치하는 것으로, 병사들이 죽기 살기로 열심히 싸우도록 하기 위한 진형陣形이다]라는 식으로 설명한다. 경영학만이 아니라 학교에서 배우는 이론이라 하는 것은 대개 이런 식의 이야기이다. 하지만 원래 학문, 이론이라는 것은 이런 딱딱한 이야기가 아니다.

'배수의 진'은 [한나라의 한신이 조나라의 대군과 전쟁을 하게 되었는데 자기 군대가 조나라 군대보다 약했다. 그냥 싸우면 질 것 같았고, 군사들이 정말로 열심히 싸워야 이길 수 있었다. 뒤에 도망갈 길이 없으면 열심히 싸울 것이다. 그래서 한신은 강을 뒤에 두는 진법을 세웠고, 병사들이 열심히 싸워 결국 승리했다]는 실제 전쟁 이야기에서 유래했다. 우스갯소리로 말하는 '스토리가 있는 이야기'이다. 이론으로 배우면 어려운 이야기이지만, 실제 스토리로 들으면 재미있는 옛날이야기일 뿐이다.

경영학의 이론들은 전부 다 기업의 실제 사례에서 도출된 것이다. 독특한 기업의 이야기, 상품의 이야기가 있고, 나중에 그 사례들을 모아 정리해서 경영학 이론이 만들어진다. 이론이 먼저이고 기업 사례는 그에 부수적인 것이 아니라, 기업 사례들이 먼저 있고 이것을 정리해서 이론이 만들어진다.

경영학 이론들만 들으면 어려운 것처럼 느껴질 수 있다. 하지만 원래 경영학은 어려운 것이 아니다. 단지 기업들의 성공 이야기, 실패 이야기일 뿐이다. 기업의 성공 스토리, 실패 스토리를 모두 모아서 정리한 것이 경영학이다.

공감과 이해력을 높이는 경영학 공부법

'배수의 진'의 문제점은 무엇일까? 이론에서는 '도망칠 곳이 없기 때문에 전쟁에서 지게 되면 모두가 사망하고 나중에 반격할 수 없다'로 설명한다.

하지만 사례로는 '배수의 진'의 문제점을 스토리로 알 수 있다. 이 진법을 사용해서 실패한 대표적인 사례가 임진왜란 때 신립 장군이 탄금대에 '배수의 진'을 친 것이다. 임진왜란이 발생하고 신립 장군은 왜군과 싸우기 위해 군사를 이끌고 나갔다. 그런데 이때 군사는 훈련받은 병사들이 아니라 그냥 농사꾼들을 긁어모은 것이다. 평생 칼 한번 잡아본 적 없는 농사꾼들은 계속해서 전쟁터에서 도망가려 했다. 그래서 신립은 한강을 뒤에 두고 일본군과 맞섰다. 뒤에 강이 있으니 도망갈 생각을 하지 않고 열심히 싸울 것을 기대했다.

하지만 조총을 앞세운 일본군 앞에서 강을 등 뒤에 둔 병사들은 너무 무기력했다. 조선 병사들은 목숨을 걸고 백병전을 하고자 했지만, 일본군은 멀리서 조총을 쏘아댔다. 도망갈 곳이 없는 조선 병사들은 그냥 몰살을 당했고, 신립도 죽었다. '배수의 진'을 사용해서 모든 병사들이 죽었으니 그 다음에는 전투가 불가능했다. 이 탄금대 전투 이후 일본군은 아무 저항 없이 한양을 향해 진격했고, 결국 한양성에 무혈입성한다.

이렇게 이론으로 배수의 진을 아는 것보다, 사례로 배수의 진을 배우는 것이 훨씬 더 공감도 되고 이해력도 높일 수 있다.

이 책에서는 경영 이론을 만드는 데 기여한 유명한 기업 사례들을 모았다. 경영 부문에서는 굉장히 유명한 사례들이다. 이 기업 이야기들을 바탕으로 이론이 만들어지고 또 다듬어졌다. 그밖에도 대부분의 사례들이 경영학 교재들에서 간단하게나마 이름 정도는 나오는 것들이다. 또 꼭 경영학은 아니라도 현재 우리의 경영·경제 시스템의 환경을 만드는 데 크게 기여한 사례들도 소개했다. 재미있게 읽으면서 경영의 세계를 이해하는 데 작은 도움이나마 되었으면 하는 바람이다.

2018년 2월
최성락

2장_경영 조직
새로운 경영 조직의 탄생과 진화

3장_마케팅
현대 마케팅의 전설이 되다

4장_생산 혁신
생산 혁명의 새 시대를 연 기업들

6장_현대 금융
금융 산업의 성공과 실패

1장_경영 전략

현대 경영 전략을 만든 기업들

경영 전략

태평양전쟁에서 일본군은 정말 용감히 싸웠다. 사무라이 정신으로
무장된 그들은 미군보다 훨씬 더 용감하고 죽음을 두려워하지 않는
군인들이었다. 또 그들은 미군에게 항복하면 죽는 것으로 알았기에
아무리 곤란한 상황에 빠져도 싸우다 죽는 길을 택했다. 그런 일본
군을 미군 등 연합군은 정말로 두려워했다.

그런데 재미있는 것은, 그렇게 용감한 일본군이었지만 실제 전투에
서는 별다른 힘을 발휘하지 못했다는 것이다. 미군과 싸우는 족족
졌다. 진주만 기습에서나 큰 승리를 얻었을 뿐이고, 이후 미군이 본
격적으로 반격을 하자 한번도 제대로 이기지 못했다.

어떤 이유 때문이었을까? 일본군에게는 전략이 없었기 때문이다. 그
들은 정말 열심히 싸우는 것밖에 몰랐다. 장교들은 전투 매뉴얼대로,
사관학교에서 배운 대로 군대를 지휘했다. 매뉴얼대로 싸우는 일본
군은 다양한 전략을 사용하며 반격하는 미군을 상대할 수 없었다.

예를 들어 일본군은 전투가 불리하다 싶으면 달 밝은 밤에 총칼을
앞세우고 적진을 기습하는 야간 돌격 전략을 썼다. 처음에는 효과
가 있었다. 그런데 일본군은 전투 지역 어디에서나 이런 야간 돌격
을 감행했다. 곧 미군은 이에 대한 대비책을 마련했고, 이후 만세를
부르며 돌격을 하는 일본군은 기관총, 대포의 희생양이 될 뿐이었다.

그럼에도 불구하고 일본군은 이 돌격 작전을 포기하지 못했다. 병사들은 뛰어났지만, 전략이 형편없었던 것이다. 결국 일본군은 몰살당하고 말았다.

전투에서 전략이 중요하듯이 기업 경영에서도 마찬가지다. 기업에 자산이나 우수한 인재가 얼마나 있는지도 중요하지만, 일단 전략이 형편없으면 살아남기 힘들다. 또 돈과 인재가 부족하다 하더라도 전략이 뛰어나면 충분히 성공할 수 있다.

기업은 어떤 식의 전략을 사용해야 하는가. 전투에서 어떤 전략이 좋은지 정답이 없고 다양하듯이, 기업의 전략도 마찬가지다. 환경과 기업의 능력에 따라 전략도 달라진다. 그래도 좋은 전략은 다른 기업들의 모범이 되고 벤치마킹의 대상이 되어 널리 파급된다. 그런 기업 경영 전략들의 유명한 사례들을 살펴본다. ■

본체는 싸게, 소모품은 비싸게

상식을 뛰어넘은 질레트의 가격 설정 모델

경제학과는 다른 경영학의 가격 설정 방법

상품의 가격은 어떻게 정해야 하는가? 경제학에서는 전통적으로 수요와 공급이 만나는 점에서 가격을 정해야 한다고 말하고 있다. 이론적으로는 맞는 말이기는 한데, 문제는 그래서 수요와 공급이 만나는 점이 어디인지, 상품의 가격을 얼마로 매겨야 하는지를 알 수 없다는 점이다.

내가 지금 레스토랑을 내면서 파스타 메뉴의 가격을 정해야 한다. 그런데 수요와 공급을 고려해서 가격을 정해야 한다면 도대체 얼마를 매겨야 할까? 수요가 많으면 높은 가격을 매겨야 한다. 그러면 사람들이 엄청나게 가게를 찾아오는 경우 파스타 하나에 10만 원씩 팔아도 되는 걸까? 수요와 공급이 만나는 점에서 가격을 설정해야 한다는 것은 이론적으로는 훌륭한 말이다. 하지만 실제 상품 가격을 매길 때는 이처럼 별로 도움이 되지 않는다.

그래서 경영학에는 경제학과는 다른 가격 설정 모델들이 있다. 우선 제조원가에 일정한 이윤을 붙여서 가격을 매기는 방법이다. 파스타를 만드는 데 원가가 10,000원 든다고 하면, 2,000원 이윤을 붙여서 12,000원에 판매한다. 아니면 주변 가게들의 가격을 살펴보고 가격을 정하는 방법이다. 주변 가게들이 파스타를 8,000원 수준에서 판매하고 있는데 나 혼자 비슷한 파스타를 12,000원에 팔 수는 없다. 주변의 가게에서 8,000원이라면 나도 8,000원 정도에 판매한다. 7,500원이나 9,000원 정도로 조금 차이를 둘 수는 있지만, 기본적으로 주변 가게와 같은 8,000원 베이스에서 가격을 정한다.

아예 고급화 전략을 사용해서 비싸게 판매할 수도 있다. 보통 파스타가 8,000원이지만 재료와 식기, 분위기를 고급화해서 20,000원에 판다. 아니면 아예 저가 전략을 사용할 수도 있다. 다른 가게들이 모두 8,000원에 팔고 있을 때, 내가 5,000원에 팔면 분명 히트할 수 있을 것이다. 문제는 5,000원으로 팔아도 이익을 낼 수 있느냐인데, 자재구입, 운영 과정에서 혁신을 이루어서 조금이라도 이익이 난다면 크게 성공할 수 있다.

배보다 배꼽이 더 크게
이 중 어떤 방법을 사용하든 기본적으로 상품을 만드는 제조원가보다는 높은 가격에 팔아야 한다. 그래야 이익이 나고 회사가 유지될 수 있다. 그런데 우리의 상식과는 반대로 여러 가지 가격 설정 모델 중에서 원가보다 더 낮은 가격으로 판매하는 것을 인정하는 방법이 있다. 원가보다 낮지는 않더라도 최소한 이익은 발생하지 않는 가격으로 판매한다.

가장 대표적인 예로 거론되는 것은 컴퓨터 프린터기기이다. 프린터는 굉장히 싸게 판매한다. 몇십만 원이 넘는 가격이기 때문에 비싸다고 느껴질 수도 있지만, 제조원가를 고려하면 굉장히 싸게 판매한다. 그 가격에 판매해서는 절대 이익이 날 수 없는 액수이다.

여기에는 비밀이 있다. 프린터회사는 프린터를 팔아서 이익을 내지 않는다. 프린터 대신 잉크를 팔아서 이익을 낸다. 프린터를 사용하려면 반드시 잉크가 있어야 한다. 처음에 프린터를 살 때 넣어둔 잉크가 다 떨어지면 잉크를 새로 구입해야 한다. 이 잉크값을 잉크 원가보다 높게 매긴다. 기존에 사용하던 잉크가 떨어지면, 이 프린터를 사용하는 사람은 새 것을 살 것인가, 아니면 잉크만 새로 사서 기존의 프린터를 계속 사용할 것인가를 결정해야 한다. 프린터를 새로 구입하는 것은 부담이 된다. 하지만 잉크만 사는 것은 부담이 크지 않다. 원래 잉크 원가보다 비싸기는 하지만, 그래도 프린터를 새로 사는 것보다는 낫다. 사람들은 프린터를 바꾸지 않고 오랫동안 잉크를 갈면서 사용하기로 한다.

이처럼 프린터회사는 가격을 낮춰 자기 프린터를 사용하는 사람을 늘린다. 그러면 그 프린터를 사용하는 사람들은 이후에 계속해서 잉크를 구입한다. 이 잉크 가격은 조금 비싸게 매겨서 프린터 판매에서 발생한 손실을 메꾼다.

이런 가격 모델은 현재 많은 상품에 도입되고 있다. 한국에서는 수입차들의 부품값이 비싸다고 비판이 많다. 그런데 한국의 수입차 회사들은 바로 이런 가격 전략을 사용하고 있다. 수입차를 원래 팔아야 하는 가격보다 좀 싸게 팔고, 그 대신 부품에서 높은 가격을 받는다. 게임기와 게임 소프트웨어도 이런 식이다. 플레이스테이션, X-box 등 게임기 자체는 거의 원가에 판매한다. 그 대신 게임기에 들어가는 게임 소프트웨어는 원가보다 높은 가격을 매긴다. 커피를 내리는 커피 머신도 굉장히 싸다. 그 대신 커피 머신에 들어가는 커피 캡슐은 비싸다.

이 모두가 본체의 가격은 싸게 매기고 본체를 사용하기 위한 소모품에는 높은 가격을 매기는 방식이다. 그리고 이런 방식을 처음 만들어낸 것이 바로 질레트이다.

오래가는 질 좋은 상품보다 쓰다 버리는 소모품이 효자

질레트는 세계적인 면도기회사이다. 세계의 남자들이 매일매일 사용하는 면도기가 대부분 질레트 제품이다. 원래 남자들이 사용하는 면도기는 날이 잘 갈려있는 작은 칼이었다. 그런데 아무리 날을 잘 갈아놓아도 계속 사용하면 무뎌진다. 더구나 남자들은 매일매일 수염을 깎느라 칼을 사용해야 한다. 아무리 날이 선 면도기를 사도, 조금 지나면 날이 무뎌지고, 수염이 잘 깎이지 않는다.

면도날이 무뎌지면 남자들은 두 가지 중 하나를 선택해야 한다. 새 면도기를 사는 것, 아니면 기존의 면도날을 갈아서 쓰는 것. 새 면도기를 사는 것이 좋기는 하지만 돈이 든다. 몇십 년 동안 한 달에 한 번씩 계속해서 면도기를 새로 구입하는 것에는 막대한 비용이 든다. 아니면 날을 계속 갈아서 사용해야 하는데 이것도 쉽지 않은 일이다. 결국 남자들은 면도기를 사서 사용하다가 날이 무뎌지면 날카롭게 갈아서 사용하고, 그렇게 오래 사용하다가 날이 완전히 못 쓰게 되면 새 면도기를 사곤 했다.

1903년, 질레트는 면도날을 갈아 끼울 수 있는 면도기를 발명했다. 질레트의 면도기는 본체와 면도날 부분으로 나뉘어 있었다. 면도날 부분으로 면도를 하고, 이 날이 무뎌지면 날만 바꾸어 쓸 수 있었다. 손잡이가 있는 부분은 그대로 두고, 날 부분만 바꿔서 사용하는 것이다.

이렇게 면도기를 만들면 사람들은 한번 구입한 제품을 계속 사용할 수 있다. 면도날은 조금 쓰면 무뎌지는데 그러면 면도날 부분만 새로 사서 사용한다. 이전처럼 면도기 전체를 다 구입할 필요는 없어서 비용이 절약된다. 그리고 면도날을 새로 바꾸면 되기 때문에 이전처럼 계속 갈아야 하는 수고도 더 이상 발생하지 않는다.

질레트는 1903년 갈아 끼울 수 있는 면도기를 발명하고 특허를 얻었다. 그런데 이 면도기를 발매한 첫해, 질레트는 단지 본체 51개, 갈아 끼우는 날 168개밖에 팔지 못했다. 질레트 면도기는 손잡이 부분에 특허까지 얻은 면도날이 끼워져 있었다. 당시로는 최신 기술이었던 강철 연마로 만든 면도날이다. 그러다 보니 질레트의 면도기는 기존에 판매하던 제품보다 가격이 비쌌다. 그 비싼 가격에 사람들은 면도기를 잘 구입하지 않았다. 질레트 면도기보다 좀 불편하기는 하지만 기존의 더 싼 면도기를 계속 이용했다.

이에 질레트는 면도기 가격을 싸게 했다. 기존의 면도기보다 훨씬 더 비싸야 하는 제품을 이전과 비슷한 가격으로 판매한다. 그러면 사람들이 크게 부담스러워하지 않고 질레트 면도기를 구입할수 있다. 그 대신 이 면도기를 구입한 사람들은 앞으로 계속해서 질레트의 면도날을 구입해야 한다. 결국 질레트는 면도기를 팔아서 수익을 내는 것이 아니라 면도날을 팔아서 수익을 내는 것이다. 이처럼 질레트는 면도기 가격을 낮추어서 보다 많은 사람들이 구매하게했다.

결국 이런 가격 모델은 큰 성공을 거둔다. 질레트 면도기가 처음 나온 1900년대 중반에는 본체 판매량과 면도날 판매량이 그렇게크게 차이나지 않았다. 하지만 1918년경에는 본체는 100만 개를 팔면서 면도날은 1억 2천만 개를 팔았다. 질레트 면도기를 구입한 사람들이 점점 면도날을 구입하게 되면서, 면도날 판매가 압도적인 수익 모델이 된다.

질레트 면도기의 성공은 어떤 식의 상품을 만드는 것이 큰 수익을 낼 수 있는지에 대해서도 많은 시사점을 주었다. 오래가는 질좋은 상품을 만드는 것은 큰 수익을 내기 힘들다. 몇 번 쓰다 버리고, 새로 구입하도록 상품을 만드는 것이 큰 수익을 얻는 방법이다.면도기는 몇 번 쓰면 버리고 새로 사야 한다. 프린터 잉크도 다 쓰면버리고 새로 사야 한다. 필름 카메라도 필름을 한번 쓰면 더 이상 사용하지 못하고 새로 사야 한다. 이때 본체와 소모품을 구분해서 본체를 싼 가격에 보급하면 지금 당장은 손해를 보지만 장기적으로는큰 이익을 얻을 수 있다. 질레트의 상품과 가격 모델은 이후 많은 제품들에 응용된다.

실패 전문가 커넬 샌더스, 현대의 대표적인 경영 전략을 개발하다

프랜차이즈 전략의 선구자

현대에서 가장 일반적인 사업 형태 중 하나는 프랜차이즈이다. 본사가 사업을 영위할 수 있는 노하우를 가맹점에게 가르쳐주고, 가맹점은 가맹비와 매출 중 일정 비율을 본사에 낸다. 이 프랜차이즈는 사업을 하고자 하지만 특별한 노하우가 없는 사람들이 안정적으로 사업을 시작할 수 있는 좋은 방안이 될 수 있다.

현대 프랜차이즈 중에서 가장 크고 유명한 것은 맥도널드이다. 사실 프랜차이즈가 전 세계로 보급되는 데는 맥도널드의 성공이 크게 기여했다. 하지만 맥도널드가 프랜차이즈 사업 자체를 만들어낸 것은 아니다.

원래 맥도널드는 맥도널드 형제가 운영하던 가게였다. 이 가게를 주의 깊게 살펴본 밀크셰이크 믹서기 외판원인 크록이 투자를 해서 공동운영자가 된다. 크록은 이 맥도널드를 프랜차이즈화해서 더 크게 키우려 했다. 하지만 맥도널드 형제는 프랜차이즈 사업에 반대했다. 결국 맥도널드 형제는 자기들의 지분을 모두 크록에게 팔면서 사업에서 빠져나왔고, 크록 혼자서 맥도널드 프랜차이즈 사업을 시작했다. 이렇게 크록이 맥도널드 형제와 결별하고 프랜차이즈 사업을 시작한 것이 1954년의 일이었다.

그런데 처음으로 프랜차이즈 사업의 개념이 고안된 것은 그보다 몇 년 전의 일이다. 맥도널드와 더불어 패스트푸드업계의 대명사인 KFC(캔터키프라이드치킨)의 창립자 커넬 샌더스에 의해서였다. 그는 1950년 자신의 사업을 프랜차이즈화하기로 마음먹었다. 그 뒤 무려 2년 넘게 미국 전역을 돌아다니며 1천 개가 넘는 레스토랑에 프랜차이즈 계약을 하겠냐고 물어보고 다녔다. 그리고 마침내 첫 번째 계약을 성사시킨 것이 1952년이었다. 샌더스는 미국 전역에 프랜차이즈 개념을 보급한 선구자였다.

자신의 치킨 레시피에 일정 비율의 수수료를 받기로 하다

샌더스는 미국 켄터키 주에서 주유소와 음식점을 운영했다. 미국 국도변에 자리 잡은 수많은 주유소 겸 음식점 중 하나였다. 원래는 주유소만 운영했는데, 사람들이 켄터키 국도에는 먹을 만한 식당이 없다고 불평들을 많이 하자 자기 주유소 옆에 식당을 만들었다.

샌더스의 음식은 인기가 있었고, 이 식당은 곧 유명해졌다. 커넬 샌더스는 음식점이 잘되자 주유소를 접고 음식점만 운영한다. 주

정부는 인기 음식점을 운영하는 샌더스에게 명예시민 칭호를 부여했다. 이 명예 호칭이 커넬이었고, 이후 샌더스는 커넬 샌더스라는 이름으로 불린다.

그런데 샌더스의 레스토랑이 운영되던 도로 옆에 새롭게 넓은 고속화도로가 생겼다. 국도변에 자리 잡은 샌더스 레스토랑은 그곳을 오가는 운전자들이 주요 고객이었다. 그런데 다른 고속화도로가 생기면서 운전자들은 더 이상 커넬 샌더스 레스토랑이 있는 국도를 이용하지 않았다. 동네 주민들이라도 많이 오면 유지할 수 있을 텐데, 고속화도로가 마을과 샌더스 레스토랑 중간에 만들어졌다. 사람들의 발길이 끊기면서 샌더스 레스토랑은 망한다. 이때 샌더스는 60세가 넘은 나이였다. 가게를 정리하고 남은 돈과 매달 지급되는 사회보장금 105달러가 샌더스에게 남은 전부였다.

사회보장금으로 굶지 않고 근근이 살아갈 수는 있겠지만 제대로 된 삶은 어렵다. 커넬 샌더스는 다시 새로운 사업을 하려고 마음먹는다. 그는 10살에 처음 일하기 시작한 이후 50여 년 동안 굉장히 많은 직업을 가지고 또 사업을 해왔다. 농장 노동자로 일하기도 했고, 소방원으로도 일했다. 보험 판매원이었던 적도 있고, 철도 보수원으로도 일했다. 사업도 많이 했다. 조그만 선박회사를 운영하기도 했고 켄터키 주에서 했던 주유소, 음식점 외에 다른 곳에서도 비슷한 사업을 하기도 했었다. 하지만 모두 망해버렸다.

그동안 굉장히 많은 직업과 사업을 경험해왔기 때문에, 켄터키 국도변 레스토랑이 망한 것은 커넬 샌더스에게 특별한 일은 아니었다. 망하고 새로운 일을 하고, 망하고 새로운 일을 하고, 이것이 그동안 살아온 커넬 샌더스의 인생이었다. 실패 전문가 혹은 재기 전문가라 할 만한 삶이었다. 하지만 이때는 다른 요소가 고려 대상이 된다. 커넬 샌더스는 이제 60세가 넘어 사회보장금을 받는 나이였다. 지금이라면 60세가 많지 않은 나이로 받아들여질 수 있지만, 1950년대에 60세는 정말이지 죽을 날이 가까운 나이였다. 커넬 샌더스는 부자도 아니었다. 그런 상태에서 새로운 사업을 시작하기는 어렵다.

커넬 샌더스가 좀 젊었다면 다른 레스토랑을 만들었을 것이다. 커넬 샌더스의 음식, 특히 프라이드치킨은 항상 인기가 있었다. 하지만 커넬 샌더스가 직접 사업을 시작하고 매일매일 닭을 튀기기에는 이제 힘이 부친다. 더욱이 커넬 샌더스는 보다 안정적인 수입을 원했다. 자기가 더 이상 일하지 않아도 돈이 들어올 수 있는 방법을 찾았다. 60세의 나이에 앞으로도 계속 육체적으로 일을 해야 하는 사업을 시작할 수는 없었다.

그래서 커넬 샌더스는 자신의 음식 레시피를 팔 생각을 한다. 내가 만든 프라이드치킨은 굉장히 맛이 있다. 이 프라이드치킨을 만드는 방법을 가르쳐주고 돈을 받자. 하지만 레시피를 가르쳐주고 일시불로 한 번 돈을 받는 방법은 안 된다. 1천만 원을 받았다고 해도 그 돈으로 자기가 평생 안정적으로 살아갈 수는 없다. 커넬 샌더스는 남은 자기 인생 동안 계속해서 돈이 들어오기를 바랐고, 그러기 위해서 자기 레시피로 만든 치킨이 팔릴 때마다 그 수익금의 일부를 받기를 원했다.

지금이라면 치킨 만드는 법을 가르쳐주고 매출이 발생할 때마다 일정 비율을 지급받고자 하는 커넬 샌더스의 요구가 쉽게 받아들여질 수 있을 것이다. 하지만 이때는 아직 프랜차이즈라는 개념이 없을 때였다. 레스토랑 운영자들은 커넬 샌더스의 요구를 받아들일 수 없었다.

1,007번의 실패 끝에 탄생한 새로운 경영 모델

레스토랑 운영자들이 커넬 샌더스의 프라이드치킨을 맘에 들어 하지 않은 것은 아니었다. 분명히 샌더스가 만든 프라이드치킨은 맛이 있었다. 커넬 샌더스가 동업을 하자고 하면 그렇게 할 생각이 있었다. 그의 레시피를 몇십만 원, 몇백만 원의 돈을 주고 사라고 하면 살 생각도 있었다. 커넬 샌더스가 레스토랑을 새로 만든다고 하면 투자할 수도 있다.

하지만 커넬 샌더스가 요구한 것은 자기 레시피대로 프라이드치킨을 만들고, 그 치킨이 팔릴 때마다 일정 비율의 수수료를 받는 것이었다. 레스토랑 운영자들은 이 방식을 받아들일 수 없었고, 그의 요구를 거절했다.

커넬 샌더스는 자기의 요구를 받아들여 줄 레스토랑이 어디엔가는 있을 것이라고 생각하고 미국 전역을 돌아다녔다. 2년이 넘는 기간 동안 레스토랑을 찾아가고 거절당하고, 다른 레스토랑을 찾아가고 또 거절을 당한다. 그렇게 무려 1천 번 넘는 거절을 당했다. 2년 동안 1천여 개의 레스토랑을 대상으로 프랜차이즈 개념을 설파하고 다닌 것이다.

1,008번째 방문한 곳은 유타 주 솔트레이크 시에 있는 어느 레스토랑이었다. 솔트레이크 시에서 가장 큰 레스토랑을 운영하는 하

KFC의 첫번째 프랜차이즈를 배경으로, 커넬 샌더스와 하먼

먼이 커넬 샌더스의 요구 조건을 받아들였다. 커넬 샌더스는 하먼에게 프라이드치킨 레시피를 가르쳐주었고, 치킨 한 조각당 0.04달러를 받기로 했다. 첫 번째 맺은 프랜차이즈 계약이다. 1952년도의 일이었다.

하먼의 레스토랑은 1년 만에 매출이 3배로 뛴다. 그리고 매출 증가분의 75%가 커넬 샌더스의 프라이드치킨에서 나왔다. 이런 큰 성공은 곧바로 다른 레스토랑 운영자들에게 퍼져나갔다. 이전에는 커넬 샌더스가 레스토랑을 찾아가야 했는데, 이제는 레스토랑 운영자들이 그를 찾아와서 프랜차이즈 계약을 해달라고 요구했다. 커넬 샌더스의 프라이드치킨은 켄터키프라이드치킨Kentucky Fried Chicken이라는 이름의 상표를 갖게 되고, 정식 프랜차이즈로 커나가게 된다.

1964년, 73세의 나이에 커넬 샌더스는 KFC를 200만 달러에 판매한다. 지금 가치로 1500만 달러가 넘는 돈이었다. 이후 커넬 샌더스는 죽을 때까지 KFC 홍보 대사로 활동했다. 그리고 현재까지 KFC 매장 앞의 통통하고 인자한 흰 수염의 할아버지로 남아있다.

커넬 샌더스는 프랜차이즈 보급자로서만이 아니라 경영에서 나이가 중요하지 않다는 것을 말해주는 사례이기도 하다. 커넬 샌더스는 평생 한번도 제대로 성공을 하지 못하다가 62세에 프랜차이즈 사업을 시작했다. 그리고 73세의 나이에 백만장자가 되고 세계적인 유명인이 되었다. 자기만의 분명한 노하우가 있다면 60이 넘어 사업을 시작해도 성공할 수 있다는 가장 대표적인 실례가 되었다. 더욱이 그가 선구가 되었던 프랜차이즈 사업은, 2016년 한국에서만 해도 4천 2백여 개가 넘는 기업이 활동하는 현대의 대표적인 경영 전략이 되었다.

합리적 미래 예측과
위험 회피 전략의 성공

쉘의 시나리오 경영

미래에 벌어질 모든 가능성에 대비한다

경영 전략에서 중요하게 다루어지는 것 중 하나가 시나리오 경영이다. 한마디로 시나리오 전략은 미래를 예측하고 그에 대한 대응 방법을 미리 마련하고자 하는 전략이다. 원칙적으로 인간이 미래를 예측하는 것은 불가능하다. 하지만 시나리오 경영에서는 최대한 미래를 합리적으로 예측하도록 하고, 위험을 최소화할 수 있는 방안을 제시한다.

시나리오 경영은 단지 한두 가지로 미래를 예측하지 않는다. 미래에 벌어질 수 있는 여러 사건들을 고려하고, 그 사건들이 벌어졌을 때 어떤 영향이 있을지, 그리고 그에 대해 어떻게 대응할 수 있을지를 모두 고려한다.

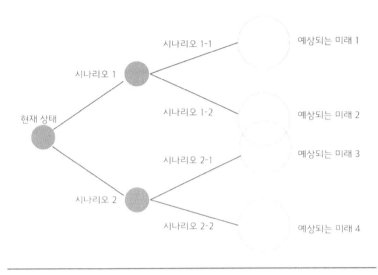

시나리오 1-1 → 예상되는 미래 1

시나리오 1

시나리오 1-2 → 예상되는 미래 2

현재 상태

시나리오 2-1 → 예상되는 미래 3

시나리오 2

시나리오 2-2 → 예상되는 미래 4

시나리오 예측 방안

A가 할인점을 경영한다고 하자. 이때 경쟁 기업이 지금 할인점에 진출할지 하지 않을지, 진출을 한다면 서울에서 점포를 낼지 부산에서 점포를 낼지, 점포를 낼 때 높은 가격 정책을 사용할지 낮은 가격 정책을 펼지 등 모든 경우에 대해 계속해서 검토해 나간다. 이렇게 모든 대안들을 살펴보다 보면 경쟁 기업이 서울에 진출했을 때 어떤 식으로 대응해야 할지, 경쟁 기업이 부산에서 더 낮은 가격의 할인점을 냈을 때 어떻게 해야 할지에 대해 바로바로 대응해 나갈 수 있다.

시나리오 경영이 널리 알려지게 된 것은 다국적 석유회사인 쉘 Shell 때문이었다. 쉘은 시나리오 경영 전략을 채택해서 큰 성공을 거둔 기업이었다.

석유 가격 폭등에 대비한 치밀한 시나리오

원래 시나리오 전략은 군대에서 사용하는 방법이었다. 군대에서는 적이 어떻게 공격할지를 예측하고 그 모든 공격 루트에 대해 대응 방안을 마련한다. 미리 예측하지 못한 루트와 방법으로 공격해 들어오면 아군은 큰 피해를 입게 된다. 그래서 상대방이 어떻게, 어떤 방법으로, 언제 처들어올지를 모두 고려하여 그에 대해 준비를 해야 한다.

쉘은 군대에서의 시나리오 전략을 받아들여 회사 내에 시나리오팀을 만들었다. 1970년대 초, 쉘의 시나리오팀은 앞으로 석유 가격이 크게 오를 가능성이 있다는 예측을 내놓는다.

1970년대 초 유가는 배럴당 3달러 수준이었다. 오랫동안 이런 수준이었기 때문에 석유 가격은 안정적이라고 모두가 예측했다. 그런데 쉘의 시나리오팀은 1970년대 초 미국이 채유할 수 있는 유전 수가 감소하고 있다는 점, 하지만 세계의 석유 수요는 계속 증가하고 있다는 점을 발견한다.

미국의 유전 수가 감소하고 세계의 석유 수요가 증가하면 어떤 일이 벌어질까? 가만히 있으면 석유 가격이 오른다. 하지만 다른 나라에서 석유 생산을 증가하면 가격이 오르지 않을 것이다. 그러면 다른 나라에서는 석유 생산을 증가시킬 수 있을까? 주요 산유국인 이란은 매장량 부족으로 석유 생산을 증가시키기 어렵다. 사우디는 석유 가격이 높을 때 자기가 얻는 수익이 많아지므로, 산유량을 늘리지 않을 것이다. 그렇다면 세계 석유 가격은 오르게 된다.

지금 석유 주요 생산지는 중동 지역이다. 세계 각국은 중동 지역에서 석유를 구하기 위해 노력해야 할 것이다. 이런 상황에서 중동은 서방 국가에 협력을 할까 아니면 적대적으로 나올까? 서방 국가들은 아랍 국가와 이스라엘 간 전쟁에서 이스라엘 편을 들었다. 중동 아랍 국가들은 지금 서방 국가들에 적대적이다. 이들은 유럽과 친유럽 국가들을 괴롭히기 위해서라도 석유 가격을 더 올리려 할 것이다.

쉘은 두 가지 시나리오를 만들었다. 하나는 일반 사람들이 생각하는 대로 유가가 안정적으로 유지될 것이라는 시나리오다. 다른 하나는 중동 아랍 국가들이 힘을 합쳐 석유 가격을 대폭 올릴 것이라는 시나리오다. 유가가 안정적이라면 쉘도 별로 피해를 볼 것이 없다. 하지만 석유 가격이 대폭 오르면 쉘의 경영에도 큰 타격이 온다. 그래서 쉘은 석유 가격이 올랐을 때를 대비한 준비를 하기 시작했다.

석유는 가격이 올랐다고 해서 바로 증산할 수 없다. 탐사를 하고 시추를 하는 데 시간이 걸린다. 쉘은 석유 탐사와 시추를 서둘렀다. 가격이 올랐을 때 바로 석유를 더 퍼낼 수 있으면 큰 수익을 얻을 수 있기 때문이다. 또 석유 구매는 장기간으로 계약했다. 지금 석유 가격이 3달러 수준인데, 앞으로 5년, 10년 동안 똑같은 가격으로 구매한다는 계약을 했다. 그러면 중간에 가격이 오르더라도 계속 지금의 가격으로 구매할 수 있다. 지금 가격으로 구매해서 유가가 올랐을 때 그 오른 가격으로 판매하면 큰 수익을 올릴 수 있다.

반대로 석유 판매 계약은 단기간으로 했다. 1년 단위로 석유 판매 계약을 하면, 석유 가격이 올랐을 때 바로 그 높은 가격으로 판매할 수 있게 된다. 5년의 장기 계약을 하면 석유 가격이 높아져도 계속 낮은 가격에 판매해야 하니 오히려 손해를 볼 수 있다. 이런 식으로 쉘은 석유 가격이 올랐을 때를 대비해서 여러 가지를 준비해나 갔다. 이런 전략들은 석유 가격이 오르면 큰 수익을 낼 수 있는 방안이고, 석유 가격이 안정적 추세를 유지한다 해도 손해를 보지는 않는다. 그리고 얼마 뒤 쉘이 마련한 시나리오가 엄청난 위력을 발휘하게 될 순간이 찾아온다.

현대의 보편화된 경영 전략으로 자리 잡다

1973년, 1차 석유 파동이 발생했다. 1973년 10월 중동 아랍 국가들이 주축이 된 OPEC^{Organization of the Petroleum Exporting Countries, 석유 수출국 기구}은 석유 가격을 배럴당 3달러 2센트에서 3달러 65센트로 올렸다. 그 후 1974년 1월 1일에는 배럴당 5.12달러에서 11.65달러로 인상했다. 이것을 예측할 수 없었던 많은 석유 수입국들은 큰 어려움을 겪는다. 한국도 이때 석유 부족으로 고통을 받았다. 세계 굴지의 석유회사들도 석유를 구할 수 없는 사태에 직면했다.

하지만 쉘은 이미 만반의 준비를 했기에 세계 불황의 어려움을 쉽게 헤쳐갈 수 있었다. 세계 석유 시장에서 쉘의 매출 비중은 크게 증가했고, 석유 파동의 와중에 세계 5위에서 2위의 석유회사로 올라서게 된다.

1980년대 초, 쉘의 시나리오팀은 또 한 번 성공을 거둔다. 1973년 석유 가격이 폭등한 이후 세계는 고유가에 익숙해진다. 그런데 이때 쉘 시나리오팀은 석유 가격이 폭락할 수 있다는 예측을 내놓는다. 당시는 자본주의 국가와 공산주의 국가 간에 냉전이 벌어진 시기였다. 자본주의 국가들인 서유럽과 미국은 공산주의 국가인 소련(구 러시아)과 무역 거래를 하지 않았다. 소련은 석유와 가스가 많이 생산된다. 하지만 이 소련의 석유와 가스는 서구 국가들에게 판매되지 않았다.

쉘의 시나리오팀은 소련의 출생률이 떨어지고 노령화가 증가되는 현상에 주목했다. 저출산, 노령화가 지속되면 경제는 어려워진다. 소련이 돈을 벌기 위해서는 석유와 가스를 서구 국가들에게 팔아야 한다. 그동안은 이념 때문에 무역 거래가 이루어지지 않았지만, 소련은 살아남기 위해서 서구와의 긴장을 완화하고 석유와 가스를 팔려고 할 것이다.

그동안 시장에 나오지 않았던 소련의 석유와 가스가 풀리면 공급량이 크게 증가한다. 그러면 가격은 폭락한다. 석유 가격이 폭락한다면 많은 비용이 드는 바다에서의 석유 시추와 채유는 하지 말아야한다. 석유 가격이 높으면 바다에서 석유를 파내도 이익을 낼 수 있지만, 가격이 낮아지면 바다에서의 시추는 오히려 손해를 본다.

쉘은 비용이 많이 드는 석유 시추와 채유를 모두 연기한다. 또 앞으로 석유 가격이 낮아질 것이라면 석유 구매는 단기간으로 하는 것이 좋다. 반대로 석유 판매 계약은 장기간으로 하는 것이 더 유리하다. 지금 높은 가격으로 장기간 판매 계약을 하면 앞으로 낮은 가격에 석유를 사서 높은 가격으로 판매하는 것이 가능해진다.

1983년, 쉘의 시나리오팀이 예측한 그대로 세계적으로 저유가 시대가 도래한다. 1980년대 초 1배럴에 30달러에 달하던 석유 가격이 1986년에는 배럴당 10달러대까지 떨어진다. 누구도 예상하지 못했던 이 저유가 시대에 쉘은 또다시 커다란 이익을 얻게 된다.

쉘의 성공담에 의해서 시나리오 경영이 실제적으로 큰 성과를 가져올 수 있다는 것이 알려진다. 이후 시나리오 경영은 주된 경영 전략의 하나로 자리 잡게 되었다.

뛰어난 제품보다 중요한 건 브랜드 이미지

코카콜라의 야심작 뉴 코크는 왜 실패했는가?

코카콜라의 세계적 영향력

코카콜라는 1886년에 처음 만들어졌다. 코카콜라는 원래 음료가 아니라 소화를 도와주는 약으로 제조되었고, 그래서 일반 식료품 가게가 아니라 약국에서 판매되었다. 하지만 곧 사람들이 일상적으로 콜라를 마시기 시작하면서 미국의 대표적인 음료로 자리 잡게 되었다.

그동안 코카콜라가 이 세상에 미친 영향은 단순히 음료로서만은 아니었다. 산타클로스는 어떻게 생겼을까? 우리는 모두 산타클로스가 흰 수염을 덥수룩하게 기르고 빨간 외투를 입고 있는 것으로 상상한다. 그런데 바로 이 이미지를 만든 것이 코카콜라이다. 원래 산타클로스는 초록색 옷을 입는 것으로 묘사되었다. 그런데 1930

년대 코카콜라 사는 산타클로스가 흰 수염을 기르고 빨간 외투를 입고서 코카콜라를 들고 있는 모습을 내보내는 광고를 했다. 지금 우리가 알고 있는 바로 그 이미지이다. 광고 이후에 세계적으로 산타클로스는 바로 이 모습으로 각인된다. 지금의 산타클로스를 만든 것은 코카콜라였던 것이다.

코카콜라에서 또 유명한 것은 음료를 담은 병이다. 캔 음료가 나오기 전에 모든 음료는 병에 담겨서 팔렸다. 코카콜라는 S자형의 굴곡 있는 병을 만들었고, 이 병이 또 세계적으로 히트했다. 병 속의 내용물이 무엇인지, 음료가 맛있는지 여부도 중요하지만, 그것과 별개로 상품을 어떻게 포장하느냐, 용기를 어떻게 만드느냐가 상품의 매출과 인기도에 큰 영향을 미친다는 것을 보여준 사례였다.

코카콜라는 또 하나 현대 마케팅 이론의 발전에도 크게 기여를 했다. 코카콜라는 1886년 처음 만들어진 이후에 그 맛을 바꾸지 않은 것으로 유명했다. 코카콜라를 만드는 방법은 기밀이었다. 다른 회사들도 코카콜라의 맛을 내기 위해 100년 가까이 노력을 했지만, 비슷한 맛은 만들어도 똑같은 맛은 내지 못했다. 세계 여러 나라에서 미국의 우주선을 따라 만들고, 핵폭탄을 베껴 만들고, 스마트폰을 모방해 만들어내면서도 코카콜라를 똑같이 만들어내지는 못한다. 그런데 코카콜라는 1985년 4월 23일, 기존의 코카콜라를 단종시키고, 새로운 콜라를 판매하기 시작했다. 바로 뉴 코크New Coke이다.

소비자들이 되살려낸 코카콜라 브랜드
1980년대 코카콜라는 경쟁자 펩시에게 조금씩 밀리기 시작했다. 아직 콜라 시장의 일인자는 코카콜라였지만, 펩시콜라의 점유율이 점점 올라가고 있었다. 사람들이 펩시콜라를 마시는 이유는 분명했다. 코카콜라보다 펩시콜라가 더 맛이 있었다.

펩시 사는 펩시콜라가 코카콜라보다 더 맛이 있다는 것을 주요 마케팅 전략으로 삼았고, 또 코카콜라에서도 자체적으로 조사를 해 보니 펩시콜라가 더 맛이 있다는 결과가 나왔다. 더 맛있는 펩시콜라가 머지않아 코카콜라를 추월할 것이다. 그래서 코카콜라는 새로운 콜라를 만들기로 결정하고, 펩시콜라의 맛을 넘어설 새로운 음료를 개발했다. 바로 뉴 코크이다.

이것은 단순한 제품을 바꾸는 것이 아니라, 회사의 주력 상품을 바꾸려는 것이다. 그래서 코카콜라 사는 새로운 콜라가 기존 코

코카콜라를 들고 있는 산타클로스

뉴코크를 선전하는광고

카콜라보다 더 맛있는지, 펩시보다 나은지를 굉장히 신중하게 조사했다. 10개 주요 도시에서 2천 명이 넘는 사람을 대상으로 조사를 하니 사람들이 뉴 코크를 더 좋아한다는 결과가 나왔다.

2천 명 가지고는 조금 부족했다. 그래서 미 전역에서 19만 명이 넘는 사람들을 대상으로 테스트를 했다. 이 비용만 400만 달러가 들었다. 2010년대 시세로는 몇백억 원이 넘는 돈이다. 과반수의 사람들이 코카콜라, 펩시콜라, 뉴 코크 중에서 뉴 코크가 제일 맛있다고 응답했다. 그래서 코카콜라 사는 기존의 코카콜라를 뉴 코크로 바꾸기로 결정한다.

2년이 넘는 준비 기간 끝에 1985년 4월 23일, 코카콜라는 드디어 기존의 콜라 생산을 중단하고 뉴 코크를 발매하기 시작했다. 코카콜라는 광고를 많이 하기로 소문난 회사이다. 새로운 제품 출시에 맞추어 엄청난 광고 물량을 쏟아내며 새로운 콜라의 출시를 알렸다.

뉴 코크는 성공적으로 시장에 입성했다. 처음 한 달간 기존 코카콜라보다 더 많이 팔려나가 시장점유율이 상승했다. 그런데 이상한 일들도 동시에 발생했다. 뉴 코크가 발매되고 나서 몇 시간 사이에 600건이 넘는 불만 전화가 걸려왔다. 한 달이 지나자 하루 5천 건 이상 불만 전화가 걸려왔다. 7월 초까지 불과 두 달 반 사이에 40만 건이 넘는 불만 전화, 편지가 접수되었다.

소비자들은 더 이상 생산되지 않는 원래 코카콜라를 사 모으기 시작했다. 원래 코카콜라의 값이 시중에서 폭등을 했다. 기존의 콜라를 고수하자는 항의 단체들이 만들어지기도 했고, 뉴 코크에 대한 불매 운동이 벌어지기도 했다.

이처럼 원래 콜라를 돌려달라는 요구가 점점 증가할수록, 뉴 코크의 판매량은 점차 감소해갔다. 결국 코카콜라 사는 원래 콜라를 다시 출시하기로 결정한다. 7월 11일, 기존 콜라가 생산 중지되고 뉴 코크로 대체된 지 77일 만에 기존 콜라는 '코카콜라 클래식C^Coca-cola Classic'이라는 이름으로 다시 생산되게 된다.

코카콜라 사가 클래식 콜라를 다시 발매한다는 발표를 할 때, ABC 방송사는 드라마를 방영 중이었다. ABC는 드라마 방영을 중지하고, 코카콜라 클래식이 나오게 되었다는 것을 속보로 전한다. 다른 방송사들도 코카콜라 재발매를 속보로 전달했고, 주요 신문들도 1면에 기사를 실었다. 코카콜라가 재생산된다는 것은 그 당시 미국인들에게 가장 중요한 뉴스였던 것이다.

음료를 마실 때의 행복은 맛으로만 결정되지 않는다

뉴 코크 발매가 대실패로 돌아가고 다시 원래 코카콜라가 판매되기 시작한 것은 마케팅 이론에서 주요한 관심사가 되었다. 분명히 모든 조사에서 뉴 코크가 코카콜라보다 맛있다는 결과가 나왔다. 그런데 사람들은 뉴 코크보다 맛이 좀 떨어진다고 인정을 하는 코카콜라를 원했다. 사람들은 더 맛이 있으면, 더 좋은 상품이면 팔릴 수 있다고 생각한다. 하지만 코카콜라 사례는 맛보다 더 중요한 것이 있다는 것을 말해주는 것이었다.

그러면 맛보다 더 중요한 것은 무엇일까? 여러 가지 설명들이 나왔다. 코카콜라는 단순한 음료가 아니라 미국을 상징하는 것이었다. 실제 지금도 미국을 상징하는 상품으로는 코카콜라와 맥도널드가 대표적으로 거론된다. 코카콜라는 미국의 정체성과 관련된다. 미국인들의 코카콜라에 대한 애정은 단순히 맛으로 판단할 수 있는 것이 아니다.

또 음료를 마실 때 행복감은 단순히 맛으로만 결정되는 것이 아니다. 빨간 코카콜라 캔을 들고 내용물을 마시는 것, 바로 그 행위가 만족감과 직결된다. 브랜드가 중요한 것이지 맛은 부차적인 것이다. 상품 그 자체의 질보다 브랜드가 중요하다는 것, 상품이 단순히 사고 팔리는 것이 아니라 무언가를 상징적으로 내포할 수 있는 물건이라는 것을 코카콜라 사례가 적나라하게 보여주었다.

그리고 뉴 코크 사례는 사전적으로 이루어지는 설문조사, 인터뷰조사의 한계를 분명히 보여주었다. 코카콜라 사는 뉴 코크를 발매하기 전에 뉴코크가 정말 기존 콜라보다 더 잘 팔릴 것인지 엄청나게 조사를 했다. 당시 400만 달러 이상을 지출할 정도로 충실하고 엄밀히 조사를 한 것이다. 대충대충 조사를 한 것이 아니라, 여론조사 전문가들을 고용해서 엄정한 조사를 벌였다. 회사의 명운이 달린 일을 쉽게 결정할 수는 없는 일이다. 그 엄청난 조사를 통해서 사람들이 뉴 코크의 맛을 좋아한다는 것은 알아낼 수 있었다.

하지만 사람들이 실제 구매할 때에는 뉴 코크보다 맛이 떨어지는 코카콜라를 선택하리라는 것은 알아낼 수 없었다. 마케팅에서 설문조사는 가장 일반적으로 사용되는 조사 방법이다. 설문조사의 한계, 그리고 설문조사가 어떻게 이루어져야 하는가에 대해서도 뉴 코크 사례는 심대한 영향을 끼쳤다.

표준 기술을 가진 자가 시장을 지배한다

소니의 베타와 JVC의 VHS, 표준 전쟁을 벌이다

시청각 문화에 혁명을 일으킨 비디오테이프

지금은 TV 본방송을 보지 않아도 케이블 TV의 다시보기 기능 등을 이용해 얼마든지 못 본 방송을 볼 수 있다. 영화도 직접 영화관에 가서 보지 않아도 케이블 TV 등을 통해서 즐길 수 있다.

하지만 1970년대까지만 해도 TV 본방송을 보지 못하면 재방송을 해줄 때까지 그 프로그램은 다시 볼 수 없었다. 영화도 마찬가지이다. 영화관에서 상영될 때 보지 못하면 다시는 그 영화를 볼 기회가 없었다. 영화관에서 재상영을 하든지, 아니면 몇 년 후에 TV에서 상영해주거나 해야 볼 수 있었다.

그것을 바꾼 것이 비디오테이프였다. 비디오테이프 기술은 집에서 TV 프로그램을 바로 녹화할 수 있도록 했다. 지금 당장 TV 프로그램을 보지 못해도, 녹화를 해놓으면 나중에 볼 수 있다. 프로그램 녹화를 미리 예약해놓으면 자기가 집에 없더라도 TV 프로그램을 녹화해서 보는 것도 가능하다.

영화도 마찬가지이다. 영화관에서 상영한 영화가 좀 지나면 비디오테이프로 발매되었다. 그동안 영화는 영화관에 가서 보는 것이었는데, 이런 문화가 바뀌어버렸다. 이후 CD, DVD로 발전되고 지금은 블루레이가 나오고 있는데, 그 시초가 바로 비디오테이프였다.

모두가 베타 방식의 승리를 점쳤다

가정용 비디오테이프를 처음 만든 것은 소니였다. 1975년, 소니는 비디오카세트 레코더를 개발해 소개했다. 그런데 1976년 JVC^{Victor} Company of Japan 회사도 비디오카세트 레코더 개발에 성공한다.

소니의 비디오카세트와 JVC의 비디오카세트는 똑같이 TV 프로그램 등을 녹화할 수 있는 기능을 가지고 있었지만, 그 내부의 작동 방식이 달랐다. 서로 호환되지 않았다. 소니의 작동 방식을 베타라고 불렀고, JVC의 작동 방식을 VHS라고 불렀다. 베타 방식의 비디오카세트로 만든 것은 베타 비디오테크에서만 재생할 수 있었다. 마찬가지로 VHS 방식으로 만든 것은 VHS 비디오테크에서만 재생이 가능했다. 지금 애플의 맥 OS를 사용하는 컴퓨터와 마이크로소프트의 윈도우를 사용하는 컴퓨터의 프로그램들이 서로 호환되지 않는 것과 마찬가지였다. 이렇게 비디오카세트에는 베타와 VHS 두 방식이 있다. 이 두 가지 방식 중에서 어떤 것이 세계적으로 통용될 것인가? 이것이 현재 경영의 중요한 화두가 된 표준화 문제를 제기한 표준 전쟁의 시작이다.

자신이 개발한 기술이 세계 표준으로 인정받으면 그 이후에 등장한 사업자는 모두 그 기술을 이용한다. 그러면 표준 기술을 개발한 기업은 쉽게 큰 수익을 얻을 수 있다. 대표적인 기업이 퀄컴이다. 퀄컴은 현대 무선이동통신에 사용되는 CDMA 기술 특허를 가지고 있다. CDMA 기술이 핸드폰 통신 방식의 표준이 되면서 한국의 삼성, LG뿐만 아니라 핸드폰, 스마트폰을 만드는 많은 기업들이 퀄컴의 기술을 받아 써야 한다. 그래서 지금 퀄컴은 특별히 생산하는 것도 없지만 이 특허 기술로만 연 154억 달러의 수익을 얻는다. 표준 기술을 가진 자가 그 업계를 지배하는 것이다.

그런데 만약 많은 비용을 들여서 기술을 개발했는데 다른 기술이 표준화가 되면 그 회사는 엄청난 손해를 본다. 다른 사람들이 자기 기술을 이용해주지 않으니 기술을 써먹을 곳이 없어진다. 기술 개발비, 제품 제작비만 버리게 된다.

베타와 VHS 방식 중에서 먼저 나온 것은 베타 방식이다. 더구나 베타 방식을 개발한 것은 기술과 혁신으로 유명한 소니 사이다. 베타 방식은 초기 비디오카세트 시장을 장악한다. 하지만 시장을 장악했다 해도 이제 비디오 시장은 처음 시동을 걸었을 뿐이라, 아직 규모는 작은 상태였다. 그리고 1년 후인 1976년, VHS 방식이 개발되어 나왔다.

비디오테이프는 개발 국가인 일본 내에서만 판매되는 것이 아니라 세계적으로 히트를 해서 세계 시장이 만들어졌다. 세계 각국에서 베타 방식의 비디오테이프와 비디오테크, VHS 방식의 비디오테이프와 비디오테크가 판매되고, 양 기술 간 경쟁이 벌어졌다.

그런데 비디오 품질상으로는 베타 방식이 훨씬 더 나았다. 베타의 영상이 더 고화질이었고 잡음도 적었다. 정지 화면일 때 VHS 방식은 화면에 줄이 생기는 문제가 있었다. 큰 차이는 아니지만, 전문가들은 모두가 베타 방식이 기술적으로 더 뛰어나다고 보았다. 그리고 VSH 비디오테이프가 소니의 베타 비디오테이프보다 더 컸다. 베타는 화질도 좋고 부피도 적다. 누구나 베타가 시장을 석권할 것이라고 예상했다.

기술의 우위가 아니라 시장의 선택이 가른 승부

그런데 이런 예상은 보기 좋게 빗나갔다. 기술 말고 다른 측면들에 의해서 점차 VHS가 우위를 차지해 나간 것이다. 소니는 자기 이름을 걸고 만들어지는 베타 비디오테이프가 건전하고 유익한 내용만 담기를 바랐다. 이른바 '클린Clean 정책'이다. 그래서 포르노 등을 비디오테이프로 만들어 판매하지 못하게 했다.

하지만 VSH에는 그런 것이 없었다. 미국의 포르노업자들은 포르노 영화를 VSH 방식으로 만들었다. 사실 비디오테이프는 포르노 업계에서도 혁명적인 기술이었다. 이전에는 포르노 책과 극장에서 보는 포르노 영화밖에 없었다. 그런데 이제 집에서 혼자 몰래 비디오로 포르노 영상을 볼 수 있게 된 것이다. 포르노업자들은 VHS 방식으로 포르노 비디오를 만들어 팔았고, 소비자들은 VHS 비디오테크를 구입했다. 한번 VHS를 구입하면 그 다음부터는 계속 VHS 비디오테이프만 볼 수밖에 없다. 자연스레 미국 시장은 베타보다 VHS

방식이 우위를 점해갔다.

영국에서는 VHS 비디오테크를 렌탈 서비스로 공급했다. 이 당시 비디오테크는 비쌌다. 1976년 처음 VHS 비디오테크가 발매될 때 가격이 25만 6천 엔이었다. 지금 가치로 거의 1,000만원 정도였다. 전자제품은 처음에는 비싸지만 해가 갈수록 가격이 떨어진다. 삼성 평면 TV도 처음 나올 때는 1,000만원이 넘는 가격이었다가 현재는 55인치 TV 가격도 200만 원 이하대로 떨어졌다. 시간이 흐르면서 비디오테크도 가격이 처음보다 싸지기는 했지만 그래도 1980년경까지는 3백만 원 정도의 고가격이었다.

영국 고객들은 소니 베타 비디오를 보기 위해서는 비싼 베타 비디오테크를 구입해야 했다. 하지만 VHS 비디오테크는 빌릴 수 있었다. 많은 사람들이 비디오테크를 사기보다는 빌려서 보았고, 그러다 보니 영화 제작사는 보다 많은 사람이 보는 VHS 방식의 비디오테이프를 더 많이 만들어 보급했다. 시중의 비디오테이프는 VHS 방식이 더 많아졌고, 비디오테크도 마찬가지였다.

일본에서는 애니메이션의 왕국답게 많은 사람들이 TV 애니메이션을 녹화하는 방식으로 비디오를 이용했다. 일본 애니메이션은 한 편이 24분이다. 그런데 베타 방식 비디오테이프의 녹화 시간은 1시간이었고, VHS 방식은 2시간이었다. 베타 방식을 사용하면 2편을 녹화한 후 12분이 남았다. 하지만 VHS 방식의 비디오테이프를 사용하면 정확히 5편을 녹화할 수 있었다. 이른바 오타쿠들은 VHS 방식으로 TV 애니메이션을 녹화했다. 오타쿠들이 모두 VHS 방식을 사용하면서 일본의 비디오 시장은 VHS 우위가 된다.

또 소니는 베타 방식의 보급에서 폐쇄적인 정책을 펼쳤다. 다른 회사가 베타 방식의 비디오테이프를 만들려 할 때, 자기 회사의 이름으로 만들기를 원했다. '소니'라는 이름을 항상 붙이기를 바랐고, 이것이 안 되면 그 회사에 베타 비디오테이프를 생산할 권리를 주지 않았다. 하지만 JVC는 개방적이었다. 특허료, 사용료만 내면 누구나 VHS 방식의 비디오테이프를 만들 수 있었다. VHS 방식의 비디오테이프에 JVC 회사 이름을 같이 표시할 것을 요구하지도 않았다. 결과적으로 베타 비디오테이프보다 VHS 방식의 비디오테이프가 전 세계적으로 더 많이 생산되었다.

JVC가 세계 유명 전기전자회사인 마쓰시타와 손을 잡은 것도 영향이 컸다. 소니와 JVC는 각각 자기 비디오 제품을 거대한 제조 공장을 가지고 있는 마쓰시타에서 대량으로 생산해줄 것을 요구했다. 그런데 마쓰시타 기업의 사장인 마쓰시타 고노스케는 VHS 방식의 비디오 제품들을 생산하기로 결정한다. VHS 방식이 부품 수가 적어서 생산비가 더 적게 든다는 이유였다. 마쓰시타 공장에서 VHS 방식이 대량 제조되면서 VHS 시장점유율은 점점 높아진다.

처음에는 베타 방식의 시장점유율이 100%였다. 하지만 이후로는 계속 떨어져 1984년에는 25%, 1986년에는 7.5%가 된다. 결국 소니는 1989년 베타 방식 비디오 제품의 생산을 중지한다. 더 먼저, 더 좋은 기술의 비디오를 만든 소니는 표준화 전쟁에서 패배했다. 이것은 최초로 개발하고 기술이 더 좋다고 해서 반드시 시장을 석권하는 것은 아니라는 점을 잘 보여준 사례였다. 그런 것들보다는 시장의 표준이 되는 것이 훨씬 더 중요하다는 것을 보여준 유명한 경영 사례가 된다.

최고의 기술을 가진 콩코드 여객기는 어떻게 퇴출되었나?

콩코드가 세계 여객기 시장을 평정한다?

비행기는 1903년 라이트 형제에 의해 발명되었다. 처음에 단지 한 명만 태우고 12초 정도만 날았던 라이트 형제의 비행기는 이후 승객 몇백 명을 태우고 대서양, 태평양을 건너는 대형 여객기로 발전한다.

현대 여객기는 시속 $800km$ 정도로 날아간다. 물론 굉장히 빠른 속도이기는 하지만 그래도 뉴욕에서 런던까지 7시간, 서울에서 미국 주요 도시까지는 11~12시간 정도나 걸린다. 만약 이보다 훨씬 빨리 날 수 있는 여객기가 있으면 모두에게 편리하지 않을까? 뉴욕에서 런던까지 3시간, 서울에서 미국 주요 도시까지 5~6시간밖에 안 걸리는 비행기가 나온다면 굉장히 좋을 것이다. 좁은 비행기 안에서

2~3시간 정도 있는 것은 별 상관없다. 하지만 5시간 이상 보내는 것은 굉장히 고역이다. 특히 이코노미석에서 눕지도 못하고 앉아서 10시간을 버티면 몸에도 상당히 부담이 간다. 이런 문제들은 지금보다 훨씬 빨리 날아가는 여객기를 개발하면 모두 해결이 된다.

그래서 영국과 프랑스는 서로 힘을 합쳐 뉴욕에서 런던, 파리까지 4시간도 안 걸리는 여객기를 개발한다. 시속 1,600km로 날아갈 수 있는 비행기이다. 그런데 시속 1,600km로 날기 위해서는 음속을 돌파해야 한다. 소리는 시속 1,230km 정도로 전달된다. 이것보다 빨리 나는 것은 음속을 돌파하는 것인데, 기술적으로 상당히 어렵다. 조그만 전투기라면 모를까, 거대한 상업용 비행기가 마하_{Mach, 속도의} _{단위. 음속을 기준으로 물체의 속력을 결정하는 값. 마하 1보다 빠른 속도를 초음속이라 한다}의 속도로 날아가는 것은 엄청난 기술력이 필요했다.

영국과 프랑스는 결국 이 초음속 여객기를 만들어낸다. 1969년 초음속 실험에 성공했고, 1971년 정식으로 항공기가 나온다. 1973년에 시험 비행도 무사히 마치고, 드디어 1976년 상업 비행이 시작되었다. 이것이 바로 콩코드 여객기이다. 콩코드는 세계 최초의 초음속 여객기였다. 현대 기술의 집약체이고, 거대한 발전이었다. '점점 더 빠르게'를 실현하고, 이 세계가 조금씩 조금씩 더 나아지고 발전한다는 증거였다.

콩코드는 전 세계의 각광과 기대를 받으며 상업 비행을 시작한다. 이때까지 여객기는 거의 다 보잉 사의 비행기였는데, 머지않아 콩코드 여객기의 시대가 될 것으로 보았다. 콩코드가 훨씬 더 빠르니 보잉을 누르는 것은 당연한 일로 보였다.

새의 모습을 닮은 콩코드 여객기

최고의 기술이 불러온 역풍

콩코드의 취항은 처음에 런던-바레인, 파리-리우데자네이루 등을 연결하는 것으로 시작됐다. 싱가포르에도 취항을 했고, 파리와 베네수엘라 카라카스를 연결하는 노선도 개설되었다. 미국의 뉴욕, 워싱턴과 연결되는 노선도 만들어졌다. 그러나 운항하고 나서 바로 문제가 발생한다. 바로 소닉붐의 문제이다.

비행기가 음속보다 빨리 날아간다는 것은 비행기가 앞에 가고 있는 소리를 따라잡는다는 뜻이다. 소리보다 더 빨리 날 때는 충격파가 발생하는데, 이 충격파가 큰 소리를 내게 한다. 이것이 소닉붐이다. 콩코드는 초음속으로 날아가면서 엄청난 굉음을 동반했다.

처음 음속을 돌파하는 순간에만 소닉붐이 발생하는 것이 아니다. 초음속으로 비행하는 내내 소닉붐이 따라간다. 즉, 콩코드 비행기가 이동하는 경로에서는 모두 소닉붐이 들린다. 어쩌다 한번 소음이 들리는 것은 상관없다. 하지만 비행기는 하루에 한두 번, 노선에 따라 왕복하면서 이동한다. 콩코드 비행기 노선 아래에 있는 사람들은 하루에 계속해서 소닉붐을 듣게 된다. 싱가포르 운항을 시작한 지 3일 만에 싱가포르 옆 말레이시아에서 불만이 제기된다. 다른 지역에서도 소닉붐의 문제가 발생한다. 이 문제는 심각했다. 콩코드는 18,000km 상공을 달린다. 이 높이에서 소닉붐을 발생시키기 때문에 그 아래 넓은 지역에서 모두 그 소리를 들을 수 있었다.

결국 이 소음의 문제 때문에 콩코드의 운항은 굉장히 제약을 받게 된다. 미국의 경우 북미 대륙 내의 콩코드 운항을 정식으로 금지했다. 다른 국가들도 콩코드 운항 노선에 제약을 가했다. 콩코드가 육지 위로 날아가면 그 아래에 사는 사람들이 모두 소닉붐을 듣는다. 하지만 바다 위를 날아가면 소닉붐이 일어나도 상관없다. 그래서 콩코드는 바다 위에서만 운항할 수 있었다. 런던이나 파리는 바다에서 가깝다. 육지 위에서는 음속 이내로 날고, 바다가 나오면 그때부터 초음속으로 날아갔다.

미국은 콩코드가 북미 대륙 안에서 나는 것은 금지했지만 워싱턴과 유럽, 뉴욕과 유럽을 연결하는 것은 허용했다. 워싱턴, 뉴욕에서 출발한 후, 대서양 바다 위에서 초음속으로 날기 시작하면 소닉붐의 피해를 받지 않을 수 있었기 때문이다.

결국 콩코드는 육지 위를 날지 못하고 바다 위만 날아야 했다. 바다를 통해서, 바다와 가까운 도시들끼리만 서로 연결할 수 있었다. 그럴 수 있는 도시는 굉장히 적었다. 파리, 런던과 뉴욕, 워싱턴을 연결하는 노선만 남고 나머지 노선은 모두 사라졌다. 파리-바레인을 이동하기 위해서는 유럽 대륙을 횡단해야 하고, 유럽과 싱가포르를 연결하기 위해서는 아시아 대륙 위를 횡단해야 했는데, 이런 대륙 비행을 콩코드는 할 수 없게 되었다.

경영에서 진정으로 중요한 것은 무엇인가?

또 다른 문제는 비행기 요금이었다. 보잉 비행기의 경우 가장 작은 여객기는 좌우로 3개씩 모두 6개의 좌석이 들어간다. 옆으로 8개가 들어가는 것도 있고, 대형 비행기는 10개의 좌석이 들어간다.

그런데 콩코드는 초음속 비행기이다. 초음속으로 날기 위해서는 비행기가 날렵해야 했다. 콩코드는 좌우로 좌석이 2개씩, 총 4개만 들어갈 수 있었다. 이렇다 보니 비행기에 태울 수 있는 손님 수가 제약되었다. 꾸역꾸역 채우면 130명까지 손님을 태울 수 있었지만, 이것은 너무 좁아서 항의가 나왔다. 결국 콩코드는 100개의 좌석만 만들 수 있었고, 한 번 비행에 100명만 태울 수 있었다.

유럽과 미국을 오가는 여객기는 보통 대형 비행기이다. 보잉 747은 500명이 넘는 고객을 태울 수 있었다. 콩코드가 보잉 747에 비해 5분의 1밖에 안 되는 적은 손님만 태우면서 손익을 맞추기 위해서는 한 가지 방법밖에 없다. 요금을 5배 받는 것이다. 그러면 100명만 태워도 손해를 보지 않을 수 있다.

또 다른 문제는 연료비였다. 콩코드는 보잉 여객기보다 훨씬 빨리 난다. 그런데 빨리 날면 그만큼 연료가 더 많이 소모된다. 자동차가 시속 50km로 달릴 때와 시속 100km로 달릴 때를 비교하면 같은 거리를 달려도 시속 100km로 달릴 때 연료가 훨씬 더 소모된다. 콩코드도 마찬가지였다. 일반 여객기보다 2배 이상 연료가 소모됐다. 콩코드가 이 비용을 충당하기 위해서는 요금이 2배가 되어야 했다.

적은 고객수를 충당하기 위해서는 일반 여객기의 5배 정도의 요금을 부과해야 한다. 연료비를 충당하기 위해서는 일반 여객기의 2배 정도의 요금을 부과해야 한다. 합해서 10배의 요금이 되어야 했고, 실제 콩코드의 항공료는 일반 여객기의 10배였다. 런던, 파리와 뉴욕, 워싱턴을 오가는 항공권은 1인당 1천만 원대였다.

콩코드는 1인당 1천만 원의 요금을 받는 대신 모든 좌석을 퍼스트 클래스First Class로 운영했다. 일반 여객기의 퍼스트 클래스는 완전히 누울 수 있는 좌석을 제공하지만, 콩코드에서는 이렇게 의자를 눕힐 수는 없었다. 대신 비행 중 나오는 음식을 최고급으로 제공했고, 퍼스트 클래스 급의 서비스를 제공했다. 그렇다 하더라도 1인당 1천만 원은 너무 비쌌다. 3시간 정도 빨리 가는 대가로 몇백만 원을 추가적으로 지불해야 하는 것이다. 콩코드는 3시간을 아끼기 위해 몇백만 원을 지출할 수 있는 비즈니스맨들이나 부자들만 탈 수 있었다.

하지만 아무리 부자들이라 하더라도 3시간을 절약하기 위해 늘상 몇백만 원을 더 지출할 필요는 없다. 콩코드의 고객은 점점 줄어들었고, 결국 고객들의 특별한 요구가 있을 때만 운항하는 전세기 형태로 운항된다. 그러다가 2003년, 결국 콩코드는 운항을 종료하고 역사 속으로 사라졌다.

콩코드 여객기는 '더 빠른 것', '기술적으로 더 발달한 것'이 항상 더 좋은 것은 아니라는 것을 보여주었다. 콩코드는 정말 기존의 한계를 넘어선 차세대 여객기였다. 하지만 경영에서 중요한 것은 기술력보다는 비용 대비 수익성이다. 아무리 기술이 좋아도 비용 대비 수익성이 낮으면 유지될 수 없다. 그리고 환경 문제도 중요했다. 콩코드는 훌륭한 여객기였지만, 소음 문제 때문에 발목을 잡혔다. 기술력이 좋다고, 더 발전된 것이라고 무조건 좋은 것일 수는 없다. 그보다는 환경과 수익성이 우선이다. 콩코드는 경영에서 진정으로 중요한 것이 무엇인지를 잘 보여주는 사례였다.

닌텐도, 세계 최초로 플랫폼 사업 모델을 만들다

플랫폼 사업은 기업들의 장터를 제공하는 사업

현재 애플은 세계 최고의 스마트폰회사이다. 그런데 애플의 수익이 단지 스마트폰 판매에서 오는 것은 아니다. 애플 스마트폰을 이용하면 애플에서 제공하는 수많은 앱을 사용할 수 있다. 이 앱은 모두 약 220만 개나 된다. 이 앱을 통해서 고객들은 영화도 볼 수 있고, 자료도 정리할 수 있고, 게임도 할 수 있다. 스마트폰이 이전의 단순한 전화기, 메시지 보내는 기기와 다른 점은 바로 이 앱이다. 그리고 고객들이 이 앱을 사용할 때 지불하는 돈이 애플의 주요 수익 중 하나이다.

그런데 애플 사는 이 앱들을 직접 만드는 것이 아니다. 어디까지나 앱들을 올릴 수 있는 공간을 마련할 뿐이고, 앱을 만들고 올리는 것은 개별 사업자들이다. 최근 유명한 인터넷 기업들은 모두 이런 형태이다. 아마존은 세계 최대 온라인 쇼핑몰이지만, 자기가 직접 물건을 고르고 선정해서 사이트에 올리는 것이 아니다. 아마존은 단지 공간만 제공할 뿐이고, 각 개별 사업자들이 들어와서 장을 연다. TV 홈쇼핑도 자기가 물건을 만들어서 파는 것이 아니라, 각 사업자가 들어와서 상품을 홍보할 수 있는 장을 만들어줄 뿐이다.

이렇게 자기가 직접 상품을 만들어 공급하는 것이 아니라 단지 상품이 유통되는 장을 공급해주는 것이 플랫폼이다. 플랫폼을 장악하는 자가 시장을 지배한다. 현대 사회에서 플랫폼 형식의 사업 모델은 점차 중요해지고 있다.

화투회사 닌텐도의 변신은 어디까지?

이 플랫폼 양식을 처음 도입한 기업이 바로 닌텐도이다. 닌텐도는 1889년에 창립하였는데, 원래 화투를 만들던 회사였다. 도박이나 노름을 할 때 사용하는 화투를 만들었고, 그 후 트럼프 카드도 만들어서 판매했다.

1950년대 이후 닌텐도는 도박 관련 제품에서 어린이용 완구를 만드는 회사로 변신한다. 더 이상 도박 관련 상품은 만들지 않겠다는 특별한 결심을 해서는 아니었고, 집집마다 화투, 트럼프가 한두 벌 정도는 있게 되면서, 더 이상 그것들만으로는 회사를 성장시킬 수 없었기 때문이다.

1950년대와 60년대 닌텐도는 유명한 어린이 완구회사가 되었다. 지금도 어린이들 사이에서 인기가 높은 집게손 장난감, 광선총 장난감 등이 닌텐도에서 처음 만들어졌다. 그런데 어린이 완구의 문제는 굉장히 심하게 유행을 탄다는 점이다. 어린이들이 좋아하면 금방 히트 상품이 되기는 하지만, 그것이 장기간 유지되지는 않는다. 어린이들은 금방금방 관심을 옮겨간다. 한번 좋아하면서 사용했던 장난감을 몇 년 동안 계속 가지고 놀지도 않고, 한번 사서 논 장난감을 또 사지도 않는다. 어린이 완구회사는 계속해서 히트 상품을 내놓아야 하는데 이것이 쉽지 않다. 닌텐도는 1970년대가 되면서 다시 어려움에 처한다.

매출을 증가시킬 수 있는 뭔가 새로운 사업이 필요했고, 닌텐도는 전자게임, 컴퓨터게임 시장에 발을 들여놓는다. 그리고 동키콩 같은 히트작을 만들어내면서 닌텐도는 전자게임회사로 완전한 변신에 성공한다.

이 당시 전자게임은 지금의 아케이드게임이다. 아케이드게임은 먼저 게임을 하는 하드웨어, 즉 기계가 있어야 한다. 한 사람이 앉아서 할 수 있는 커다란 게임기를 만들고, 그 안에 게임 프로그램을 넣는다. 하나의 게임기는 한 사람만 사용할 수 있고, 다른 사람은 앞사람이 게임을 끝내기를 기다려야 한다. 그리고 하나의 게임기에서는 하나의 게임만 할 수 있다. 그 내부의 프로그램을 다른 것으로 바꾸어야만 다른 게임을 할 수 있다. 이때는 게임 프로그램의 회로판을 바꿔주어야 했다.

1970년대~1980년대 초는 이런 아케이드게임의 전성 시대였다. 한국에서도 동네마다 오락장이 들어섰고, 그곳에는 수십 대의 아케이드게임기들이 있었다. 인베이더, 갤럭시, 버블버블, 스트리트 파이터 2, 팩맨 등 유명한 게임들이 이 아케이드게임에서 나왔다.

그런데 이 아케이드게임 시장이 전 세계적으로 1980년대 초에 무너진다. 게임 시장이 크게 성장하다 보니 재미없는 게임들이 너무 많이 나왔다. 사람들은 재미없는 게임은 더 이상 하지 않으려 했다. 아케이드게임기는 비싸다. 사람들이 많이 이용해야만 본전을 뽑을 수 있는데, 이용도가 떨어지니 게임업계 사람들은 큰 손해를 보게 되었다. 더 이상 아케이드게임기가 성장하기 어려운 시기가 도래했고, 이때 닌텐도는 또 한 번 변신한다. 1983년, 닌텐도는 패밀리 컴퓨터게임인 패미컴을 출시한다.

패밀리 컴퓨터게임이 플랫폼 전략의 맹아

패미컴은 지금의 주요 게임기인 플레이스테이션, X-box의 원형이다. 이 패미컴은 이전의 아케이드게임과는 완전히 다른 게임기였다. 아케이드게임기는 오직 하나의 게임만 가능했다. 회로판을 바꿔주어야만 다른 게임을 할 수 있는데, 이것을 바꾸는 것은 아무나 할 수 있는 일은 아니다.

그런데 패미컴은 게임기 본체가 있고, 간단히 교체할 수 있는 별도의 게임 소프트웨어들이 있다. 사람들은 자기가 하고 싶은 게임 소프트웨어를 구입한다. 그리고 그 소프트웨어를 패미컴에 넣고 게임을 즐긴다. 다른 게임을 하고 싶으면 다른 소프트웨어를 구입해서 패미컴에 넣으면 된다. 게임기 본체는 하나, 그리고 게임 소프트웨어는 무수히 많다.

닌텐도는 이 게임 소프트웨어들을 직접 만드는 것이 아니다.

플랫폼 사업 모델의 원형이 된 닌텐도의 패미컴

닌텐도는 게임기 본체인 패미컴을 만든다. 그리고 여러 사업자들이 이 패미컴에서 즐길 수 있는 게임들을 만든다. 사업자들이 게임 소프트웨어를 만들어서 닌텐도에 보여주고, 닌텐도가 그것을 심사해서 괜찮으면 패미컴용 게임 소프트웨어로 출시하는 것을 허용한다. 다른 게임 소프트웨어들과 비교해서 영 질이 떨어지거나 재미가 없으면 인정하지 않는다.

패미컴이 나오기 전 게임회사는 게임기기와 소프트웨어를 같이 만들었다. 하지만 패미컴은 게임기를 만드는 회사와 소프트웨어를 만드는 회사가 서로 분리될 수 있게 했다. 패미컴은 사람들이 게임을 할 수 있는 장을 만들어주고, 게임 소프트웨어업자들은 그 안에 들어가서 제품을 만들고 출시한다. 이때 패미컴의 역할이 바로 플랫폼이었다.

패미컴이 제시한 플랫폼은 모두에게 윈-윈win-win이었다. 우선 소규모 회사들이 게임 시장에 진출할 수 있게 되었다. 패미컴이 나오기 전에는 큰 게임회사만 게임 소프트웨어를 개발할 수 있었다. 커다란 아케이드게임기와 회로판을 같이 만드는 것은 비용이 많이 든다. 조그만 회사들이 뛰어들 수 있는 시장이 아니었다. 하지만 패미컴이 나오자 이제는 누구나 다 게임 소프트웨어를 만들어서 게임 시장에 진출할 수 있게 되었다. 좋은 게임만 만들면 닌텐도 패미컴이 그 게임을 즐길 수 있도록 홍보하고 게임기를 이용할 수 있게 해준다.

소비자들은 아케이드게임보다 훨씬 쉽고 간편하게 게임을 즐길 수 있게 되었다. 자기가 좋아하는 게임 소프트웨어들을 구입해서 게임을 하고, 또 쉽게 다른 게임들도 맛보기 할 수 있다.

닌텐도도 패미컴으로 큰 이익을 본다. 게임회사를 운영할 때 가장 문제된 것은 계속해서 히트작을 만들어내야 한다는 점이었다. 하지만 회사 역량을 총동원해도 계속해서 질 좋고 재미있는 게임을 만들어내는 것은 쉽지 않았다. 그런데 이제는 게임 소프트웨어를 직접 만들지 않아도 된다. 세계의 수많은 게임 소프트웨어회사들이 게임을 개발해서 자기에게 들고 온다. 닌텐도는 그것들을 심사해서 괜찮은 게임들만 골라 출시하면 된다. 이렇게 하여 게임 소프트웨어를 만드는 사람들, 게임을 즐기는 소비자들이 모두 닌텐도 패미컴을 찾는다. 플랫폼을 제공하는 닌텐도는 게임 시장에서 절대적 강자가 된다.

닌텐도가 패미컴을 만든 것이 플랫폼 사업의 성격을 파악하고, 게임 플랫폼을 장악하기 위해서는 아니었다. 이 당시는 플랫폼이 무엇인지, 어떤 성격을 가지고 있는지도 알지 못했다. 단지 닌텐도는 기존 아케이드게임 시장의 어려움을 돌파하기 위해 또 하나의 새로운 제품을 만들었을 뿐이다. 그런데 닌텐도가 패미컴이라는 게임기만 제공하고, 다른 소프트웨어업체들이 그 안에 들어가는 게임을 만들어내기 위해 노력하면서 저절로 플랫폼이라는 강력한 사업 모델이 만들어졌다.

닌텐도의 패미컴 성공은 이후 플레이스테이션, X-box 등 게임 사업자의 기본 모델이 되었고, 인터넷, 온라인 쇼핑, 그리고 스마트폰까지 시장을 장악하기 위한 주요한 모델로 인정받게 된다.

위기에 대한 적극적 대처가 재도약의 발판이 되다

고객 사망 사고를 이겨낸 존슨앤존슨

제품의 위기. 기업의 책임은 어디까지인가?

회사의 제품에 문제가 발생했다. 그러면 회사는 어떻게 해야 할까? 바로 자기 회사 제품에 문제가 있다는 것을 인정하고 제품을 수거하는 등의 노력을 해야 할까, 아니면 문제의 원인이 정확히 무엇인지부터 파악하고 회사에 분명히 책임이 있는 경우에만 움직여야 할까? 혹은 자기 회사 제품에 문제가 발생했다는 것을 대중에게 바로 알려야 할까, 아니면 될 수 있는 한 그것을 알리지 않고 자체적으로 문제를 해결해야 할까?

2016년 현대자동차의 엔진에 문제가 있다는 것이 알려졌다. 하지만 현대자동차는 제품에 문제가 없고, 설사 있다 하더라도 중요한 것은 아니라고 주장했다. 결국 2017년 6월, 정부는 현대자동차에 대해 강제 리콜을 명령한다. 2016년 8월, 새로 출시된 삼성 갤럭시 노트7이 폭발하는 사태가 처음 발생했다. 이후 전 세계에서 계속 갤럭시 노트7이 폭발하는 일이 벌어졌고, 결국 삼성은 제품의 문제를 인정하고 판매를 중지했다. 판매 중지를 한 것은 10월 11일이었고, 그때까지 삼성은 제품에 문제가 없다는 것을 계속 주장했다.

보통 제품에 문제가 발생하면 이런 식으로 문제를 부인하거나 숨기고자 한다. 문제를 공개하면 자기 회사와 제품 이미지에 큰 타격을 입는다. 더구나 제품을 수거라도 하게 되면 엄청난 손실이 발생한다. 그 손해를 감수하고 자기 제품에 문제가 있다는 것을 인정하는 것은 사실 굉장히 어려운 일이다.

그런데 이런 상황과 관련한 유명한 경영 사례가 있다. 바로 존슨앤존슨사의 타이레놀 사태와 관련된 위기관리이다.

적극적인 위기 대처로 75명의 생명을 구하다

1982년 9월 29일 오전, 미국 시카고 외곽의 한 마을에서 12세 소녀가 감기약을 먹고 숨졌다. 그날 늦게 아담 제이너스란 사람도 감기약을 먹은 후 죽는 일이 발생했다. 그리고 그날, 아담 제이너스의 동생과 형도 사망했다. 이 세 사람은 모두 같은 종류의 감기약을 먹은 이후에 죽었다. 그리고 그다음 날에도 약을 먹고 죽은 사망자가 2명이 나왔다.

유사한 죽음이 계속 이어지자 경찰에 비상이 걸렸고 조사가 시작되었다. 이들의 죽음에는 공통점이 있었다. 이들은 모두 죽기 전에 타이레놀을 복용했다.

타이레놀은 아스피린과 더불어 세계에서 가장 유명한 진통제이자 감기약이다. 특히 아스피린의 부작용을 줄여주는 것으로 인정받아 미국에서 가장 높은 시장점유율을 보인 약품이었다. 1982년 당시 연간 4억 5천만 달러의 매출로 미국에서 35% 이상의 시장점유율을 보이고 있었다.

그런데 며칠 사이에 7명이 이 타이레놀을 먹고 사망했다. 사망 원인은 곧 밝혀졌다. 이들이 먹은 타이레놀 안에는 청산가리가 들어 있었다. 청산가리를 먹으면 혈액이 산소를 운반하지 못한다. 사람의 몸이나 심장 같은 기관들이 활동하기 위해서는 산소가 반드시 있어야 하는데 혈액이 산소를 운반하지 못하니 몸의 기능이 정지한다. 결국 청산가리를 먹으면 심장, 허파, 뇌 등의 기관들이 활동을 하지 못하게 되고 10분 이내에 사망에 이르게 된다.

그런데 어떻게 타이레놀 안에 청산가리가 들어갔을까? 조사를 해보니 사망자들이 먹은 타이레놀은 각기 다른 공장에서 생산되었다. 즉 제조 과정에서 청산가리가 들어간 것이 아니었다. 누군가 유통 과정에서 주입한 것이었다. 하지만 어디서 누가 청산가리를 넣었는가를 밝히는 것은 쉽지 않았다. 공장에서 타이레놀이 완성된 다음에 소비자가 구입해서 먹을 때까지, 도매상, 소매상, 소비자의 집 등 모든 단계에서 청산가리가 투입될 수 있었다. 누가 범인이고 누구의 책임인지는 쉽게 밝힐 수 없는 문제였다.

타이레놀을 생산하고 유통하는 회사는 존슨앤존슨이었다. 그들은 이 사건을 어떻게 처리해야 할까? 회사가 생산을 잘못한 것이라면 당연히 그들의 책임이다. 하지만 제조 과정에서 청산가리가 들어간 것은 아니다. 아직 누구의 잘못인지, 그리고 어느 정도 범위로 청산가리가 투입되었는지도 잘 모른다. 그러나 존슨앤존슨은 여기서부터 적극적으로 사태 해결을 위해 노력하기 시작한다.

존슨앤존슨의 PR 부서는 사건이 처음 보도된 순간부터 언론기관의 취재에 적극적으로 협조하기 시작했다. 관련된 모든 정보를 언론에 공개했다. 며칠 사이에 7명이 청산가리가 든 감기약을 먹고 죽었다는 것은 보통 이슈가 아니었다. 언론사들은 타이레놀 제조 유통사인 존슨앤존슨에 몰려들었고, 존슨앤존슨 사는 이들에게 자기가 알고 있는 모든 정보, 새롭게 알게 되는 모든 정보를 공개한다.

정보를 공개할 뿐만 아니라 이 사건을 사람들에게 많이 알려달라고 요구도 한다. 시중에 판매되고 있는 타이레놀을 수거하려고 하니 적극적으로 협조해달라고 하고, 시민들에게 집에 있는 타이레놀을 더 이상 먹지 말라는 보도를 해달라고 요구한다.

또 범인 체포에 10만 달러의 현상금을 걸고, 유통 과정에서 타이레놀에 독극물이 주입되지 못하도록 포장 방법을 바꿀 것을 천명한다.

그렇듯 사건이 발생하고 일주일이 되지 않아 존슨앤존슨 사는 미국 전역에서 타이레놀을 수거한다는 결정을 내렸다. 사실 타이레놀 안에 청산가리가 들어갔다는 것이 밝혀지기는 했지만, 그것들은 모두 시카고 주변 지역에서 발견되었다. 제조 과정에서 청산가리가 들어간 것은 아니고, 전국적으로 유통하는 도매 과정에서 들어간 것도 아니다. 시카고 소매 판매 과정에서 청산가리가 들어간 것으로 추정되는 상황이었고, 그래서 그 주변 지역의 타이레놀은 수거할 필요

타이레놀 사건 당시 신문 기사

가 있지만 미국 전역에서 그렇게 할 필요까지는 없다고 생각되었다.

하지만 존슨앤존슨은 전국적으로 타이레놀을 수거하기로 한다. 정부나 시민단체에서 요구한 것도 아니지만 수거를 강행했고, 미 전역에서 3000만 병 이상의 타이레놀을 모두 거둬들인다. 그리고 이 타이레놀 안에 청산가리가 들어가 있는지를 자체적으로 모두 조사한다. 이렇게 미국의 모든 타이레놀을 조사한 결과 청산가리가 들어가 있는 것은 시카고 지역의 75정이었다. 타이레놀을 하루빨리 수거하지 않고 계속 유통했다면 75명의 사람들이 더 죽을 수 있었다. 존슨앤존슨의 빠른 조치로 더 이상의 희생자는 나오지 않았다.

오히려 존슨앤존슨의 브랜드 이미지는 더욱 강화되었다

결국 범인이 잡혔다. 시카고 주변에 거주하는 사람이 소매 단계에서 무작위적으로 청산가리를 주입한 것이었다. 존슨앤존슨은 이 사건으로 엄청난 피해를 본다. 35%의 시장점유율을 가지고 있던 타이레놀은 일주일 사이에 6%대로 떨어진다. 전국에 있는 타이레놀을 모두 수거하고 조사하는 데만 10억 달러의 손실을 보았다. 주가는 폭락했고, 사람들은 이제 타이레놀은 감기약, 진통제 부분에서 1위의 자리를 내놓을 수밖에 없다고 보았다.

그런데 사람들은 이 사건에서 존슨앤존슨의 책임은 없다고 생각했다. 사건 발생 때부터 대처 과정을 지켜본 사람들은 오히려 존슨앤존슨을 믿게 됐다. 언론기관들도 존슨앤존슨을 칭송한다. 존슨앤존슨의 적극적이고 솔직한 사건 대처가 언론기관들에게도 깊은 감명을 주었던 것이다. 사람들은 타이레놀 포장이 안전하게 만들어진다면 앞으로도 계속 타이레놀을 사먹을 것이라고 응답했다. 존슨앤존슨, 그리고 타이레놀의 브랜드 이미지는 이 사건을 겪으면서도 떨어지지 않았다. 오히려 존슨앤존슨이 무엇보다 고객의 안전을 중시한다는 긍정적인 이미지가 강화되었다.

사건 발생 후 폭락한 타이레놀의 시장점유율은 계속해서 올라가기 시작했다. 결국 사건 발생 6개월 후에는 이전의 시장점유율을 다시 회복했다. 일반 식품회사도 아니고, 제약회사에서 만든 약을 먹고 사람들이 사망한 것은 굉장히 큰 사건이다. 타이레놀을 먹고 7명이나 사망했는데도 그 후에 사람들은 계속 타이레놀을 믿고 먹기 시작했다. 존슨앤존슨은 성공적으로 위기를 넘긴 것이다. 존슨앤존슨 사가 타이레놀 사태 때 보여준 조치들은 위기관리와 PR 분야에서 가장 유명하고도 모범적인 사례가 되었다.

필름 시장 몰락을 맞이하는 두 가지 대응 방식

코닥과 후지의 흥망을 가른 열쇠는?

무너진 대마불사의 신화, 코닥

대마불사라는 말이 있다. 바둑에서 큰 말은 죽지 않는다는 것을 가리키는 말인데, 기업의 세계에서는 대기업은 망하지 않는다는 말로 사용한다. 실제 대기업이 완전히 망하는 일은 잘 일어나지 않는다. 대기업에는 많은 자본과 인재들이 모여 있기 때문에 어떻게든 위기를 넘기고 살아남곤 한다.

코닥은 1990년대에 미국에서 25대 기업에 들어가는 큰 회사였다. 세계에서 100대 기업에 들어갈 정도로 큰 규모였다. 또 코닥은 누구나 아는 기업으로 브랜드 가치도 엄청났다. 전 세계 소비자들이 인식하는 주요 브랜드 중 하나였던 것이다. 그런데 그 코닥이 2012년에 망하게 된다. 1888년에 처음 설립되고, 1910년 이후 1990년대까지 계속해서 세계적으로 명성을 유지해왔던 기업이 불과 20년 사이에 파산을 한다.

코닥은 필름을 판매하는 회사였다. 지금은 디지털 카메라가 대세이기 때문에 사진을 찍을 때 필름이 필요하지 않다. 하지만 디지털 카메라가 나오기 전에 사진을 찍기 위해서는 필름을 사서 끼워 넣어야 했다. 코닥의 창업주 조지 이스트먼이 1882년 필름을 개발하고 1883년부터 양산하기 시작했다. 영화 찍을 때 사용하는 필름에서부터 TV 방송국에서 사용하는 필름, 그리고 개인이 카메라로 찍는 필름까지 모든 필름들이 코닥에서 개발되어 보급된다.

코닥은 필름만 만든 것은 아니었다. 사진을 찍기 위해서는 카메라가 필요한데, 카메라는 비쌌다. 코닥은 1회용 카메라를 만들어서 관광객들이 부담 없이 카메라를 사서 사진을 찍을 수 있게 했다. 1990년대에는 연 1억 대 이상의 1회용 카메라를 세계 시장에 판매했다. 코닥은 카메라, 필름과 관련된 다양한 특허를 가지고 상품들을 개발했다.

필름을 만드는 것은 쉽지 않았다. 그래서 코닥에게는 경쟁자도 거의 없었다. 세계에서 경쟁력 있는 필름회사는 코닥, 후지, 그리고 아그파 3개뿐이었다. 후지필름은 일본과 아시아 시장에서 강세였고, 아그파는 독일 회사로 유럽 지역에서 어느 정도의 시장점유율을 보였다. 하지만 필름 시장의 최강자는 코닥이었고, 그 다음은 후지였다. 이 두 회사가 세계 시장을 거의 양분하고 있었고, 전 세계 사람들이 계속해서 사진을 찍는 한, 두 회사는 안정적인 수익과 성장세를 유지할 수 있었다.

디지털 카메라의 원조 코닥이 디지털 카메라에 망하다

위기는 1990년대 컴퓨터 세상이 도래하면서 시작되었다. 모든 가정에 컴퓨터가 들어가고, 아날로그가 디지털로 바뀌었다. 그동안 아날로그 형태로 저장되던 음성정보, 영상정보가 디지털 형태로 변환되기 시작했다. 그리고 사진도 아날로그에서 디지털로 변화했다.

1998년, 일본의 카메라 기업들은 보급형 디지털 카메라들을 만들어 본격적으로 판매하기 시작했다. 코닥필름, 후지필름으로 사진을 찍을 때는 필름 한 통을 넣으면 24장이나 36장의 사진을 찍을 수 있었다. 36장의 사진을 찍어서 필름을 다 쓰면 다시 필름을 사야 한다. 그리고 다 찍은 필름은 인화소에 맡겨 사진으로 현상해야 했다. 필름값이 2,000~3,000원 정도 했고, 사진 한 장을 인화하는 데 150원, 필름 한 통을 모두 인화하려면 5,400원 정도 했다. 36장의 사진을 찍고 현상하는 데 모두 1만 원 가까운 돈이 들어간다.

하지만 디지털 카메라는 필름값이 들지 않는다. 무엇보다 디지털 카메라는 몇 장만 찍을 수 있다는 한계가 없었다. 몇백 장, 몇천 장을 그냥 찍을 수 있다. 필름 카메라 사용량은 급속도로 줄어들고 사람들은 디지털 카메라를 사용하기 시작했다. 그리고 2010년대가 되면, 전문 사진사들, 아날로그 사진 마니아들만 필름 카메라를 이용하고 일반 사람들은 모두 디지털 카메라를 사용하게 된다.

이런 세상의 변화에 코닥은 더 이상 회사를 유지할 수 없게 됐다. 결국 코닥은 2012년 파산한다. 시대가 변하고 사람들이 사용하는 상품이 달라지면서 어쩔 수 없이 받아들여야만 하는 결과였다.

하지만 코닥의 파산에는 뒷이야기가 있다. 코닥은 디지털 카메라 때문에 망했다. 그런데 디지털 카메라를 처음 개발한 회사가 바로 코닥이었다. 코닥은 필름과 카메라 시장의 선두주자였고 많은 연구개발을 하면서 카메라 기술을 발전시켰다. 코닥은 일찍부터 디지털 카메라 연구를 시작했다. 코닥이 디지털 카메라를 세계 최초로 만든 것은 1975년이었다.

하지만 코닥은 디지털 카메라를 만들어놓고도 이것을 활용하지 않았다. 디지털 카메라는 분명 아날로그 필름 시장을 완전히 바꿔놓을 것이었다. 그러면 지금 코닥의 수익원은 없어질 거라는 두려움 때문이었다. 일부러 디지털 카메라를 상용화하지 않고 실험 제품들만 만든 것이다.

그렇게 코닥은 세계 최초로 디지털 카메라를 만들어놓고도 변화하는 시대의 흐름을 따라잡지 못했다. 코닥은 오로지 필름만 고수했고, 결국 디지털화의 파도에 무너지고 말았다. 세계 최초로 디지털 카메라를 만들어놓고도 디지털 카메라 때문에 망하게 된 코닥은, 충분히 능력이 있으면서도 변화를 수용하지 않고 시장 변화를 무시하다가 망한 대표적인 기업으로 이름을 올리게 된다.

살아남는 자의 강함은 어디에서 오는가?

필름회사들이 모두 다 망했다면 코닥의 파산도 정말 어쩔 수 없다고 말할 수 있을 것이다. 아그파는 디지털 카메라가 본격적으로 보급되고 나서 2005년에 바로 파산했다. 하지만 필름회사의 양대 산맥이었던 후지 사는 망하지 않았다. 후지도 필름과 1회용 카메라로만 매출을 올리던 회사였다. 그러나 후지는 필름과 1회용 카메라 시장이 망하는 추세 속에서도 여전히 매출과 이익을 올렸다.

물론 필름 시장이 몰락하면서 후지도 엄청난 적자를 본다. 하지만 후지는 곧바로 새로운 제품 개발에 들어갔다. 필름을 만드는 기술은 굉장히 고도의 기술이다. 필름이 발명된 지 100년이 훨씬 지났어도 제대로 된 필름을 만드는 회사가 전 세계에서 3개밖에 없었던 이유이다. 후지는 그 필름 개발 기술을 이용해서 만들 수 있는 다른 상품들이 무엇이 있는가를 조사했다. 필름 기술을 응용해서 만들 수 있는 제품들을 새로 개발하는 데 온힘을 쏟았다.

그래서 만들어진 것이 화장품이다. 필름을 만들 때 콜라겐이 사용된다. 후지는 콜라겐을 다루는 기술이 있었다. 화장품업계에서는 콜라겐이 피부를 젊게 해주는 굉장히 중요한 소재이다. 후지는 필름 제조 과정에서 획득한 기술을 이용해서 콜라겐 화장품을 만든다. 아스타리프트라는 화장품 브랜드를 만들고 크게 성공한다. 지금 후지는 화장품과 헬스케어 관련 부분에서 전체 매출의 40% 정도를 얻고 있다.

또 후지는 광학 필름을 만들기 시작한다. 현대 디지털기기에는 액정 디스플레이, LCD가 굉장히 중요하게 이용된다. TV, 컴퓨터, 휴대용 전자기기 등에서 LCD는 없어서는 안 되는 장치이다. 그리고 이 LCD에는 광학 필름이 들어간다. 후지는 LCD에 필수적으로 이용되는 광학 필름을 개발해서 이 시장을 평정한다. 일반 필름 분야에서 가지고 있던 기술을 이용해서 광학 필름 시장의 선두주자가 된 것이다.

코닥과 후지는 똑같이 필름 시장의 강자였다. 필름 시장이 무너지고 디지털 세상이 되면서 코닥은 무너졌다. 그런데 똑같은 환경 속에서 후지는 계속 대기업으로 유지되고 있다. 코닥은 이미 1970년대에 디지털 카메라를 개발하고 1980년대에는 앞으로 필름 산업이 사양길에 들어선다는 것을 알고 있었다. 앞으로는 디지털 카메라의 세상이 된다는 것도 이미 인지하고 있었다. 그럼에도 불구하고 아무런 대비를 하지 않은 채 속수무책 디지털 세상을 맞이했다.

후지는 필름 시장이 몰락을 하자 바로 기존 기술을 이용한 대체 상품을 개발하기 시작했다. 콜라겐을 이용해 화장품 시장에 진출하고, 광학 필름을 만들었다. 코닥과 후지는 이 세상의 변화에 기업이 어떻게 대응해야 하는가를 보여주는 주요한 경영 사례가 된다.

이처럼 경영 세계에서의 생존은 변화에 대한 대처 방식에서 결정되는 경우가 많다. 살아남는 자가 진짜 강한 존재이고, 그 강함은 환경 변화에 대한 적응력에서 결정된다.

2장_경영 조직

새로운 경영 조직의 탄생과 진화

경영 조직

기업은 어떻게 하면 이익을 올릴 수 있을까? 가장 먼저 떠올릴 수 있는 생각 중 하나는 좀 더 좋은 제품을 만들면 된다는 것이다. 좀 더 맛있는 음식을 만들면, 더 좋은 TV를 만들면, 더 향이 좋은 커피를 만들면 잘될 것이라는 식으로 생각한다. 그런데 사실 이렇게 더 좋은 제품을 만드는 것이 경영의 전부는 아니다. 오히려 경영은 더 좋은 제품을 만들어내는 것 이외의 방법으로 회사의 이익을 증가시키려고 끊임없이 노력한다.

경영학 중에서 대표적인 분야가 바로 조직이다. 경영 조직론에서는 어떤 식으로 조직을 구성하면 더 효율적이고 생산적이 되는지, 어떤 식의 조직 구조에서 회사 이익이 증가될 수 있는지를 탐구한다.

10명의 사람들이 커다란 바위를 이동시키려고 한다고 하자. 이 10명의 사람들이 모두 바위가 지나갈 땅을 평평하게 고르고 또 모두 힘을 합쳐 바위를 끌 때 일이 더 잘될까, 아니면 5명은 땅을 고르고 다른 5명은 바위를 끄는 것이 더 좋을까? 1명이 지휘를 하고 4명은 땅을 고르고 5명은 바위를 끄는 식으로 일을 하면 더 빨리 될 수 있지 않을까?

그리고 이 10명이 서로 친구처럼 평등한 사이에서 일을 잘할까 아니면 리더와 부하로 나뉘었을 때 더 잘할까? 또 리더가 1명, 부하가 9

명일 때가 좋을까, 리더 3명에 부하는 7명일 때가 좋을까?

똑같이 10명이 일을 한다고 해도 이렇게 협동으로 일을 할 때와 분업으로 할 때 효과가 다르다. 리더가 있는지 없는지에 따라서도 다르고, 리더가 몇 명인가에 따라서도 다르다. 즉 10명이 어떤 식으로 조직을 만들어서 일을 하느냐에 따라 일의 결과가 전혀 다르게 나올 수 있다.

이런 것이 조직의 문제이다. 그동안 기업에서는 여러 조직들을 시도해보았고 그 결과를 공유했다. 그래서 기업의 조직을 어떻게 만들어야 하는지에 대한 현대 조직론이 만들어졌다. 이 장에서는 조직론의 발전에 크게 기여한 기업의 이야기들을 살펴본다. ■

조직 내의 임무와 역할이 인격과 행동을 결정한다

6일 만에 중단된 스탠퍼드 교도소 실험

보통의 생활인과 회사인간은 왜 차이가 날까?

사람에게는 각자의 인격과 행동방식이 있다. 그런데 이 개인의 인격과 행동방식은 선천적인 것일까 아니면 주변 환경에 따라 달라지는 것일까? 사람들은 회사에 들어가 조직 내에서 일을 한다. 그러면 회사 조직 내에서 일하는 사람의 사고방식과 행동은 보통 때와 같을까 다를까? 그리고 다르다면 어떻게 다를까?

이것이 경영학 조직행동론의 주된 주제이다. 조직행동론에서는 일상생활을 할 때의 개인과 조직 생활을 할 때의 개인이 서로 다르다고 본다. 조직 내에서는 평소 생활에서 하지 않는 특별한 사고방식과 행동을 보인다. 그래서 조직행동론은 그 차이와 원인을 규명하고자 한다.

조직행동론과 관련해서 가장 유명한 실험이 있다. 스탠퍼드 교도소 실험이다. 1971년, 스탠퍼드 대학의 짐바르도 교수는 보통 사람이 교도소의 교도관이 될 때 어떻게 행동하게 되는가를 조사하고자 했다. 교도관들은 교도소 내에서 죄수들에게 폭력행위를 하기도 하고, 이들을 잔인하게 다루기도 한다. 그런데 이 교도관들이 이렇게 폭력적이고 잔인한 면이 있는 것은 원래 그런 사람들이 교도관이 되기 때문일까, 아니면 평범한 사람이 교도관이라는 직업을 갖게 되면 저절로 그런 모습을 보이게 되는 것일까?

이것을 알아보기 위해 대학 내에 가짜 감옥을 만든 다음 대학생들이 교도관과 수감자 역할을 모의로 수행하는 실험을 하기로 했다. 이 실험 아이디어를 떠올린 후 실험에 사용할 가짜 교도소를 스탠퍼드 대학교 심리학과 건물 지하에 만들었다. 실험은 2주 동안 시행하기로 했고, 신문에 광고를 내서 20명의 지원자를 모았다. 지원자들에게는 일당으로 하루 15달러를 지불하기로 했다. 1971년 물가로는 충분한 일당이었다.

20명의 지원자 중에서 10명은 감옥에서 수감자 역할을 하기로 하고, 나머지 10명은 교도관 역할을 하기로 했다. 교도관 10명은 진짜 교도관과 같이 하루 8시간, 3교대로 출퇴근을 하면서 역할을 수행하도록 했다. 모의 교도소 내의 모든 방에는 도청장치를 설치해서, 교도소 내에 무슨 일이 벌어지는가를 연구자들이 파악할 수 있게 했다. 2000년대라면 CCTV를 이용했겠지만, 그 당시에는 CCTV가 발달되지 않았기에 도청장치를 이용해서 교도소 내의 생활을 파악했다.

연속되는 충격적 사건들

이 실험은 실제 상황과 비슷하게 하기 위해 진짜 경찰이 수감자 역할을 할 사람들을 집에서 체포하게 했다. 집에서 체포하고 모의 교도소로 이동했다. 당사자들은 자기가 실험으로 체포된다는 것을 알았지만, 가족들은 몰랐다. 가족들은 자기 식구가 경찰에 체포되어 가는 것을 보고 충격을 받았다. 좀 더 실감나는 실험을 위해 이런 것들을 진짜처럼 했다.

실감나게 절차를 지키기는 했지만, 막상 수감자와 교도관 역할자들에게는 어떤 식으로 행동하라고 지침을 준 것은 없었다. 다만 수감자에게는 수감자로서 행동하라고 했고, 교도관에게는 교도관 역할-교도소 내 질서를 지키는-만 하라고 전달했을 뿐이다.

이렇게 간단한 지침만 주었음에도 교도관 역할을 맡은 사람들은 자신의 임무를 충실히 이행했다. 죄수들에게 명령을 내리고, 교도소 내의 규칙을 만들고 이를 실행하려고 했다.

연구자들이 상상하지 못했던 충격적인 일들이 벌어지기 시작했다. 교도관들은 첫날부터 수감자들에게 얼차려를 실시했다. 팔굽혀펴기를 시키고, 수감자들의 옷을 벗기고, 교도소 수칙들을 암기시키고, 오직 번호로만 수감자들을 불렀다. 둘째 날에는 수감자들 사이에서 폭동 조짐이 발생했다. 교도관들에게 반항하는 사람이 나왔고, 교도관들은 이 반항자에게 가혹하게 대처했다.

단지 실험이 시작된 지 이틀이 지나자 더 이상 교도소 생활을 버티지 못하고 정신 이상 증세를 보이는 수감자가 나타났다. 이 수감자는 가석방을 했고, 또 4일째에도 가석방을 해야 하는 수감자가 나타났다. 5일째는 드디어 본격적인 폭력 사태가 발생했다. 교도관들은 수감자들을 성적으로 학대하기 시작했다.

원래 이 실험은 2주 동안 계속될 예정이었다. 그러나 더 이상 실험을 지속할 수 없었다. 교도소 내에서 벌어지는 일들은 너무 끔찍했다. 진짜 교도소에서 발생하는 모든 일이 단지 일주일 안에 다 발생했다. 결국 6일 만에 실험을 그만두었다.

스탠퍼드 교도소는 단지 실험이었을 뿐이다. 교도관도 진짜 교도관이 아니었고, 수감자도 진짜 범죄자가 아니었다. 지원자들 중에서 무작위로 구분하여 교도관 역할과 수감자 역할을 맡긴 것이었다. 이들도 자기들이 실험을 하는 것에 불과하다는 것을 알고 있었다. 그런데 이들은 단지 일주일 안에 진정한 교도관과 수감자가 되었다. 교도관으로서의 포악성과 수감자로서의 비굴함, 반항성이 그대로 표출되었다.

정말로 폭력적인 사람이 교도관으로서 폭력을 행사한 것이라면 그래도 이해할 수 있다. 진짜 죄수가 비굴한 모습을 보이고 반항적인 모습을 보였다면 그럴 수도 있다고 할 것이다. 그런데 이 사람들은 원래 폭력적인 사람들도 아니고, 비굴한 사람들도 아니었다. 이들은 평소 생활을 하면서 아무 문제없이, 평범하게 살던 사람들이었다. 그 평범한 시민들이 일주일 사이에 폭력적인 교도관으로 변해버렸다. 아무 문제없이 평범히 살던 시민들이 일주일도 안 되어 비굴하고 반항적인 죄수가 되어버렸다.

20명의 지원자 중에서 교도관 역할을 잘할 것 같은 사람에게 교도관 역할을 맡기고, 죄수처럼 느껴지는 사람에게 그 역할을 준 것도 아니었다. 누가 교도관 역할을 하고 죄수 역할을 할 것인지는 그냥 무작위로 나눈 것이었다. 그런데 이들에게 교도관 역할을 맡기자 단지 일주일 사이에 완벽한 교도관이 되었고, 수감자들에게 명령하고 강압하고 고문하는 사람들이 되었다.

길 가는 사람을 사장 자리에 앉히면 진짜 사장님이 된다?

이 실험이 의미하는 것은 무엇일까? 한 사람의 사고방식, 행동방식을 결정하는 것은 그 사람의 고유한 품성, 천성 같은 것이 아니라, 조직 내에서 자신이 어떤 역할을 맡고 있느냐라는 것이다.

착한 품성을 가진 사람은 항상 착하고, 교도관이 되어도 착한 교도관이 되고, 어쩌다 실수로 죄수가 되어도 착한 죄수가 되는 것이 아니다. 착한 사람이라 하더라도 교도소의 질서를 책임지는 교도관이 되면 폭력을 휘두르는 것이다. 원래 비굴하고 반항적인 사람이 죄수가 되는 것이 아니다. 누구라도 죄수가 되면 비굴하면서도 반항적인 사람이 되는 것이다.

경영학에서도 마찬가지다. 한 사람의 사고방식과 행동방식에 가장 큰 영향을 미치는 것은 조직이다. 그 조직이 어떤 조직인가, 그리고 조직 내에서 자신이 어떤 업무를 맡고 있는가에 따라 그 사람의 사고방식과 행동이 결정된다. 원래 사장의 자질과 품격을 가진 사람이 사장이 되는 것이 아니다. 그냥 길 가는 사람 아무나 사장의 자리에 앉히면, 곧 사장의 자질과 품격을 갖춘 사람이 된다. 처음에는 어색해하고 사장 자리에 잘 앉지 못할 수 있다. 하지만 금방 이 사람은 사장으로서의 자세, 태도, 사고방식을 가지고 그렇게 행동한다.

부장 자리에 앉히면 부장으로서의 행태를 보이고, 이사 자리에 앉히면 이사로서의 행태를 보인다. 청소하는 업무를 맡기면 청소부로서의 사고방식과 행동양식을 보여주고, 경비 업무를 맡기면 경비로서의 사고방식과 행태를 보이게 된다. 말투, 복장, 평소 행동 등이 자기 지위에 맞도록 변한다.

사람들은 보통 때의 사고방식, 행동과 조직인이 되었을 때의 그것이 다르다. 조직에 있을 때의 사람은 자기 고유의 특성보다는 조직 내에서의 임무, 역할에 따라 더 큰 영향을 받게 된다. 스탠퍼드 교도소 실험은 보통 사람들이 조직에 들어갔을 때, 생각과 행동이 얼마나 극적으로 변할 수 있는지를 보여주는 실험이었다. 스탠퍼드 교도소 실험은 조직론, 조직행동론, 조직심리학 분야에서 조직의 중요성을 알려주는 고전적인 실험으로 인정받게 된다.

포드, 정육 공장에 영감을 얻어 컨베이어 벨트 시스템을 개발하다

무거운 자동차 생산에 어떻게 분업을 적용할 수 있을까?

어떻게 하면 일을 더 잘할 수 있을까? 전통 사회에서는 모두 힘을 합쳐 노력을 하면 더 잘할 수 있다고 보았다. '백지장도 맞들면 낫다', '화살 한 대는 부러뜨리지만 여러 대는 부러뜨리지 못한 형제 이야기' 등은 모두 합치면 더 큰 힘을 발휘할 수 있다는 것을 알려주는 격언들이다. 혼자 하지 말고 많은 사람들이 같이 하면 일을 더 잘할 수 있다. 즉, 협동의 논리이다.

하지만 근대 경제학의 시조인 아담 스미스는 협동이 아니라 분업을 할 때 생산성이 증가한다고 보았다. 분업을 한다는 것은 한 사람이 한 가지 일만 한다는 것이다. 여러 가지 일을 동시에 하지 않고 한 가지 일만 하면 자연스레 그 일을 더 잘할 수 있게 된다. 즉, 전문화가 발생한다. 분업을 하고, 그로 인해 전문화가 이루어지면 생산성이 증가한다.

아담 스미스는 그의 대표적인 저서 『국부론』에서 핀 공장의 이야기를 했다. 10명을 고용하고 있는 핀 공장에서 한 사람이 핀을 자르고, 마름질을 하고, 포장을 하는 식으로 모든 공정을 다 혼자서 할 때는 200개의 핀을 생산할 수 있었다. 그런데 한 사람은 핀을 자르기만 하고, 한 사람은 마름질만 하고, 한 사람은 포장만 하는 식으로 분업을 하면 하루 생산량이 48,000개가 된다.

작업 방식을 협업에서 분업으로 바꾼 것일 뿐인데 생산성이 240배 증가한다. 이처럼 분업을 하면 업무의 효율성과 생산성이 크게 증가할 수 있다.

그런데 실제 공장 작업에서는 이렇게 분업적으로 일을 하는 것이 쉽지 않다. 핀을 만드는 경우에는 핀이 가벼우니 한 사람이 핀을 자르고 그 다음 사람에게 건네줄 수 있다. 그러면 다음 사람은 핀에 마름질을 한 다음 또 그 다음 사람에게 넘겨주는 식으로 분업이 적용될 수 있다.

하지만 무거운 자동차 같은 것은 어떨까? 한 사람이 자동차에 헤드라이트를 조립한 다음, 그 다음 사람에게 타이어를 붙이라고 자동차를 넘겨줄 수는 없다. 자동차는 무거워서 그냥 한 자리에 있어야 한다. 자동차는 서 있고, 사람들이 그 자동차에 달라붙어 모든 공정들을 처리해야 한다. 분업보다는 협업으로 일을 할 수 밖에 없다.

이런 무겁고 큰 품목에 대해서도 분업의 원리가 적용될 수 있도록 하려면 어떻게 해야 할까. 이런 문제의식에서 컨베이어 벨트 시스템이 만들어진다.

컨베이어 벨트 시스템, 대량생산의 시대를 개막하다

1913년, 포드자동차는 컨베이어 벨트 시스템을 도입한다. 이 시스템에서는 자동차가 컨베이어 벨트 위에서 움직인다. 노동자는 한 자리에 서 있다. 그러다가 자동차가 오면 거기에 헤드라이트를 설치한다. 컨베이어 벨트가 움직이면서 자동차는 그 다음 공정으로 이동하고, 다시 새로운 자동차가 다가온다. 노동자는 한 자리에서 계속해서 헤드라이트를 조립한다. 그 다음 공정에 뒷바퀴를 다는 노동자가 있다면 하루 종일 계속해서 뒷바퀴를 끼워 넣기만 한다.

이런 식으로 노동자는 한 자리에서 한 가지 일만 한다. 컨베이어 벨트가 움직이면서 자동차를 이동시키고, 결국 컨베이어 벨트가 한 바퀴 돌면 자동차 한 대가 완성된다. 모든 제작 공정에서 한 사람의 노동자가 한 가지 일만 할 수 있는 분업화가 완성되는 것이다. 이런 컨베이어 벨트 시스템이 도입되면서 포드자동차의 생산성은 극적으로 향상되었다.

포드자동차는 1908년 10월 1일 유명한 T모델 자동차를 생산하기 시작했다. T모델은 그 당시 자동차의 혁신이었다. 엔진과 트랜스미션을 내장형으로 장착해 외부에서는 엔진을 볼 수 없도록 했다. 핸들을 왼쪽에 두고 조작을 간단하게 만들었다. 또 포드는 그동안 상류층만 구매할 수 있었던 자동차를 일반인들도 구매할 수 있게 한다는 목표를 내세웠다. 보통 자동차 가격이 2,000달러를 넘을 때 T모델을 825달러로 내놓았다(현재 가격으로 2,100~2,400만원 수준이다).

컨베이어 벨트 시스템에서 일하는 노동자들

T모델은 굉장한 인기를 끌었다. 하지만 생산량에 한계가 있었다. 자동차가 서 있고, 사람들이 달려들어 자동차를 조립하는 방식으로는 한 자동차회사가 1년에 1만 대 이상을 생산하기가 힘들었다.

포드 사는 1913년 컨베이어 벨트 시스템을 도입한다. 자동차 같은 제품에도 분업과 전문화의 논리가 적용될 수 있도록 공정을 바꾸었다. 1914년 포드는 25만 대의 자동차를 생산할 수 있었다. 컨베이어 벨트가 도입되기 이전보다 몇 배나 많은 T모델을 생산할 수 있었다. 소위 대량생산의 시대가 시작된 것이다.

또 대량생산이 이루어지면서 비용은 점차 감소하기 시작했다. T모델은 처음에 825달러로 판매되었지만, 점차 가격이 하락해서 원래 가격의 반값 이하로 떨어진다. 이렇듯 대량생산은 생산비용을 극적으로 감소시켰다.

자동차 대량생산 시대를 상징하는 포드자동차의 T모델

세계의 산업 생산방식을 완전히 바꾼 시스템

자동차 공급이 원활하지 않던 시절, 이렇게 낮은 가격으로 많은 생산을 한 덕분에 포드는 일약 세계 최고의 자동차회사가 된다. 1918년에는 미국의 모든 자동차 중에서 반 정도가 포드의 T모델이었다.

지금 1910년대, 20년대 미국 할리우드 영화를 보면 모두 똑같은 자동차만 나온다. 검은색으로 큰 바퀴를 달고 2단계의 네모난 모양을 한 자동차이다. 이것이 바로 T모델이다. 이 당시 모든 영화에 포드 T모델이 스폰서 역할을 해서 영화마다 이 자동차가 나오는 것이 아니다. 실제 그 무렵 거리에는 T모델만 있었기에 자연스레 영화에 나오는 것이다.

이 당시 미국에는 150개 정도의 자동차회사가 있었다. 포드 사가 50% 이상의 시장점유율을 차지하면서 미국의 중소 자동차회사는 모두 망한다. 이후로 미국 자동차회사는 포드, GM, 크라이슬러 3개 사만 남고 정리가 되었다. 컨베이어 벨트 시스템은 자동차 산업을 완전히 바꾸어버렸다.

컨베이어 벨트 시스템이 이렇게 엄청난 생산성 증가 효과를 가져온다는 것이 산업계에 알려지면서 모든 분야에서 이 시스템을 도입한다. 지금은 TV, 세탁기, 에어컨, 캔 음료 등 모든 공장 제품들은 컨베이어 벨트 시스템으로 만들어지는 것이 상식화되었다. 그리고 포드의 컨베이어 벨트 시스템 도입은 포드 시스템이라 하여 현대 경영 방법을 바꾼 혁신으로 인정받게 되었다.

그런데 여기에는 뒷이야기가 하나 있다. 원래 컨베이어 벨트 시스템을 처음 도입한 것은 포드가 아니라 시카고 정육 공장이었다. 소고기를 부위별로 해체하는 것을 쉽게 하기 위해서 컨베이어 벨트 시스템이 만들어졌다. 포드는 이 정육 공장의 시스템을 벤치마킹해서 자동차에 컨베이어 벨트 시스템을 도입한다. 사람들은 정육 공장과 소고기 해체 과정에 대해서는 잘 모르고 관심도 적다. 하지만 자동차에 대해서는 큰 관심을 가진다. 정육 공장에서 컨베이어 벨트 시스템을 도입해서 생산성이 크게 증가한 것은 알려지지 않았지만, 포드 사가 컨베이어 벨트 시스템을 도입해서 그렇게 된 것은 유명해진다.

결국 다른 제조사들의 벤치마킹 대상이 된 것은 정육 공장이 아니라 포드 시스템이었다. 포드 시스템은 최초는 아니지만, 그 공정이 확산되고 보급되는 데 큰 기여를 했다.

임금이 높아지면
기업의 이익도 증가한다

포드자동차의 파격적인 임금 인상

상식을 깬 포드의 100% 임금 인상

2010년대의 포드자동차는 세계적인 대기업이기는 하지만 크게 부각되는 기업은 아니다. 현재 세계 1위 기업도 아니고 미국 1위도 아니다. 전 세계의 많은 자동차 대기업 중의 하나일 뿐이다. 하지만 1900년대 초반에는 그렇지 않았다. 포드는 세계 1위의 자동차 기업이었고, 당시 산업 사회의 혁신을 대표하는 기업이었다. 현재 애플사와 비슷한 위치를 차지하고 있었다고 볼 수 있다.

당시 포드자동차는 단순히 자동차를 많이 생산하는 기업에 그치지 않고 세계 경영 이론의 발전에 두 가지 측면에서 큰 기여를 했다. 하나는 앞에서 본 컨베이어 벨트 시스템의 도입이다. 생산관리 측면에서 혁신을 하고, 이를 모든 공장 시스템에 보급시켰다. 그리고 또 다른 기여가 바로 임금 정책이다. 포드의 임금 인상은 인사관리, 종업원 복지와 관련해서 많은 시사점을 주고 기존 인사 정책의 상식을 바꾸어버린 혁신이었다.

회사는 종업원들에게 임금을 많이 주는 것이 좋을까, 적게 주는 것이 좋을까? 종업원 입장에서는 임금을 많이 주는 것이 좋다. 하지만 회사 측에서는 임금을 적게 주는 것이 좋다. 회사는 이윤을 극대화하는 것을 목표로 하므로, 매출 수입이 있을 때 종업원에게 임금을 많이 주면 이윤이 감소할 수밖에 없다. 그래서 가능한 최소한의 임금을 주려고 한다. 하지만 너무 적게 주면 회사를 그만두려고 할 수 있다. 생계를 유지할 수 없는 임금을 주거나, 최소한의 품위를 유지할 수 없는 돈을 주면 종업원이 회사를 그만두고 다른 회사에 들어가려 할 것이다. 그래서 종업원이 살아가는 데 필요한 만큼, 회사를 그만두지 않을 만큼에 해당하는 임금만 주려 한다.

그리고 회사의 비용 중에는 종업원의 인건비가 차지하는 비율이 높다. 종업원의 임금을 올려주면 회사의 비용이 크게 증가한다. 그래서 임금 인상도 최소화하려는 것이 일반적인 회사의 임금 정책이다.

그런데 1914년, 포드자동차는 공장에서 일하는 노동자의 임금을 올려준다. 10%, 20% 정도로 올린 것이 아니라 두 배 넘게 임금을 올렸다. 이 당시 포드자동차 노동자들의 하루 일당은 2.34달러였다. 이것을 하루아침에 5달러로 올렸다. 지금 한 달 월급이 150만 원인 종업원이 갑자기 월급 320만 원으로 뛰어오른 것이다.

THE DETROIT JOURNAL
LAST EDITION

HENRY FORD GIVES $10,000,000 IN 1914 PROFITS TO HIS EMPLOYES

HOUSES SWEPT INTO ATLANTIC BY STORM; CREW OF 32 DROWNS

DOUBLES PAY OF 25,000 IN AUTO WORKS

Motor Kings Who Share Profits With Worker

NATION-WIDE STRIKE IS BEING DISCUSSED BY LABOR LEADERS

GRANT EIGHT-HOUR DAY AT $5 WAGE

포드자동차의 임금 인상을 알리는 당시 신문 기사

노동자들의 이직을 막아야 할 절박한 이유

포드자동차가 다른 공장들에 비해서 워낙 박봉이었기 때문에 월급을 갑자기 올린 것일까? 그렇지 않다. 당시 미국의 평균 임금은 하루 2.38달러 정도였다. 포드자동차는 다른 회사보다 많이 주지는 않았지만, 그렇다고 낮게 주지도 않았다. 평균적으로 월급을 주고 있었는데 갑자기 2배 이상 월급을 올렸다.

그러면 포드자동차는 월급을 많이 주는 대신 그만큼 근무 시간을 늘렸을까? 그것도 아니다. 당시 미국의 공장은 하루 9시간 노동이 일반적이었다. 하루 9시간 노동에 2.38달러 임금이었다. 그런데 포드자동차는 일당을 5달러로 올리면서 오히려 노동 시간은 줄였다. 하루 8시간만 일하게 했다. 노동 시간을 줄이고, 월급을 두 배 이상 올린 것이다.

이것은 경영 이론에 맞느냐 맞지 않느냐의 논쟁을 벌일 것도 없이, 상식적으로도 말이 안 된다. 어떻게 근무 시간은 줄이고 보수는 2배 이상 늘릴 수 있을까? 평소에 다른 기업들보다 근무 시간이 특별히 많았던 것도 아니고, 보수가 적었던 것도 아니다. 그런데도 근무 시간을 줄이고 보수를 2배로 늘리면 회사가 이익을 낼 수 있을까? 원래 회사 비용에서 인건비가 차지하는 비율이 낮지 않은데, 이것이 2배 이상 증가하면 과연 회사가 버틸 수 있을까? 당연히 버틸 수 없다. 사람들은 포드 사가 경영위기에 처할 것이라고 보았다.

하지만 포드도 바보는 아니다. 그냥 아무 생각 없이 월급을 올린 것은 아니다. 이때 포드 사 경영의 가장 큰 문제는 엄청난 수의 노동자들이 계속해서 회사를 그만두고 있었다는 사실이다.

현대 중국에서 공장 노동자 관리에 애를 먹는 것 중 하나가, 명절을 지내러 고향으로 돌아간 노동자 중에서 돌아오지 않는 직원들이 많다는 점이다. 중국 명절은 보통 10일 이상의 휴가를 준다. 중국 땅덩어리가 크기 때문에 그 정도 시간을 주어야 각지에서 올라온 노동자들이 버스나 기차를 타고 집에 갔다 올 시간이 난다. 그런데 그렇게 회사를 쉬고 놀다보면 노동자들은 계속해서 쉬고 싶어진다. 명절이 끝나면 회사로 돌아와야 하는데, 그렇게 하지 않는다. 자연스럽게 회사를 그만둔다. 이런 직원들이 많아서 중국 공장들은 인사관리에 어려움을 겪는다.

1910년대 미국도 비슷한 현상을 겪는다. 이 당시 미국에서는 주급이 일반적이었다. 일주일 일하고 주말에 그 주의 임금이 지급된다. 그러면 노동자들은 그 돈으로 놀다가 월요일에 출근하지 않는다. 회사를 그만두는 것이지만, 노동자들은 이것이 큰 부담이 아니다. 놀다가 돈이 떨어지면 다른 공장에 들어가면 된다. 다른 공장의 노동자들도 계속해서 회사를 그만둔다. 그러니 포드자동차 공장을 그만두고 다른 공장에 들어가려 해도 항상 자리가 있다. 이 공장에서 일하다가 힘들거나 지겨우면 그만두고, 좀 쉬다가 돈이 떨어지면 다른 공장에 들어가고, 그러다 좀 지나서 그만두고, 다시 다른 공장에 취직하고……. 이런 식으로 공장과 노동자들이 운영되었다.

엄청난 수의 노동자가 매주 회사를 그만두고, 또 그만큼의 노동자들이 회사에 새로 취직했다. 이때 포드 사의 1년 이직률은 100%가 훨씬 넘었다. 1년 사이에 종업원 전체가 한 번 이상 바뀌는 식이었다.

포드는 1913년 컨베이어 벨트 시스템을 도입했다. 이 시스템에서는 종업원 한 사람이 해야 할 업무가 정해진다. A 노동자는 하루 종일 타이어를 끼우고, B 노동자는 하루 종일 헤드라이트를 다는 식이다. 이렇게 일하고 있는데 A 노동자가 갑자기 출근하지 않고 그만두면 어떻게 될까. 단순히 A 노동자 한 명이 일하지 않는 문제가 아니다. 컨베이어 벨트 시스템이 돌아가는데 타이어를 끼우지 못한다. 그러면 전체 시스템이 제대로 작동하지 못한다.

컨베이어 벨트 시스템은 시계처럼 작동한다. 한 개의 부품만 작동을 안 해도 시계가 멈춘다. 컨베이어 벨트 시스템에서는 한 명만 그 작업을 제대로 하지 않으면 시스템 전체가 멈추고, 자동차가 아예 생산되지 못하는 사태가 발생한다.

사람들이 협동으로 일을 할 때는 한 명이 빠져도 큰 문제가 발생하지 않는다. 사람들이 서로서로 도우면서 일을 할 때도 한 사람이 빠진다고 일을 못하게 되지는 않는다. 하지만 컨베이어 벨트 시스템에서는 한 사람이 빠지면 전체 시스템이 멈춘다. 이런 시스템에서 노동자들의 이직률이 100%가 넘는다는 것은 회사에 엄청난 타격이 된다. 매주 월요일마다 출근하지 않는 노동자들이 나오고, 그때마다 컨베이어 벨트는 작동을 멈춘다.

인사관리, 임금 정책에 관한 통념을 완전히 바꾸다

그래서 포드는 노동자들에 대한 보수를 크게 높이기로 결정한다. 지금 노동자들이 회사를 아무 때나 쉽게 그만두는 이유는 포드자동차를 그만두어도 다른 공장에서 곧바로 일자리를 얻을 수 있기 때문이다.

하지만 다른 공장들에서는 2.38달러의 임금을 지급하는데 포드 사에서는 5달러의 임금을 지급한다면 어떨까? 포드자동차를 그만두면 다시는 시간당 5달러의 임금을 받을 수 없다. 포드자동차에 취직한 노동자들은 회사를 그만두지 않고 계속 다니려 할 것이다. 10%, 20% 정도 보수를 더 준다면 포드자동차를 그만둘 수도 있다. 하지만 포드 사가 다른 회사보다 2배 이상의 임금을 지불한다면, 회사를 그만두지 않기 위해 결근, 지각을 하지 않을 것이다. 컨베이어 벨트 시스템이 멈추는 일도 없을 것이다.

그래서 포드 사는 임금을 2배로 올리는 결정을 한다. 노동자들이 절대 스스로 회사를 그만두지 않게 하려는 유인책이다. 포드가 임금을 5달러로 올리자 이직률은 극적으로 떨어졌다. 컨베이어 벨트 시스템은 이제 멈추지 않았고, 그만큼 자동차가 더 많이 생산되기 시작했다. 임금을 2배로 올렸는데 오히려 생산성은 향상되었고 회사의 이익도 증가되었다.

이전에는 임금을 올리면 회사의 이익이 감소된다고 보았다. 노동자들에게 임금을 최소한으로 지급하는 것이 회사에 유리하다고 보았다. 하지만 아니었다. 임금을 많이 주면 생산성이 더 늘어나고 회사의 이익이 증가할 수 있다. 그것을 처음 보여주고 인사관리, 임금 정책을 완전히 바꾼 것이 포드의 임금 인상이었다.

현대 경영학의 성립에 가장 크게 기여한 GM CEO 슬론의 조직 혁신

인수합병의 역설

1900년대 초, 자동차 시장의 절대 강자는 포드였다. 포드는 컨베이어 벨트 시스템을 도입하여 현대적 의미의 대량생산을 시작했고, 종업원들에게 지급하는 임금을 크게 올려 이직률을 줄이면서 생산성을 증가시켰다.

또 포드에서 생산되는 T모델은 당시 최고 기술의 자동차였다. 1900년대 초 미국에서 자동차를 생산하는 회사들은 100개가 넘었다. 자동차 시장이 처음 형성되는 시기여서 많은 기업들이 시장에 뛰어들어 생산을 했다. 그런 와중에 포드의 T모델은 미국 자동차 시장의 50% 이상을 차지하면서 압도적 우위를 자랑했다. 자동차는 누가 뭐라고 해도 포드였다.

GM General Motors은 1908년에 만들어졌다. GM이 자동차 시장에서 성장해나가는 주요 방식은 인수합병M&A이었다. 다른 자동차 기업들을 합병해나가면서 덩치를 키웠다. GM의 설립자인 듀런트는 1920년 사임했는데, 그 12년 사이에 무려 39개의 자동차회사를 인수합병했다. 1년에 3개 이상의 회사를 합병해나간 셈이다. GM은 사실 많은 자동차회사들의 연합체로 만들어진 회사라고 볼 수 있다.

이런 식의 인수합병으로 회사를 키워가다 보니 GM에서는 굉장히 많은 자동차들이 생산되었다. 포드는 오로지 T모델 하나만 생산하고 있다. 하지만 1920년에 GM은 쉐보레, 오클랜드, 올즈, 스크립스 부스, 셰리단, 뷰익, 캐딜락의 7개 자동차를 생산했다. GM이 자체적으로 이런 자동차 모델들을 개발해서 생산한 것이 아니라, 각각의 자동차를 만들어내는 회사를 합병하면서 이 모델들이 모두 GM이 된 것이다.

이 계열사들은 모두 독립적으로 운영되었다. 그런데 문제가 있었다. 쉐보레 자동차 공장은 자기 공장에서 생산되는 쉐보레를 더 많이 생산해서 이익을 내고자 했고, 셰리단을 만드는 공장은 셰리단을 더 많이 팔기 위해 노력했다. 하지만 쉐보레가 많이 팔리면 셰리단은 덜 팔렸다. 캐딜락이 잘 팔리면 뷰익은 안 팔리고, 뷰익이 잘 팔리면 캐딜락이 안 팔린다. GM 전체적으로는 생산량이 증가되거나 이익이 증가되지 않았다.

모든 계열사의 이익을 증대시킬 방법을 찾아라

GM의 이사진 중에 알프레드 슬론이라는 사람이 있었다. 슬론

사업부제를 고안한 GM의 CEO 알프레드 슬론

은 이런 GM의 문제점을 해결하기 위해 사업부제를 도입할 것을 주장했다. 사업부제는 제품 생산, 판매, 마케팅 등을 한 사업부 내에서 주도적으로 하는 것을 의미한다. 비용과 이익을 사업부 단위로 계산한다. 사업부 내 직원들은 다른 사업부는 신경 쓰지 않고 자기 사업부의 이익을 증대시키기 위해 노력한다.

사실 여기까지는 기존의 GM 운영과 같다. 그때까지 GM의 계열사들은 모두 독자적으로 모델을 개발하고 공장 운영을 했었다. 하지만 슬론은 이 사업부제가 회사 전체적으로 이익이 되도록 본사가 조정을 해야 한다고 했다.

쉐보레가 잘 팔리면 셰리단은 안 팔리고, 캐딜락이 잘 팔리면 뷰익이 안 팔리는 이유는 무엇일까? 그것은 고객이 동일하기 때문이다. 같은 고객을 상대로 GM의 계열사들이 각각 마케팅을 하니, 어느 한 계열사의 이익 증대는 다른 계열사의 이익 감소로 나타난다. 결국 GM 본사 입장에서는 나아지는 것이 없다.

이 문제를 해결하기 위해서는 계열사별로 고객층을 서로 구분하면 된다. 서로 다른 고객들을 대상으로 자동차를 만들고 판매를 하면, 어느 한 계열사의 이익 증대가 다른 계열사의 감소로 나타나지 않을 것이다. 본사는 계열사들의 고객이 서로 중복되지 않도록 조정을 해주어야 한다.

슬론의 주장이 받아들여져서 GM은 조직 개편을 한다. GM은 시장을 자동차 가격을 기준으로 6단계로 구분했다. 가장 저렴한 자동차에 쉐보레를 두고, 그 다음은 오클랜드, 뷰익 4, 뷰익 6, 올즈, 마지막으로 가장 비싼 자동차로 캐딜락을 두었다. 이후 이 자동차 구성은 쉐보레-폰티악-올즈모빌-뷰익-캐딜락의 5단계로 변경된다.

자동차의 가격대가 달라지면서 구매층도 서로 달라진다. GM은 각 계열사마다 서로 다른 소득대의 고객을 대상으로 서로 다른 자동차를 만들어내도록 조정했다. 이렇게 가격에 따라 고객층을 구분하면 계열사들은 같은 고객을 두고 경쟁하는 일을 피할 수 있다.

이처럼 고객을 구분하는 사업부제는 마케팅 측면에서 큰 기여를 한다. 포드자동차는 오로지 T모델 하나만 만들었다. 모든 사람들을 대상으로 같은 차를 판매했다. 포드만이 아니라 다른 자동차회사들도 마찬가지였다. 한 회사는 한 가지 제품을 만들고 판매를 했다. 고객은 모든 국민들로 설정했다.

그런데 GM은 사업부제를 시행하면서 고객을 구분한다. 각 사업부마다 상대하는 고객을 서로 다르게 했다. 학교를 졸업하고 처음 사회에 진출하는 사람, 처음 취직한 사람은 돈이 없다. 이런 사람들을 위해서는 저렴한 쉐보레 자동차를 권유한다. 결혼을 해서 가족이 생기면 좀 더 좋은 차를 요구한다. 이때는 폰티악이 적당하다. 아이가 커나가면 좀 더 큰 차가 필요하다. 이때는 올즈모빌이 적당하다. 돈을 많이 벌어서 삶에 여유가 있으면 좀 화려하고 좋은 차를 타도 된다. 이런 사람들을 위해서는 뷰익이 있고, 정말 부자들한테는 부의 상징이라 할 수 있는 고급차 캐딜락이 있다.

이처럼 고객층에 따라서 구입하는 자동차가 달라진다. 돈이 적건 많건 사람들은 소득에 맞는 자동차를 구입할 수 있게 된다. 이렇게 자동차회사가 소득 수준에 따라 고객을 구분하는 것은 이후 자동차 제품 라인의 기본이 된다. 현대자동차는 액센트 - 아반떼 - 소나타 - 그랜저 - 제네시스의 제품군을 갖추고 있다. 르노삼성은 SM3 - SM5 - SM7로 소형, 중형, 대형차를 구분하고, 벤츠는 A클래스부터 C클래스, E클래스, S클래스 등 소득 수준에 따라 다른 모델을 제공한다.

모든 고객들을 한 무더기로 상대하지 않고, 고객들을 세분화해서 접근하는 것. 이 고객 세분화 모델을 처음 본격화한 것이 GM의 사업부제였다.

이제는 기술이 아니라 고객의 만족을 두고 경쟁한다

처음 GM이 사업부제를 고안한 것은 회사 내 계열사의 이익이 충돌하는 문제를 해결하기 위해서였다. 그런데 사업부제는 계열사들의 이익 충돌 현상을 막으면서 고객들의 요구에 귀기울이는 방법이기도 했다. 이제 각 사업부는 자기에게 맞는 고객들이 무엇을 원하는지를 찾고, 그에 적합한 자동차를 만들어내려고 했다. 부유층을 대상으로 하는 캐딜락은 실내의 기구들을 모두 최고급품으로 꾸밀 수 있게 되었다. 이전에는 그렇게 만들면 너무 자동차 가격이 비싸져서 구입할 수 있는 사람이 적었다. 하지만 이제는 최고 부유층만을 대상으로 하기 때문에 자동차 가격이 비싸지는 것에 상관없이 고급품들을 쓸 수 있었다.

쉐보레는 가격을 낮추기 위해서 중요하지 않은 기능들을 제거하고, 또 자동차 공간을 더 작게 만들 수 있었다. 이전에는 가족들이 모두 타기에 불편해서 공간을 줄일 수 없었다. 하지만 이제는 가족이 없는 사람들이 주요 대상이니 공간을 줄여도 상관이 없다. 이처럼 고객들은 자기에게 더 적합하게 만들어진 자동차를 고를 수 있게 된다.

사업부제로 인해 고객 맞춤형 제품 생산과 마케팅의 중요성이 확인되면서, GM은 이후 고객이 좋아하는 여러 가지 제품을 만들려는 노력을 한다. 이때까지 자동차는 얼마나 기술적으로 뛰어난지만을 가지고 경쟁을 했다. 하지만 GM은 기술이 아니라 고객이 원하는 것이 무엇인가를 가지고 경쟁을 한다. GM은 자동차에 색깔을 입힌다. 이때까지 모든 자동차들은 검은색이었다. 그런데 GM은 파란 자동차, 노란 자동차, 빨간 자동차를 생산하기 시작한다. 그동안 검은 자동차만 보아온 사람들은 색깔이 있는 자동차를 구입하기 시작했다. 색깔이 있다고 해서 성능이 더 좋아지는 것은 아니다. 이전의 기술을 중시하는 기준으로는 더 나아진 혁신이라 하기 어렵다. 하지만 고객만족 측면에서는 분명히 혁신이었다.

또 GM은 자동차의 디자인을 유선형으로 바꾸기 시작한다. 이전의 자동차는 모두 네모를 기준으로 각진 모양새였다. GM은 부드러운 곡선 모양으로 자동차를 만들기 시작했고, 고객들은 이런 유선형의 자동차에 열광했다.

1931년, GM은 결국 무적으로 인식되던 포드자동차를 제치고 최고의 자동차회사가 되었다. 그리고 GM이 제시한 사업부제 모델은 이후 모든 대기업들의 기준이 된다. 또 고객을 구분해서 맞춤형 제품을 제공하는 것이 마케팅의 기본이 된다. GM의 사업부제는 현대 경영학의 성립에 가장 크게 기여한 사례로 인정받고 있다.

리엔지니어링,
상하관계의 조직을
수평관계로 바꾼 혁신

분업과 전문화의 논리에 따라 만들어진 피라미드형 조직

리엔지니어링Reengineering은 매사추세츠 공과대학MIT 교수인 마이클 해머Michael Hammer와 컨설팅회사 대표 제임스 챔피James Champy가 1993년 『리엔지니어링 기업 혁명Reengineering the Corporation』이란 책을 출간하면서 세계적인 경영 혁신의 조류가 되었다. 또 조직을 혁신하는 대표적인 방안으로 인정받았다. 현재 기업 내 조직 구조의 근간을 이루는 팀제는 바로 이 리엔지니어링 이후에 일반화되었다.

조직은 어떤 식으로 구성할 때 가장 효율성이 좋을까? 포드자동차의 컨베이어 벨트 시스템에서 살펴보았듯이, 근대 경영학에서 조직 구성의 기본 원리는 바로 분업이다. 한 사람이 한 가지 일만 하도록, 분업으로 인한 전문화가 이루어지도록 구조화하면 조직의 생

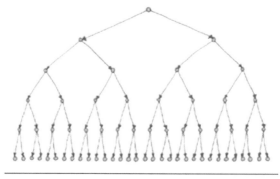

피라미드 조직 구조

산성이 높아질 수 있었다.

　이렇게 분업과 전문화의 논리에 의해서 만들어진 조직이 바로 피라미드 조직이다. 군대에서는 1개 분대가 10명 정도로 구성된다. 3~4개 분대가 모여 1개 소대가 만들어지고, 3~4개 소대가 모여 1개 중대가 만들어진다. 또 같은 식으로 대대, 연대, 사단이 만들어진다. 조직을 이끄는 리더도 비슷한 모습을 보인다. 사단장 아래에 3~4명의 연대장이 있고, 연대장 아래에 3~4명의 대대장이 있다. 또 대대장 아래에 3~4명의 중대장, 중대장 아래에 3~4명의 소대장, 소대장 아래에 3~4명의 분대장이 있다.

　회사에서는 몇 명의 사원들 위에 대리가 있고, 몇 명의 대리 위에 과장이 있다. 몇 명의 과장 위에 차장이 있고, 차장 위에는 부장, 부장 위에는 상무, 그 위에는 전무, 사장과 같은 식으로 계층 구조가 만들어진다. 아래 계급에는 사람이 많고, 위로 올라갈수록 인원수가 줄어든다. 그리고 아래 계급일수록 자기 업무 분야가 특정화되고,

위로 올라갈수록 점점 범위가 넓어진다. 각 구성원은 자기에게 맡겨진 일만 하고, 상사가 그 각각의 일들을 취합하고 조정하는 역할을 맡는다.

공장을 주축으로 하는 근대 산업 사회는 바로 이런 피라미드 조직을 근간으로 해서 만들어졌다. 분업을 하면 할수록 전문성이 증가되어 생산성이 향상될 수 있는 것이다.

비전문가에 의한 전문화가 가능한 시대

리엔지니어링은 이렇게 전통적인 피라미드 조직 구조가 현대 사회에서는 더 이상 맞지 않다고 주장했다. 그리고 현대 사회에는 더 효율성을 높일 수 있는 조직 구조가 따로 있다는 것을 제시했다. 피라미드형 분업 조직은 과거에는 분명 타당성이 있었다. 그러나 현대 사회에서는 이런 분업식 조직은 오히려 효율성을 낮춘다.

보험회사의 예를 보자. 보험자가 보험금을 신청하기 위해 보험회사를 방문했다. 보험회사에는 이 신청서를 접수하는 사람, 보험금 지급의 타당성을 검토하는 사람, 보험금을 계산하는 사람, 돈을 지급하는 사람 등 몇 명의 인원이 필요하다. 이 사람들은 각각 해당 업무의 전문가들이다. 이 많은 사람들이 모든 과정을 완료하고 보험금을 지급하기 위해서는 일주일의 시간이 필요하다.

그런데 이들의 업무 처리 과정을 자세히 살펴보면 이들이 정말로 일주일 동안 보험금 처리 업무를 하는 것이 아니다. 접수자가 신청서를 접수하면 바로 심사자에게로 서류를 넘기는 것이 아니다. 여러 신청서가 모이면 한 번에 심사자에게 서류를 넘긴다. 많아야 하루에 두 번, 보통은 하루에 한 번 서류들을 모아서 심사자에게 전달한다. 즉 신청서를 쓰는 시간은 길어야 30분이지만, 이 서류가 다음 단계로 가기까지 반나절 이상을 대기 상태에 머문다.

심사를 한 다음에도 바로 보험금 지급이 되는 것이 아니다. 다음 업무자에게 일을 넘기는 데 필요한 대기 시간들이 있다. 실제 보험금이 지급되는 데 필요한 업무 시간은 길어야 하루 정도이다. 하지만 한 사람이 업무를 끝내고 다른 사람에게 전달하는 과정에서 대부분의 시간이 소모된다. 모두 모여서 한 번에 일을 한다면 하루에 다 할 일을, 결재를 받고, 다른 사람에게 전달하고, 대기를 하는 등의 시간 때문에 일주일이 걸린다.

현대 사회에서는 이 모든 일을 하는 데 여러 사람이 필요하지 않다. 한 사람이 컴퓨터로 다 할 수 있다. 과거에는 글을 읽는 사람이 적었고, 복잡한 보험금 계산을 할 수 있는 사람이 적었다. 이들은 전문가였기에 해당되는 일만 하고, 출금하고 접수하는 일은 다른 사람들이 보조했다. 그러나 오늘날에는 누구나 다 글을 읽고 쓸 수 있고 보험금 계산을 할 수 있다. 무엇보다 보험금 산정 등을 컴퓨터 프로그램에 의해 자동으로 하기 때문에 비전문가라 하더라도 문제가 없다.

즉, 과거에는 여러 사람이 일을 나누어 분업으로 하는 것이 효율적이었지만, 이제는 교육 수준의 증가, 컴퓨터의 발달 등으로 혼자서 모든 과정을 처리하는 것이 더 효율적일 수 있다.

권한 부여와 위임을 통한 수평적 조직이 현대 경영의 대세

과거의 피라미드형 조직은 분업 원리에 맞추어진 조직 형태이다. 이제는 분업보다 업무 과정을 소수의 사람들이 다 맡아 처리하는 것이 더 효율적인 시대가 되었다. 그래서 이 소수의 사람들에게는 많은 권한과 재량을 부여할 필요가 있다.

피라미드 조직에서는 모든 일을 상사에 보고하고 그의 지시를 받아 일을 처리해야 했다. 하지만 지금은 각각의 직원이 자기 책임으로 모든 일을 다 처리할 수 있어야 한다. 이렇게 직원의 업무가 확장되고 위임될 때는 과거의 피라미드 조직 형태가 맞지 않다. 새로운 조직 형태로 바꿔주어야 한다.

이런 새로운 조직의 가장 대표적인 형태가 바로 팀제이다. 팀제 하에서는 팀원들의 업무가 완전히 분리되지 않는다. 한 사람이 하나의 업무를 맡으면, 그것과 관련된 모든 일에 대한 권한을 갖는다. 또 피라미드 조직에서 상사는 아래 사람에 대해 통제와 명령을 하는 사람이었다. 그러나 팀제에서 팀장은 명령, 통제하는 사람이 아니라 팀원들을 지원하고, 그들 사이의 업무를 조정하는 사람이다. 조직이 상하관계가 아니라 수평적 관계이다. 현대 사회에서는 이런 식으로 조직을 구조화할 때 조직의 생산성이 훨씬 증가할 수 있다.

이처럼 리엔지니어링은 조직 구조를 팀제 중심으로 바꿀 때 생산성이 더 증가된다고 보았다. 그래서 이후 많은 기업들이 피라미드 조직을 바꾸는 조직 혁신에 들어갔다. 하지만 리엔지니어링은 당시에 많은 비판도 받았다. 피라미드 조직을 혁파하는 조직 개편을 했지만, 막상 그 이후에 생산성이 증가되지 않은 기업들도 많이 있었

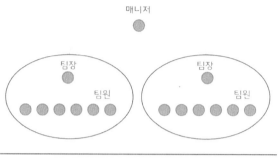

팀제 조직 구조

다. 오히려 비용만 들고 조직원들 사이에 분쟁만 발생하는 부작용들도 있었다. 그래서 리엔지니어링에 대해서는 혁신적이라는 칭송도 많지만, 비난하는 말도 많다.

　하지만 리엔지니어링 이후 조직 구조에서 팀제가 급속도로 확산된 것은 분명하다. 현재에는 한국에서도 '과', '부'라는 이름만큼 팀이라는 명칭이 많이 사용된다. 사실 한국의 팀제는 원래 의미의 팀제와는 많은 차이가 있기는 하지만, 어쨌든 현대 조직에서 팀은 일반적인 조직 형태로 인정된다. 리엔지니어링이 현대 사회의 조직 구조를 바꾸는 데 많은 역할을 한 것은 분명하다.

완전한 수평적 조직을 꿈꾼
자포스의 혁명적 실험

온라인 쇼핑몰 1위 아마존을 이긴 신발회사

자포스Zappos는 미국 온라인 신발 쇼핑몰회사이다. 자포스는 다른 쇼핑몰과 완전히 차별화되는 고객 서비스를 제공하면서 온라인 신발 쇼핑에서 선두주자가 되었다.

자포스는 신발을 구매한 사람들에게 제품에 만족했는지 묻는 메일을 보낸다. 여기까지는 특별하지 않다. 그런데 그 메일에 어떤 사람이 '그 신발은 어머니에게 드리기 위해서 산 것인데, 어머니가 돌아가셔서 더 이상 필요 없게 되었습니다. 반품할 수 있을까요?'라는 답장을 보냈다. 여기서 약간 특이한 일이 발생한다. 자포스가 직접 택배 직원을 보내 반품을 받았던 것이다. 원래는 반품하는 사람이 택배로 보내야 하는 것인데, 자포스는 직원을 보내 반품을 받았다. 그리고 그 사람에게 꽃을 배달했다. 어머니가 돌아가셔서 상심한 것에 대한 위로였다.

이런 것은 회사에서 고객에게 최대한 잘하라는 매뉴얼을 만들었다고 해서 할 수 있는 일이 아니다. 직원 개개인에게 고객 위주의 의사결정을 하도록 완전한 권한을 주고, 회사가 그 직원의 결정에 대해 아무런 소리를 하지 않아야 가능한 서비스이다.

이렇게 성심을 다한 고객 서비스를 하면서 자포스는 유명해졌다. 미국 온라인 쇼핑몰의 최대 강자는 아마존이다. 원래 온라인 서점으로 출발했지만, 지금은 모든 상품을 취급하는 미국 최대 온라인 쇼핑몰이 되었다. 그런데 그 아마존이 신발 부문에서는 자포스를 넘어서지 못했다. 신발 온라인 쇼핑의 1위는 자포스였다. 결국 아마존은 더 이상의 경쟁을 포기하고 자포스를 높은 가격에 인수한다. 현재 자포스는 아마존의 자회사이기는 하지만, 이전과 같이 독자적 상표를 가지고 독립적으로 운영되고 있다.

권한과 의사결정권을 조직 전체에 분배하다

이처럼 특색 있는 기업 자포스는 2015년 3월, '홀라크라시Holacracy*'를 전면적으로 도입하는 조직 개편을 했다. 홀라크라시는 조직을 완전하게 수평적으로 만드는 것이다. 과장, 부장 같은 중간 관리자를 완전히 없애고 일반 직원과 경영진만 두었다. 경영진은 상

---

* '전체'를 뜻하는 그리스어 'holes'와 '통치'를 뜻하는 'cracy'가 합쳐진 말. 권한과 의사결정권이 조직 전체에 분배되어 있는 조직형태를 가리킨다.

무, 전무, 사장 급으로 회사에 소수밖에 없다. 즉 자포스는 상무, 전무, 사장을 제외하고는 모두 평직원인 체제로 변모했다.

중간관리자가 필요 없어진다는 이야기는 이전부터 계속 있어 왔다. 1990년대 컴퓨터 정보통신의 발달이 본격적으로 이루어지면서, 컴퓨터 기술의 발전이 조직에 미치는 가장 큰 영향으로 조직 내에 중간관리자가 줄어든다는 것이 거론되었다. 최고관리자인 경영진은 회사 운영에 대한 중요한 의사결정을 한다. 그러니 컴퓨터가 도입된다고 해서 이 경영진의 업무가 영향을 받지는 않는다. 하지만 중간관리자는 보통 정형적인 의사결정, 완전히 새로운 것이 아니라 기존에 항상 하던 의사결정을 다시 하는 업무이다. 이런 정형적인 의사결정은 컴퓨터의 도움을 받아 일반 직원들도 할 수 있다.

이전에는 일반 직원들 사이에 정보 유통이 잘 되지 않았고, 그래서 부처 간 조정을 하는 역할을 하는 중간관리자들이 필요했다. 하지만 컴퓨터 체제에서는 모두가 쉽게 인트라넷을 이용해서 회사 정보를 보고 의사전달을 할 수 있다. 실제 업무를 하는 일반 직원은 계속 필요하고, 회사의 주요 의사결정을 하는 경영진도 그렇다. 하지만 정형적인 의사결정을 하고, 회사 내 정보 전달과 부서원 간 조정을 주 역할로 하는 중간관리자는 감소하게 될 것이다.

그런데 홀라크라시는 거기에서 한발 더 나간다. 중간관리자를 감소시키는 것이 아니라 아예 없앨 것을 주장한다. 홀라크라시에서는 중간관리자를 특별히 하는 일도 없으면서 권위적으로 아랫사람들에게 명령하고 통제하는 존재로 본다. 중간관리자의 간섭이 없으면 일반 직원들은 훨씬 더 창의적으로 열심히 일을 할 수 있다. 자포스는 그래서 홀라크라시를 전면적으로 도입했다.

사실 홀라크라시를 도입한 회사는 자포스가 처음은 아니다. 종업원이 적은 중소기업들은 중간관리층을 없애는 것이 가능했고, 실제 많은 기업들이 홀라크라시를 도입했다. 하지만 직원 수 1천 명이 넘는 대규모 회사에서, 그것도 일반 사람들에게 높은 지명도를 가진 기업이 홀라크라시를 도입한 것은 자포스가 처음이었다.

자포스의 홀라크라시 도입은 경영학자들, 특히 조직 전문가들의 깊은 관심 대상이 된다. 종업원 수십 명의 기업에서 중간관리자는 없을 수 있다. 그런데 1천 명을 훌쩍 넘기는 대규모 조직이 중간관리자 없이 운영될 수 있을까? 회사 직원 1,400여 명이 똑같은 평직원으로 잘 지낼 수 있을까?

사실 이 자포스의 홀라크라시는 2017년 현재까지 아직 확정적인 결과가 나오지 않았다. 그래서 사람들은 이것을 '자포스 홀라크라시 실험'이라고 부른다.

평등사회가 부른 후폭풍? 실험은 계속된다

2015년 3월 이 제도가 도입된 후 2016년 1월 초까지, 직원 중 260여 명이 퇴사했다. 무려 직원의 18%에 해당했다. 자포스는 원래 임금도 높고, 직원 복지 제도도 좋아서 사람들이 가고 싶어 하는 회사에서 항상 높은 순위를 차지했다. 일 년에 퇴사자가 전 직원의 1% 정도인 10여 명밖에 나오지 않았다. 그러던 회사에서 일 년에 18%가 퇴사했으니 이것은 조직의 큰 위기로 인식되었다.

이때 퇴사한 사람들은 거의 다 중간관리자였다. 그때까지 과장, 부장으로 있던 사람들을 평직원이 되라고 하니 더 이상 있을 수 없게 되었을 것이다. 그동안 부하직원으로 생각하던 사람들과 동등한 입장에서 일하게 되었으니 싫었을 것이다. 그래서 이 퇴사율의 상승만을 가지고는 실패라고 할 수 없다. 이 제도를 받아들일 수 없는 사람은 모두 떠나고, 제도를 인정한 사람들끼리 있을 때 어떻게 조직이 운영되는지가 중요하다.

2016년도가 지나면서 자포스의 홀라크라시는 많은 문제점들을 보여준다. 일단 퇴사율이 계속 높은 수준으로 유지된다. 미국에서는 한 직장에 평생 있는 것이 아니라, 경력을 쌓고 그것을 바탕으로 다른 직장으로 옮긴다. 직장을 옮길 때는 이전 직장에서 어떤 일을 했느냐가 중요하다. 그런데 자포스에서 직원들은 그냥 평직원이었다. 아무리 오래 경력을 쌓았어도 다른 회사에 관리자로 지원할 수 없다. 다른 회사에 관리자로 지원하려면 직원 관리 경험이 있어야 하는데 자포스에는 중간관리자가 없기 때문에 그런 리더로서의 경험을 쌓을 수 없었다. 자포스에서 직원으로 있다가 다른 회사에 직원으로 이동하는 경우는 괜찮다. 하지만 다른 회사에 과장, 부장으로 지원하기 위해서는 평생 직원으로만 있어야 하는 자포스에 오래 머무르면 안 되었다.

결국 홀라크라시는 어느 한 회사만 적용하면 되는 것이 아니었다. 다른 회사들하고 보조를 맞추지 않으면 직원들의 평생 경력을 고려했을 때 문제가 발생한다.

또한 홀라크라시하에서 직원들의 업무 부담은 더욱 증가했다. 각 직원들에게는 자기 업무가 있다. 자기 업무만 할 때는 혼자 알아서 하면 된다. 그 정도의 자율성은 자포스에서 주고 있다. 그런데 다른 직원들의 업무와 서로 겹치는 일들이 있다. 그러면 그들과 같이 의논해서 조정을 해야 한다. 자포스에서는 이렇게 조정이 필요한 일들은 직원들이 한데 모여서 회의를 통해 해결하게 했다. 비슷한 업무를 하는 서클을 두고, 그 서클 내의 직원들이 모여 의견을 나누며 결정을 하게 한다.

문제는 그 회의 시간이 점점 많아지고 길어진다는 점이었다. 이전에는 이런 결정을 과장, 부장이 했다. 하지만 이제는 직원들이 스스로 결정을 해야 했다. 많은 정보를 보고, 생각을 하고, 다른 사람들과 의논을 하고, 서로 싸우기도 하면서 의사결정을 해야 한다. 진짜 업무 시간 외에 이런 조정을 하는 데 소요되는 시간이 많아지고 길어진다.

일반 직원이면서 이런 의사결정 과정에 참여한다는 것이 사기 진작에 도움이 될 수도 있다. 회사일에 적극적으로 참여하고, 회사 경영 과정에 대한 정보를 얻고, 의사결정에 기여하는 것이기 때문이다. 그런데 막상 이렇게 모든 직원들을 의사결정 과정에 참여시키니, 이것을 싫어하는 직원들도 많다. 그냥 자기에게 맡겨진 일만 하고 월급만 받는 것을 원한다. 자기에게 맡겨진 업무 외에 회사 정보를 알아야 하고 의사결정 업무에 참여하는 것이 귀찮기 때문이다.

결국 최종적으로 이 실험이 성공하느냐 실패하느냐는 최소한 2~3년 후, 2020년 정도에 자포스의 매출과 이익이 어떻게 되느냐에 따라 결정될 것이다. 그때까지 경영학자들은 자포스를 계속 지켜볼 것이다. 조직에 중간관리자가 없어지면 어떻게 되는지, 홀라크라시가 과연 기업에 일반적으로 적용할 수 있는 제도인지를 판가름하게 될 것이다. 성공을 하든 실패를 하든, 자포스의 홀라크라시 제도는 계속 경영사에 남게 될 것이다.

독점적 지위를 노리지만 독과점 기업의 낙인은 사양한다

34개 기업으로 강제 분리된 스탠더드오일

롯데가 껌 시장의 완전 석권을 노리지 않는 이유

국내 껌 시장의 절대 강자는 롯데이다. 자일리톨로 대표되는 롯데의 껌이 국내 시장의 78% 정도를 차지하고 있다. 해태제과, 오리온, 기타 수업업체 등이 22% 정도의 시장점유율을 가진다. 이 정도의 압도적인 시장점유율을 가지고 있으면 롯데는 조금 더 노력을 하면 껌 시장 전체를 석권할 수도 있다. 적극적으로 마케팅을 하면 껌 시장에서 90% 이상의 시장점유율을 차지할 수도 있을 것이다.

하지만 실제 경영 현실에서는 이런 경우 시장점유율을 높이기 위해 노력하지 않는다. 70%대까지는 괜찮다. 그러나 시장점유율이 80%가 넘어서면 정부에 의한 독과점 규제가 들어올 수 있다. 90% 이상이 되면 그 기업은 위험해진다. 정부가 독과점 규제의 칼을 들

스탠더드오일의 창업자 존 록펠러

이밀어 각종 불이익을 준다. 독점기업이라 하여 그 기업을 강제로
분리시킬 수도 있다.

실제로 그런 사례가 있다. 미국의 석유회사인 스탠더드오일에
대한 강제적인 기업 분리가 그것이다.

록펠러의 스탠더드오일, 세계 석유 시장의 90%를 석권하다

근대 석유 산업은 1859년, 미국의 애드윈 드레이크가 석유 시
추에 성공하면서 시작되었다. 그 이전에도 사람들이 석유를 사용하
기는 했지만, 땅 위에 새어나온 것 등을 이용했을 뿐이다. 땅 위에서
채집되는 석유의 양은 워낙 적었고, 그래서 석유를 본격적으로 이용
하는 것은 불가능했다. 1859년 드레이크는 파이프를 땅속에 박아 석

석유 산업 초기의 석유 시추정들

유가 땅 위로 분출하게 하는 데 성공했다. 많은 양의 석유를 이용할
수 있었고, 그래서 석유 산업이 시작된다.

땅속에서 파 올린 석유를 정제하면 등유, 경유, 휘발유 등을 만
들 수 있다. 록펠러는 1870년 석유를 정제하는 정유회사인 스탠더드
오일을 설립하고, 등유를 만들어 고객들에게 판매하기 시작했다. 이
당시는 아직 자동차가 없을 때이다. 휘발유는 거의 사용되지 않았
고, 사람들은 등유를 사서 집안에서 불을 밝히는 용도로 사용했다.
아직 에디슨의 전구도 발명되지 않았던 시절이라 사람들은 고래기
름으로 실내조명을 하고 있었다. 등유는 고래기름보다 훨씬 질이 좋
았고, 밤을 밝히는 주요한 조명 장치였다.

당시 혁신적인 산업이었던 석유 사업에 많은 사람들이 뛰어들

었다. 특히 석유 시추는 한번 성공하면 그 다음부터는 아무 일을 하지 않아도 땅에서 석유가 계속 나온다. 그냥 그 석유를 내다팔기만 하면 된다. 이 신산업인 석유 시추를 통해 많은 사람이 백만장자가 되었다.

그런데 점점 더 많은 사람들이 석유 시추업에 뛰어들면서 석유가 과잉 공급되기 시작한다. 석유의 특징은 누가 생산한 것이든 품질 차이가 별로 없다는 점이다. 그래서 가격도 생산자별로 별 차이가 없다. 이전에는 누가 석유를 많이 생산해내는지가 중요했는데, 그때부터는 같은 품질, 같은 가격의 석유를 어떻게 잘 판매하느냐가 석유 사업에서 중요해진다.

이 당시 시중에서 판매되는 석유 가격에서 중요한 것은 운송비였다. 그 무렵 석유는 애팔래치아 산맥 부근에서 생산되었다. 여기에서 생산된 석유가 기차를 통해 미국 도시 지역에 운반되었다. 석유를 생산하는 가격과 운반하는 철도 가격을 합한 것이 석유의 원가였다. 록펠러의 스탠더드오일은 철도회사와 협상을 했다. 장기간 기차 화물칸을 이용할 테니 철도 요금을 깎아달라고 요구했다.

석유 시추의 문제점은 생산량을 조절할 수 없다는 점이다. 그냥 땅에서 분출되는 대로 생산량이 정해진다. 어떤 때는 생산량이 넘치고, 또 어떤 때는 적었다. 생산량이 넘칠 때는 철도 회사의 차량이 부족하다. 또 생산량이 부족하면 철도는 빈 채로 운행이 되었다. 물량을 싣지 않고 운행을 하면 철도회사도 큰 손해가 난다. 그런데 스탠더드오일은 물량이 넘치거나 부족하거나 상관없이 항상 일정한 금액을 지불할 것을 약속했다. 장기간 철도 운송 계약을 맺어서 안정적인 수입이 보장될 수 있도록 했다. 그 대신 스탠더드오일은 일반 철도 운임의 70% 선으로 할인된 가격으로 철도 운송을 할 수 있었다.

다른 석유 판매 회사들은 철도 운임으로 1,000원을 지불해야 했다면 스탠더드오일은 700원만 지불하면 된다. 생산지에서의 석유 가격은 동일하고, 품질도 동일하다. 그런데 스탠더드오일은 운반비가 저렴했기 때문에 시중에서 다른 정유회사들보다 더 싼 가격으로 판매할 수 있었다. 고객들도 품질이 동일하다면 당연히 더 싼 석유를 구입한다. 스탠더드오일은 미국 정유 시장을 석권한다. 미국 정유 시장에서 90% 이상의 시장점유율을 차지했다.

이 당시 미국 석유 시장에서 90%의 점유율을 차지하고 있었다는 것은 전 세계 석유 시장의 90%를 차지했다는 것과 동일한 말이었다. 지금 석유가 가장 많이 생산되는 지역은 중동이지만, 이 지역에서 본격적으로 석유가 개발된 것은 1900년대 중반 이후이다. 러시아의 바쿠 유전이 1879년 개발되었을 뿐, 지금 유명한 유전 지역은 모두 한참 뒤에 개발되었다.

록펠러의 스탠더드오일은 전 세계 석유 시장을 석권했고, 그는 세계 제일의 부자가 된다. 록펠러는 이 당시만이 아니라 현재까지 인류 역사에서 가장 큰 부자로 인정받는다. 록펠러의 재산은 1913년에 9억 달러였는데, 물가 수준을 고려했을 때 역사상 최고의 부자이다.

반독점법의 철퇴를 맞다

그러나 스탠더드오일의 독과점화는 사람들의 반감을 산다. 사실 스탠더드오일은 자기 몸집을 불리기만 해서 세계 최대 규모의 회사가 된 것은 아니었다. 다른 정유회사를 인수합병하는 식으로 몸집을 키워왔다. 스탠더드오일은 각 지역에서 다른 정유회사보다 더 싼 가격으로 석유를 판매했다. 이때 스탠더드오일은 지역의 경쟁 상대에게 자기와 경쟁하다가 망할 것인가, 아니면 스탠더드오일 산하로 들어올 것인가를 선택하게 했다. 순조로운 협상을 통해서 상대 회사를 합병하기도 했고, 상대방이 말을 듣지 않을 때는 협박을 통해서 합병하기도 했다. 합병을 하면 경쟁자는 스탠더드오일의 주식을 받고 경영권을 넘겼다. 많은 사람들이 어쩔 수 없이 경영권을 넘겼고, 이 사람들은 스탠더드오일에 대해 원한을 품었다.

1902년, 미국 정부는 스탠더드오일의 독과점에 대해 조사를 시작한다. 독과점 기업으로서 다른 기업의 자유로운 사업 활동을 저해했다는 이유였다. 스탠더드오일의 시장점유율은 90%가 넘었고, 그러다 보니 실제 석유 시장 내에서 모든 결정권을 가지고 있었다. 스탠더드오일이 정한 가격이 석유 판매 가격이 되었고, 스탠더드오일이 정한 가격이 철도 운반 가격이 되었다. 스탠더드오일이 석유 생산 가격도 결정했고, 각 생산 단계별 이윤도 결정했다.

스탠더드오일은 자기가 석유 사업을 독과점화하면서 실제 석유 가격이 크게 내려갔기 때문에 고객들에게 더 좋은 일을 한 것이라고 주장했다. 실제 스탠더드오일은 항상 경쟁 기업보다 더 낮은 가격에 석유를 판매했고, 그들로 인해서 석유 산업이 현대화되고 석유 가격이 크게 낮아진 것도 사실이긴 했다. 하지만 1911년 미연방 대법원은 스탠더드오일의 독과점에 대해 철퇴를 내린다. 단순히 과징금 얼마가 아니라, 스탠더드오일 사를 해체할 것을 명령했다. 이

대법원 판결은 아직까지도 반독점법, 반트러스트법 역사상 가장 유명한 사례로 남아있다.

스탠더드오일은 34개의 회사로 쪼개진다. 미국의 주요 주마다 하나의 정유회사가 존재하는 식으로 분할된다. 역사상 최대의 회사였던 스탠더드오일은 이렇게 해체되었다. 하지만 스탠더드오일이 정말로 완전히 사라진 것은 아니다. 34개로 갈라진 회사들은 이후 다시 합병을 하기 시작했다. 그리고 지금 엑슨모빌, 쉐브런 등의 석유 대기업이 되었다.

어쨌든 스탠더드오일은 시장점유율이 90%가 넘는 독과점 기업이 되었을 때 정부가 어떻게 개입할 수 있는가를 보여준 사례가 된다. 기업이 시장에서 지나치게 독점화되었을 때, 정부가 나서서 그 기업을 해체시킬 수 있다. 이후 미국에서는 통신회사인 AT&T가 독점이라 하여 여러 개 기업으로 쪼개졌다. 그리고 마이크로소프트도 윈도우 등 운영 프로그램을 독과점하고 있다 하여 회사 분할 이야기가 나왔다.

모든 기업은 시장에서 독점적 위치에 오르기를 꿈꾼다. 하지만 현실적으로는 시장점유율이 지나치게 높아지는 걸 원치 않는다. 적당히 높은 시장점유율을 목표로 하지, 90% 이상의 점유율을 바라지 않는 것이다. 그렇게 되면 독과점 규제의 철퇴가 날아올 수 있다. 그 극명한 사례로 제시되는 것이 바로 스탠더드오일의 기업 해체이다.

3장_마케팅

현대 마케팅의 전설이 되다

마케팅

마케팅은 경영학 중에서 가장 젊은 분야이다. 조직, 인사, 재무 등 전통적인 경영학 분야에 비해 가장 늦게 발생했다.

마케팅 분야가 늦게 발생한 이유는 상품 공급과 수요의 시대적 변화 때문이다. 사실 자본주의가 본격적으로 성장하는 1800년대 말, 1900년대 초반에는 상품이 절대적으로 부족했다. 옷을 사고 싶어 하는 사람들이 전 세계에 수십억 명이 있지만, 기업에서는 그 정도로 많은 옷을 만들어낼 수 없었다. 그래서 물건을 만들어내기만 하면 바로바로 팔렸다. 상인들은 물건이 없어서 팔 수가 없기 때문에 어떻게 물건을 확보하느냐가 가장 중요한 문제였다. 물건을 가져다 놓기만 하면 별다른 노력을 하지 않아도 팔려나갔다.

그런데 1900년대 중반부터 이야기가 달라지기 시작한다. 기업들이 많아지고 또 대량생산 체제가 구축되면서 사람들이 사고자 하는 물건보다 공장에서 생산하는 물건들이 더 많아지게 된다. 이전에는 수요가 공급보다 더 많았는데, 이제는 반대가 되었다. 수요가 더 많을 때는 어떻게 물건을 많이 준비하느냐가 중요했다. 하지만 공급이 더 많아지자 이제는 이미 생산된 상품들을 어떻게 파느냐가 중요해졌다.

그동안에는 어떻게 생산관리를 잘하고 조직을 잘 운영해서 더 많이 만들어내느냐가 경영의 초점이었다. 그러나 이제 만들어진 제품들을 어떻게 하면 잘 팔 수 있느냐가 중요해졌다. 바로 여기에서 상품 판매 영역이라 할 수 있는 마케팅이 발생한다. 그래서 마케팅은 경영 분야 중에서 상대적으로 역사가 짧다. 기업들이 많아지고 생산량이 많아지면서 새롭게 대두된 분야이기 때문이다.

미국 같은 경우에는 1900년대 중반에 상품의 초과 공급이 발생했다. 일본의 경우에는 1980년대 이후 상품 수요보다 공급이 더 많아졌다고 본다. 한국의 경우 1990년대 이후 사회적으로 초과 공급의 시대가 되었다. 이렇게 상품의 초과 공급이 이루어지면 그때부터 마케팅이 중요성을 갖는다. 만들어낸 제품을 어떻게 하면 경쟁 기업보다 잘 팔 수 있을지를 두고 기업들은 고민했고, 이를 통해 마케팅 기법도 계속 발전해 왔다. 이제부터 마케팅 이론을 형성하는 데 크게 기여한 기업의 사례들을 살펴보자. ■

목표 고객을 달리한
광고의 기적, 말보로

여성을 위한 부드러운 담배에서
남성 노동자를 위한 담배로

모든 사람을 만족시키는 상품은 없다

경영학의 마케팅에서 중요한 것 중 하나가 '세그먼트Segment, 세분화된 시장'이다. 회사가 상품을 내놓을 때, 그 상품의 목표 고객이 누구인지를 잘 설정하는 것이 중요하다. 남녀노소 상관없이 누구나 다 좋아하고 구매해주는 상품을 만들면 가장 좋다. 하지만 이 세상 사람들 모두를 만족시키는 상품은 존재하지 않는다. 많은 사람들 중에서 자기 제품이 어떤 사람들에게 적합한지, 어떤 부류의 사람들이 자기 상품을 살지를 먼저 규명해야 한다. 그리고 그 목표 고객들에게 적합한 광고를 해야 한다.

아무리 제품 자체가 좋다고 하더라도 이 목표 고객을 잘못 설정하면 매출이 늘어나지 않는다. 그러나 목표를 잘 설정하고 그에 맞추어 적정한 광고를 하면 쉽게 판매량이 늘어날 수 있다.

목표 고객의 적정한 설정과 이에 따른 광고. 이것의 중요성을 가장 극명하게 드러내준 경영 사례가 존재한다. 말보로의 카우보이 광고이다. 말보로는 세계적으로 유명한 담배회사인 필립모리스 사의 대표적인 담배 브랜드이다. 필립모리스는 1847년 영국에서 처음 설립되었고, 1900년대에 미국 시장에 진출했다. 하지만 미국 시장에서의 실적은 별로 좋지 못했다. 그래서 필립모리스는 1924년, 새로운 담배 상품을 만들어 말보로라는 이름으로 출시한다.

필립모리스는 말보로 담배의 목표 고객을 여성으로 정했다. 1920년대는 여성들이 담배를 많이 피기 시작할 때였다. 필립모리스는 여성에게 맞는 부드러운 담배라는 캐치프레이즈를 가지고 말보로를 출시했다. 말보로는 여성에게 적합하도록 많은 혁신을 한 상품이었다. 우선 그 당시 담배는 종이 갑에 넣어서 팔았다. 가방 속에 넣고 오래 돌아다니거나 하면 담배가 부러지거나 뜯어지는 경우가 많았다. 그런데 여자들은 담배를 항상 핸드백 속에 넣고 다닌다. 그래서 말보로는 튼튼한 박스형 담뱃갑을 만들어, 가방 속에서도 담배가 상하지 않도록 했다.

또 말보로는 여자들의 입술을 보호하기 위해 하얀색의 필터를 만들었다. 지금 모든 담배에 붙어있는 바로 그 필터이다. 필터를 붙이면 입술이 보호되면서 담배 맛도 부드러워진다. 광고 카피도 '5월처럼 부드러운Mild as May'이었다. 모든 면에서 여성들에게 적합한 담배였고, 여성에게 적합한 광고를 했다.

그런데 말보로 담배는 잘 팔리지 않았다. 필립모리스의 미국

1944년 여성을 대상으로 한 말보로 광고

시장점유율은 6위 정도였고 10%도 되지 않았다. 당시 담배 시장은 카멜, 럭키스트라이크, 체스터필드가 장악하고 있었고, 말보로는 이름 없는 잡다한 담배들 중 하나였다. 1950년대가 되자 말보로는 여자애들이나 피우는 담배로 이미지화되었고, 판매량은 계속 감소되었다.

광고의 목표 고객을 바꾸자 마케팅의 기적이 일어났다

1950년, 필립모리스는 뭔가 새로운 돌파구가 필요하다고 보았다. 그래서 그 당시 세계적으로 유명한 광고가인 레오 버넷을 찾아갔다. 레오 버넷은 켈로그의 상징인 토니 호랑이 캐릭터를 만든 사람이었다. 20세기에 가장 유명한 광고가로, 1999년에는《타임스》에서 세계에서 가장 영향력 있는 100인에 선정하기도 했다. 필립모리스는 이 유명 광고인에게 말보로의 광고를 새롭게 해줄 것을 의뢰한다.

　레오 버넷이 처음 한 일은 목표 고객을 바꾼 것이다. 원래 말보로는 여성을 위한 담배로 기획되고 만들어진 담배이다. 하지만 레오 버넷은 말보로를 남성을 위한 담배로 바꾼다. 담배 자체의 품질이나 생산 과정이 달라지는 것은 아니다. 담배는 똑같은 담배이다. 하지만 말보로 담배의 목표 고객을 남자로, 그것도 단순한 남자가 아니라 미국 노동자 계층으로 정했다. 그리고 그에 따른 광고를 시작했다.

　미국을 상징하는 남성 노동자로는 무엇이 있을까? 우선 여자는 없고 남자들만 있는 직업에서 모델을 구했다. 공사장 인부, 카우보이 등은 남자만 있었다. 당시 경찰, 군인, 비행기 파일럿도 남자만 하는 직업이었다. 말보로는 공사장 인부, 카우보이, 경찰, 군인 등 남성들이 힘든 육체노동을 끝내고 쉬면서 담배를 피우는 모습을 광고했다. 말보로는 열심히 일하는 남성, 땀흘려 일하고 나서 쉬면서 피우는 담배였다. 일하고 말보로 담배를 피우는 남자들, 이른바 말보로맨이 그렇게 만들어졌다.

　말보로가 열심히 일하는 남성상을 가지고 광고를 시작한 것은 1954년부터였다. 이때까지 '여성을 위한 부드러운 담배'로 통하던 담배가 어느 날 갑자기 '미국의 열심히 일하는 남성상'을 상징하는 담배로 광고를 하기 시작했다. 담배 품질이 달라진 것은 아니다. 담배의 맛을 바꾼 것도 아니다. 그런데 이렇게 목표 고객 집단을 달리하고 광고를 다르게 하자 담배가 팔려나가기 시작했다.

　말보로의 성장은 엄청났다. 말보로가 미국의 남성상을 중심으

1955년 남성 노동자를 등장시킨 말보로 광고

로 본격적으로 광고를 시작한 1955년의 매출은 50억 달러 정도였다. 그런데 1957년 말보로 매출은 200억 달러가 된다. 불과 2년 사이에 매출이 4배로 뛰었다. 새롭게 시장 자체가 성장하는 경우에는 2년 사이에 몇 배가 성장할 수 있다. 상품이 새롭게 출시된 경우에도 2년 사이에 4배로 매출이 뛸 수 있다. 스마트폰이 없던 시장에서 새로이 스마트폰이 나오거나, 그동안 없던 게임이 새로이 출시된 경우에는 2년 사이에 매출이 4배가 될 수 있다. 그런데 담배 시장은 이미 기존에 있던 시장이고 기업 간, 상품 간 경쟁 구도가 완전히 자리 잡은 시장이다.

또 말보로라는 담배가 새로 출시된 것도 아니었다. 말보로는 1924년도에 출시되어서 시장에 나온 지 이미 30년이 넘은 제품이었다. 말보로는 완전히 성숙한 담배 시장에서 목표 집단과 광고 전략을 바꾸었을 뿐이다. 그런데도 매출이 2년 사이에 4배가 뛰었다. 이후에도 말보로는 계속 성장을 하여 미국 시장점유율 1위의 담배가 된다. 이후 세계 시장에 진출하면서 미국만이 아니라 세계적인 담배 상표가 되었다. 필립모리스도 세계적인 거대 담배회사로 탈바꿈한다. 이것은 정말로 마케팅의 기적이라고밖에 설명할 수 없었다. 실제 말보로는 이 실적으로 인해 경영사에서 대표적인 마케팅 사례가 된다.

카우보이 말보로맨, 역사 속으로 사라지다

말보로는 처음에는 일일 노동자, 공사장 인부, 경찰, 군인, 파일럿 등 남성상을 상징할 수 있는 모든 직업군들을 돌아가면서 광고했다. 하지만 이렇게 계속 광고를 하다 보니 미국의 남성을 상징할 수 있는 가장 대표적인 직업이 드러나기 시작했다. 바로 카우보이였다.

일일 노동자, 공사장 인부, 경찰, 군인 등은 미국만이 아니라 다른 나라에도 있었다. 하지만 카우보이는 미국만이 가지고 있는 남성상이었다. 또 경찰, 군인 등은 공무원이라서 계속해서 담배 모델로 세우기에는 무리가 있었다. 파일럿도 운항 중에는 담배 피우는 것이 금지되어 있어 대표적인 상징으로 설정하기는 어려웠다.

결국 말보로는 여러 남성상 중에서 카우보이를 대표로 선정한다. 그리고 1957년부터는 오로지 카우보이만을 광고에 사용하기 시작했다. 말보로 하면 카우보이, 카우보이 하면 말보로 담배였다.

말보로의 카우보이 광고는 1999년까지 이어졌다. 이것도 광고사에서 유례가 없는 일이었다. 오로지 카우보이 광고라는 콘셉트만

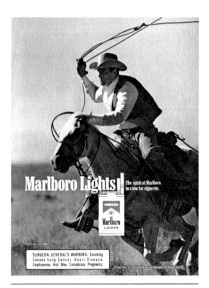

1960년대 말보로 카우보이 광고

으로 40년이 넘게 광고를 했다. 이 기간 동안 회사는 이제는 좀 광고 콘셉트를 바꾸어야 하지 않느냐고 주장하기도 했지만, 광고회사는 계속 카우보이로 가야 한다고 설득했다. 한 가지 콘셉트만으로 40년 이 넘게 광고를 했는데도 사람들이 광고에 식상해하지 않고 매출도 유지되었다. 말보로 카우보이는 코카콜라, 맥도널드와 더불어 미국 을 상징하는 대표 이미지가 된다.

　미국은 1998년, 담배에 대한 규제를 강화하면서 '담배 피우는 사람'을 광고하지 못하게 했다. 그냥 담배만 광고해야지, 사람이 담 배를 피우는 모습은 표현하지 못하게 했다. 담배 광고에 사람이 등 장하지 못하게 하니 자연스럽게 카우보이맨은 사라지게 되었다. 그 렇게 말보로맨은 사라지고 이제 말보로 카우보이는 역사가 되었다.

하지만 말보로 카우보이는 상품에 있어서 타겟 설정의 중요성, 그리고 광고의 중요성을 보여주는 주요한 경영 사례로 남는다. 말보로는 원래는 그저 그런 상품이었다가 목표와 광고가 달라지면서 세계적 상품이 되었다. 이 말보로 사례만큼 목표 고객의 설정과 광고의 중요성을 드러내는 경우는 드물다.

더 맛있는 펩시콜라는
왜 코카콜라를
넘어서지 못하는가?

펩시 챌린지

세계 콜라 시장의 양대 기업은 코카콜라와 펩시콜라이다. 코카콜라는 1886년에 만들어졌고 펩시콜라는 1898년 탄생했다. 둘 다 100년이 넘은 오래된 기업이다. 코카와 펩시가 만들어진 이후 다른 여러 회사들도 콜라를 출시했지만 성공하지 못했다. 특히 미국 말고 다른 나라들도 자기나라 콜라를 만들려고 노력했지만 거의 다 실패했다. 한국에서도 국산 콜라를 마시자는 명목 아래 815콜라, 해태콜라 등이 출시된 적이 있었지만 모두 시장에서 사라졌다. 지금은 코카콜라와 펩시콜라에 대항하려는 생각조차 하기 힘들어할 정도로 두 브랜드의 시장 우위는 확고하다.

코카콜라와 펩시콜라가 콜라의 양대 산맥이라고 했지만, 이 두

1975년 진행된 펩시 챌린지 장면

브랜드 사이에는 큰 격차가 있었다. 먼저 나온 코카콜라가 펩시콜라보다 시장점유율이 더 높았다. 특히 제2차 세계대전 당시 코카콜라가 미군들의 음료로 독점적으로 공급되면서 코카콜라는 펩시콜라를 훨씬 앞지르기 시작한다. 미군은 2차 세계대전 시기 전 세계로 파견되었다. 코카콜라도 미군을 따라 전 세계로 퍼져나갔고 이후 코카콜라는 세계인의 음료가 되었다. 이렇게 코카콜라가 압도적인 우위를 차지하게 되어 펩시콜라보다 3배 이상 높은 시장점유율을 보였다. 경쟁사라고 하기 힘들 정도로 큰 차이였다.

펩시콜라는 코카콜라를 따라잡기 위해 많은 노력을 한다. 그 대표적인 마케팅이 1975년에 시작한 '펩시 챌린지Pepsi Challenge'이다. 펩시 챌린지는 소비자들의 눈을 가리고 펩시콜라와 코카콜라를 맛보게 하는 시음회였다. 어느 브랜드인지 모르게 한 다음 두 개의 콜라를 마신다. 그리고 그 둘 중에서 어떤 콜라가 더 맛있는지 이야기 하게 하고, 눈가리개를 풀어 선택한 콜라를 확인하게 했다.

펩시 챌린지에 도전하기 전에 사람들은 코카콜라가 더 맛있다고 대답하는 사람이 많았다. 그런데 눈가리개를 하고 두 콜라를 마신 다음에 더 맛있다고 응답한 것은 펩시콜라였다. 그런 사람이 과반수나 되었다. 펩시콜라는 이런 펩시 챌린지의 과정을 여과 없이 TV 광고로 내보냈다.

코카콜라의 우위는 마케팅업계의 수수께끼였다

이 TV 광고는 히트했다. 펩시 챌린지는 미국을 넘어 전 세계에서 진행된다. 한국에서도 길 가는 사람들에게 코카콜라와 펩시콜라를 눈 가리고 맛보게 했다. 한국에서도 펩시가 더 맛있다는 응답이 과반수였다. 전 세계에서 펩시콜라가 코카콜라보다 맛있다는 응답이 많았다.

그동안 사람들은 코카콜라가 더 맛있는 줄 알고 그것을 사먹었다. 그런데 알고 보니 펩시콜라가 더 맛있는 콜라였다. 펩시콜라를 선택하는 사람들이 많아지기 시작했다. 펩시의 시장점유율도 높아지기 시작했다. 원래 코카콜라는 펩시콜라에 비해 압도적으로 점유율이 높았는데, 이제 몇 퍼센트 정도의 차이만 있었다. 슈퍼 등에서는 오히려 펩시콜라의 점유율이 높기도 했다.

코카콜라는 이 시음회가 펩시에서 개최한 것이기 때문에 그런 결과가 나온 것이라고 생각했다. 또 펩시콜라가 맛있다고 응답한 사람들을 위주로 TV 광고를 보여준 것이라고 보았다. 그래서 코카콜라도 똑같은 시음회를 마련한다. 정말로 제대로 맛을 판단하게 하면 코카콜라가 더 맛있다는 응답이 많을 것으로 기대했다. 그런데 코카콜라가 진행한 시음회에서도 동일한 결과가 나왔다. 사람들은 펩시콜라가 더 맛있다고 응답했다.

코카콜라는 정말로 위기의식을 느낀다. 그래서 코카콜라는 기존 코카콜라보다, 펩시콜라보다 더 맛있는 콜라를 만들고자 했고, 1985년 뉴 코크New Coke를 출시했다(앞에서 본 바와 같이 뉴 코크는 대실패를 했다).

펩시 챌린지는 비교 광고의 효시가 되었다. 비교 광고는 자기 제품이 다른 제품보다 더 좋고 우월하다는 것을 나타낸다. 펩시 챌린지 이전에는 광고에서 이런 노골적인 방식으로 다른 제품과 비교하는 것이 일반적이지 않았다. 펩시콜라는 블라인드 시음회를 통해서 펩시콜라가 코카콜라보다 더 맛이 있다는 것을 여실히 보여주었다. 이후 비교 광고는 자기 제품을 선전하는 주요 광고 방식으로 자리 잡는다(한국에서는 비교 광고 방식은 기본적으로 금지되어 있다).

펩시 챌린지는 1~2년 한 것이 아니라 10년 동안 이루어졌다. 미국에서만 한 것이 아니라 전 세계에서 했다. 펩시가 코카콜라보다 더 맛이 있다는 것을 확실하게 소비자들에게 인식시켰다.

그런데 이상한 점이 있었다. 분명히 사람들은 펩시콜라가 더 맛이 있다고 대답한다. 언제나, 거의 항상 펩시콜라가 더 맛이 있다고 하는 사람이 과반수이다. 그래서 펩시콜라를 구매하는 사람들도 많아졌다. 그런데도 펩시콜라는 코카콜라를 넘어서지 못했다. 시장 격차를 굉장히 많이 좁히기는 했지만, 그래도 여전히 콜라 시장의 1위는 코카콜라였다.

이유가 무엇일까? 펩시콜라가 더 맛있다는 것을 인정하면서도 계속해서 코카콜라를 선택하는 것은 무엇 때문일까? 코카콜라조차 펩시콜라가 더 맛이 있다고 인정하고 있는데 사람들은 막상 진열대에서 코카콜라를 선택하고 있다. 이것은 펩시만이 아니라 코카콜라에게도, 마케팅 담당자들에게도, 또 식음료회사들에게도 수수께끼가 되었다.

뇌 과학으로 밝혀낸 브랜드의 힘

이 수수께끼는 1990년대 이후에 밝혀진다. 이 무렵 의학계에는 MRI 장치가 일반화된다. MRI는 자기공명을 이용해서 몸 내부를 들여다볼 수 있게 해준다. 그동안 수술로 신체를 갈라야만 볼 수 있었던 몸 내부를 그냥 볼 수 있게 되어 혁신적인 의료 기술이 발달했다. 그리고 MRI의 개발은 이른바 뇌 과학의 시작이기도 했다. 그동안 뇌는 어떻게 작동하는지 알 수 없는 미지의 영역이었다. 그런데 MRI를 이용하면 뇌 속에서 어디에 어떻게 혈류가 모이는지를 파악할 수가 있었다. 사람이 생각을 할 때 뇌의 어디가 사용되는지, 말을 할 때 뇌가 어떻게 작동하는지, 운동을 할 때는 뇌의 어떤 부위를 사용하는지를 분석할 수 있게 되었다.

코카콜라에서는 두 콜라를 가지고 MRI 분석을 시행했다. 블라인드 테스트를 할 때는 순수하게 그 맛을 가지고 판단을 하게 된다. 이때 MRI로 뇌를 살펴보면, 미각을 담당하는 영역이 활성화된다. 그런데 블라인드 테스트가 아니라 상표가 붙어있는 콜라를 마시게 하면 다른 결과가 나온다. 미각을 담당하는 영역보다는 정서와 기억을 담당하는 영역이 활성화되었다.

즉 코카콜라라는 것을 모르고 마시면 뇌 속은 미각 영역만 반응한다. 그런데 코카콜라라는 것을 알고 마시면 뇌 속에서 미각만이 아니라 정서를 담당하는 영역, 기억을 담당하는 영역이 반응한다. 펩시콜라라는 것을 알고 마실 때는 이렇게 정서와 기억 부분이 별로 활성화되지 않는다. 결국 전체적으로는 펩시콜라를 마실 때보다 코카콜라를 마실 때 뇌가 더 활성화된다. 코카콜라를 마실 때 더 맛있다고 느껴지는 것은 그 때문이었다.

결국 맛이라는 것은 단순히 미각만 가지고 판단하는 것이 아니었다. 기억과 정서, 미각이 모두 어우러져서 인간이 감지하는 맛이 결정된다. 아무리 음식 맛 자체가 좋다 하더라도 그 음식과 관련된 기억이 나쁘면 맛있다고 느껴지지 않는다. 음식 맛이 별로라 하더라도 그 음식과 관련된 기억이 좋다면 맛있다고 느끼게 된다.

코카콜라가 펩시콜라보다 맛 자체는 떨어지지만 뇌의 기억과 정서 부분이 작용해서 전체적으로 더 맛있게 느껴진다는 것은 마케팅 부분에서 혁명적인 결과를 이끌어낸다. 상품에서 중요한 것은 맛, 상품 자체의 질이 아니라 그 상품과 관련된 기억과 정서인 것이다. 사람들이 명품을 원하는 것은 단지 품질이 좋기 때문이 아니라, 그 명품이 지니고 있는 정서 때문이다. 더 품질이 좋고 가격이 싼 제품이 있는데도 사람들이 명품 브랜드를 선호하는 것은 명품이 기억과 정서를 자극해서 더 큰 만족감을 주기 때문이다.

펩시 챌린지에서 뇌 과학으로 이어지는 펩시콜라와 코카콜라

이야기는 사람들이 상품을 선택하는 데 정말로 중요한 것이 무엇인지를 밝혀준다. 또 뇌 과학을 이용한 뉴로 마케팅과 브랜드의 힘을 알려주는 대표적인 사례가 된다.

내가 만든 상품은 고객의 마음 어디에 위치하는가?

경영 컨설턴트가 만들어낸 대표적 경영 이론. 포지셔닝

경영 이론이 만들어지는 방법으로는 두 가지가 있다. 하나는 어떤 기업의 성공적인 경영 혁신 사례가 알려지는 경우이다. 한 기업이 혁신적인 방안을 만들어 시행하고 이것이 큰 효과를 보면 다른 기업들도 그 혁신 방안을 벤치마킹한다. 다른 기업들도 그 혁신 방안에 의해 성과가 나오면 그것은 학자들에 의해서 이론화된다. 먼저 실제 성공 사례가 있고, 이 성공 사례가 알려지면서 경영 이론이 된다. 먼저 알려진 사례들이 있고 이를 통해서 이론이 만들어지는 귀납적 방법이라 할 수 있다.

다른 하나는 연역적인 방법이다. 경영 현실 속에서 '이렇게 하면 성공적인 경영을 할 수 있다'는 통찰력을 발휘하는 것이다. 기존 경영 사례 속에 존재하기는 하지만 기업들은 그것을 인지하지 못하고 다른 사람들도 왜 성공적인지 제대로 파악하지 못한 상태다. 그런 상황에서 어떤 사람이 '이렇게 하면 나아질 수 있다'는 것을 발견하고 정의를 내리는 것이다. 보통 경영학자나 경영 컨설턴트들이 많은 사례를 바탕으로 이런 공식을 발견해낸다.

다른 학문에서는 이런 식으로 새로운 개념을 만들어내는 사람들이 보통 학자들이다. 하지만 경영 부문에서는 컨설턴트들이 경영 이론을 만들어내는 경우가 많다. 컨설턴트는 자기만의 분석틀을 가지고 있을 때 고객들로부터 프로젝트를 수주하기 쉽다. 다른 컨설턴트들은 알지 못하지만, 자신만이 어떻게 하면 지금 상태에서 경영이 나아질 수 있는지를 제시할 수 있으면 그 컨설턴트는 유명해지고, 큰돈을 벌 수 있다. 그래서 컨설턴트들은 자기만의 경영 혁신 방법을 만들어내기 위해 노력한다.

그렇게 만들어진 개념 중에 '포지셔닝Positioning'이란 것이 있다. 마케팅 교과서에서 빠지지 않고 나오는 개념이다. 포지셔닝은 알 리스와 잭 트라우트가 만든 마케팅 개념이다. 1986년 책(『마케팅 불변의 법칙The 22 Immutable Laws of Marketing』)으로 나오면서 마케팅에서 일반적으로 사용되는 용어가 되었다.

포지셔닝이 무서운 이유

포지셔닝은 사람들의 마음속에서 상품이 차지하는 위치를 말한다. 우리는 지금 스마트폰 하면 가장 먼저 아이폰, 또는 삼성 갤럭시를 마음속에 떠올린다. 실제 스마트폰은 아이폰, 갤럭시 말고도 무수히 많은 회사의 제품들이 존재한다. 하지만 일단 머릿속에 떠오르는 것은 아이폰과 갤럭시이다. 바로 이것이 포지셔닝이다. 어떤 상품을 생각할 때 가장 먼저 머릿속에 떠오르는 상품 이름, 무엇이 있을까를 고민하지 않고 바로 생각나는 상품, 그런 것이 바로 포지셔닝이 된 상품이다.

한 제품이 이런 포지셔닝에 성공하면 특별한 광고, 홍보가 없이도 쉽게 제품을 판매할 수 있다. 광고, 홍보를 하지 않아도 사람들은 그 제품에 대해 금방 알고 인식한다. 햄버거 하면 바로 맥도널드가 떠오른다. 사람들은 모두 맥도널드를 알고 있다. 그런데 맥도널드 광고를 본 기억이 있나? 최근에 그 회사의 광고를 본 적도 없고 매장을 즐겨 찾지 않았어도 햄버거 하면 맥도널드가 떠오른다.

이런 식으로 포지셔닝이 되어 있으면 광고비를 많이 지출하지 않으면서도 매출 증가가 이루어질 수 있다. 광고비는 비싸다. 광고비 지출을 최소화하고도 매출이 일어난다면 수익률이 증가할 수밖에 없다. 포지셔닝은 최고의 광고, 홍보 방법이다.

햄버거 가게를 처음 시작하는 사람은 맥도널드보다 맛있는 햄버거를 만들면 더 잘 팔 수 있을 거라고 생각한다. 맥도널드보다 더 좋은 햄버거, 더 맛있는 햄버거, 더 값싼 햄버거를 만들려고 한다. 그러나 아무리 그렇게 해도 사람들은 여전히 햄버거 하면 맥도널드를 떠올린다. 포지셔닝이 제대로 된 제품과 경쟁하는 것은 이처럼 쉽지 않다.

포지셔닝의 무서운 점은 한번 머릿속에 자리를 잡으면 웬만해서는 지워지지 않는다는 점이다. 사람의 기억은 유연하지 않다. 한

번 마음속에 자리 잡으면 그것이 사실이건 아니건 계속 기억 속에 남는다. 고급 자동차 하면 벤츠가 떠오른다. 벤츠는 고급 자동차로 포지셔닝되어 있다. 그런데 정말로 벤츠가 가장 좋은 고급 자동차인가? 벤츠보다 더 고급으로 인정받는 자동차는 얼마든지 있다. 벤츠를 뛰어넘는 고급 자동차를 만들기 위해서 많은 자동차회사가 노력을 했고, 그래서 벤츠보다 더 고급이고 훨씬 더 비싼 자동차들이 많이 있다. 하지만 그래도 사람들은 고급 자동차 하면 벤츠를 가장 먼저 떠올린다. 한번 포지셔닝되면 이처럼 쉽게 변하지 않는다.

그래서 상품을 개발할 때 포지셔닝을 제대로 하는 것이 중요한 것이다. 처음에 한번만 성공하면, 그 다음 몇십 년 동안은 별다른 노력을 하지 않아도 사람들의 마음속에 남게 되기 때문이다.

최초가 아니라 최초임을 알리는 것이 더 중요하다

그러면 어떻게 포지셔닝을 할 수 있을까? 가장 좋은 방법은 최초가 되는 것이다. 달을 처음 걸은 사람은 닐 암스트롱이다. 그러면 두 번째로 걸은 사람은 누굴까? 아무도 모른다. 세계에서 가장 높은 산은 에베레스트 산이다. 그러면 두 번째로 높은 산? 그건 잘 알지 못한다. 사람들은 코카콜라, 헤르츠Hertz 렌트카, 크리넥스 티슈, 아이폰 등을 알고 있다. 이것들은 모두 그 분야 최초의 상품들이다. 이렇게 최초로 상품을 만들면 쉽게 포지셔닝이 된다.

최초라고 해도 정말로 처음으로 만들 필요는 없다. 사람들 사이에 최초인 것으로 인지가 되면 된다. 컨베이어 벨트 시스템을 처음 도입한 것은 시카고 정육 공장이다. 하지만 이 시스템의 시초는 포드자동차로 알려져 있다. 전구를 처음 발명한 것은 제임스 보우먼 린제이이다. 하지만 사람들은 전구 발명자가 에디슨이라고 알고 있다. 제임스 보우먼 린제이는 전구를 처음 발명하기는 했지만, 자기가 최초로 전구를 발명했다고 알리지 않았다. 그냥 조용히 전구를 만들고 발표했을 뿐이다. 이러면 최초라고 해도 사람들 사이에서 최초인 것으로 포지셔닝이 되지 않는다.

사람들은 스스로 어떤 것이 최초의 제품인지를 찾아서 알게 되는 것이 아니다. 업체가 그런 식으로 광고, 홍보를 해야 한다. '정말로 최초로 만든 것'이 중요한 것이 아니라 '최초로 만들었다고 광고, 홍보하는 것'이 중요하다. 그래서 원래 하나밖에 없어야 하는 원조 맛집이 그렇게 많은 것이다.

제품이 처음 개발되는 시기에는 비슷한 여러 제품들이 동시다발적으로 출시된다. 그리고 이들은 모두 '내가 최초'라고 내세운다. 그중 어느 한 제품에 대해 사람들이 '이것이 최초다'라고 인정하는 경우가 나온다. 사람들 사이에 최초로 포지셔닝되는 제품이 있다면, 그 후로는 아무리 '원래는 내가 최초'라고 해도 소용이 없다. 이제는 최초에서 벗어나 다른 방식으로 포지셔닝을 해야 한다.

마음의 틈새를 파고드는 전략

최초가 아닌 다른 방식으로 포지셔닝을 하는 방법은 마음의 틈새를 발견하는 것이다. 자동차 하면 벤츠이다. 하지만 스포츠카 하면 포르쉐이다. 벤츠도 스포츠카를 만들지만, 사람들은 스포츠카의 대명사로 벤츠 아닌 포르쉐를 떠올린다. 포르쉐는 스포츠카로 포지셔닝되어 있다. 또 자동차 드라이빙의 재미 하면 BMW이다. 일본차는 저렴하고 성능 좋은 차이다. 한국 현대자동차도 저렴하고 성능 좋은 차라는 것을 강조하지만, 이것은 이미 일본이 포지셔닝했다. 일본이 포지셔닝한 상태에서 현대가 아무리 더 저렴하고 성능 좋은 차라는 것을 강조해도 일본차를 능가하기는 힘들다.

'30분 사이에 배달되는 피자', '신선한 재료를 사용하는 햄버거', '주문하면 그때부터 만들기 시작하는 햄버거', '꿀벌을 사용한 아이스크림' 식으로 뭔가 범위를 좁혀서 포지셔닝을 해나가야 한다. 그런 식으로 포지셔닝에 성공하면 그 다음부터는 쉽게 매출이 유지될 수 있다.

포지셔닝 관점에서 절대적으로 피해야 하는 것은 상품의 포지셔닝에 어긋나는 제품을 판매하는 것이다. 티파니는 고급 보석 제품으로 포지셔닝되어 있다. 그런데 티파니가 보통 사람들도 구매할 수 있도록 저렴한 다이아몬드를 판매한다면 어떨까? 일반적으로는 가격을 낮추면 매출이 늘어난다고 본다. 하지만 저렴한 다이아를 판매하면 고급품을 판다는 티파니의 포지셔닝과 대치된다. 단기적으로는 티파니의 매출은 증가할 수 있다. 티파니 제품을 구매하고 싶었지만 살 수 없었던 사람들이 몰려든다. 하지만 곧 티파니의 진짜 고객, 고급품을 구매하는 손님들은 떠나게 된다. 고객들이 티파니를 구입한 것은 고급 제품이라는 이미지 때문이다. 싸구려 티파니에는 관심이 없다.

벤츠가 저렴한 차를 판매하면 안 된다. 마찬가지로 저렴한 차로 포지셔닝되어 있는 일본차는 고급차를 만들면 안 된다. 그래서 도요타는 고급차인 렉서스를 만들면서 '도요타 렉서스'라고 하지않고 그냥 '렉서스'라고만 이름 지었다. 딜러, 판매망도 도요타와 전혀 별개로 만들었다. 저렴한 도요타와 고급 렉서스를 같이 놓아서는 안 되기 때문이다.

포지셔닝에서는 이렇게 고객 마음에 들어가는 길을 만들고, 그 포지셔닝을 유지하는 것이 마케팅에서 중요한 요소라고 본다. 포지셔닝이 유지되는 한 그 기업은 오래 존속할 수 있다.

비용은 적게,
파급력은 무한대로

의류회사 베네통의 사회적 이슈 광고

어떻게 하면 비용은 줄이고 효과는 극대화할 것인가?

현대 경영에서는 광고가 반드시 필요하다. 예전에 기업도 별로 없고 제품도 없던 시기에는 광고를 많이 하지 않아도 되었다. 고객들이 알아서 제품을 찾고 고객들 사이에서 저절로 제품이 알려지기도 했다. 하지만 현대는 제품이 차고 넘치는 시대이다. 기업이 자기 제품을 스스로 알리려는 노력을 하지 않으면 고객들은 그 제품이 존재한다는 사실조차 알 수 없다. 광고는 기업의 제품 판매를 위해 반드시 필요한 절차이다.

문제는 광고비가 비싸다는 점이다. 잡지 광고의 경우에도 몇십만 원, 몇백만 원은 하고, TV 광고를 하려면 10초에 수천만 원의 돈을 지불해야 한다. 그런데 광고는 한 번만 하면 소용이 없다. 신문,

잡지 등 언론 광고는 여러 매체에 계속해서 광고를 해야 사람들에게 조금이라도 인지될 수 있다. TV 광고도 한두 번이 아니라 수십 번, 수백 번을 틀어야 한다. 그게 다 돈이다. 국내 기업이 아니라 글로벌 다국적 기업인 경우에는 한 국가만이 아니라 전 세계 여러 국가들을 대상으로 광고를 해야 한다. 광고비가 천문학적인 수준에 이른다.

보통 회사에서 광고비로 사용하는 비용은 매출액의 10%가 넘는다. 일반 대중이 아니라 기업들을 고객으로 하는 B2B^{business to business} 기업에서는 매출액의 10% 정도를 광고비로 사용한다. 일반 소비자들을 대상으로 하는 제품의 경우 매출액의 16% 정도가 광고비로 사용된다. 어떤 품목인가에 따라 광고비 지출에 차이가 있는데, 보통 고객이 특수하면 광고비가 적고, 고객이 일반 대중이 될수록 지출이 증가한다.

이렇듯 광고비 지출이 비용에서 차지하는 비중이 높기 때문에, 어떻게 광고비를 절약하면서 대중에게 자기 회사나 제품을 효율적으로 알릴 수 있을 것인가는 중요한 문제가 된다.

의도적으로 사회적 이슈화를 노리다

적은 광고 비용으로 가장 높은 인지도를 얻는 것으로 유명한 회사가 베네통이다. 베네통은 이탈리아에 본사를 둔 의류회사로, 화려하고 다양한 컬러의 옷을 콘셉트로 한다. 유럽, 미국, 아시아 등 전 세계에 전문 매장을 두고 판매하는 글로벌 회사이다.

일반 소비자들을 대상으로 하는 의류 같은 제품은 광고비 지출이 높다. 하지만 베네통은 매출액의 4% 정도만 광고비로 사용한다. 일반적인 글로벌 기업, 소비재 기업으로서는 이례적으로 낮은 비율이다. 그럼에도 불구하고 전 세계 많은 사람들이 베네통을 알고 있다. 광고비를 고려하면 경이로울 정도로 고객들의 인지도가 높다.

베네통의 광고가 이렇게 낮은 광고비에도 불구하고 인지도가 높은 이유는, 1985년부터 현재까지 30년 넘게 꾸준히 지속해온 United Colors of Benetton 캠페인 때문이기도 하다. 하지만 베네통이 사람들에게 알려지게 된 주된 이유는 사회적 이슈 광고이다. 베네통의 광고는 사회적 이슈를 만들어내며 사람들에게 깊게 각인되어 왔다.

베네통은 TV와 같은 비싼 매체에는 광고하지 않는다. 포스터 등을 만들어서 길거리 광고를 하거나 신문, 잡지 등에 광고 사진을 게재할 뿐이다. 그런데 바로 그 포스터가 사람들의 주목을 끌고 사회적 이슈가 된다.

베네통의 유명한 광고 사진 중 하나로 '에이즈 환자의 마지막 임종 장면'이 있다. 에이즈 환자가 병원 침대에서 사망하기 바로 직전의 모습을 카메라로 담았다. 연출 사진이 아니라 실제 장면이었다. 마르고 표정 없는 모습으로 사람이 죽는 순간을 사진으로 찍어 광고로 사용했다. 보통 사람들은 사람들이 죽어가는 모습을 거의 본 적이 없다. 대부분은 자기 부모나 할아버지, 할머니가 돌아가실 때, 그리고 친지의 임종 자리를 지킬 때나 사람이 죽는 모습을 본다.

그런데 베네통은 그 죽음의 순간을 사진으로 찍어 일반인들에 대한 광고로 사용했다. 예술 사진이라면 그런 임종의 장면을 찍을

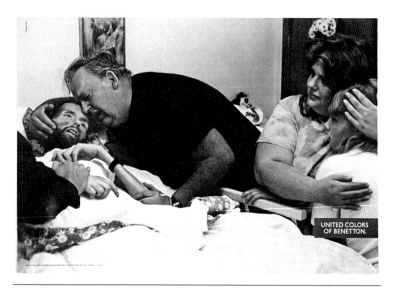
에이즈 환자의 죽음을 다룬 베네통 광고 사진

수 있다. 하지만 광고 사진으로 찍는 것은 이야기가 다르다. 베네통은 에이즈 질병에 대한 경각심을 고취하기 위한 의도로 이 광고를 기획했다고 했지만, 사회적으로 엄청난 이슈가 되고 비난을 받았다. 그렇게 비난을 받기는 했지만, 이 사진은 광고 역사에서 가장 유명한 사진 중 하나가 된다.

'탯줄이 끊어지지 않은 아기의 사진'도 있다. 아이가 태어난 직후, 탯줄이 아직 끊어지지도 않은 상태에서 사진을 찍었다. 아이는 당연히 아직 핏덩어리 상태이다. 탯줄이 달려있는 아이는 엄마와 산부인과 의사, 간호사만 볼 수 있었던 장면이다. 이 사진도 사람들에게 쇼킹한 인상을 주고, 이런 사진이 과연 적합한가에 대한 논쟁을 불러일으켰다.

신부와 수녀의 키스 장면을 담은 베네통 광고 사진

　'가톨릭 신부와 수녀의 키스 사진'도 있다. 기업 광고에서 일종의 터부인 종교를, 그것도 금기 중의 금기라 할 수 있는 신부와 수녀의 로맨스를 대놓고 광고 사진으로 사용했다. 베네통의 본사가 있는 이탈리아는 가톨릭 국가이다. 가톨릭 국가에서 신부와 수녀가 키스하는 광고를 했으니 난리가 날 수 밖에 없다. 가톨릭계의 엄청난 반발을 일으켰다.

　'수갑을 찬 흑인과 백인의 손' 사진도 있다. 흑인의 검정 피부와 백인의 하얀 피부를 서로 대비시키는 사진이다. 그런데 둘 중에 누가 경찰이고 누가 범인일까? 사람들은 백인이 경찰, 흑인이 범인이라고 생각하는 경향이 많았고, 이것이 백인과 흑인에 대한 차별에 바탕을 둔 광고라는 비난이 일었다.

수갑을 찬 흑인과 백인의 손을 담은 베네통 광고 사진

2012년에 세계적으로 큰 이슈가 된 베네통 광고 사진으로는 '언헤이트Unhate(미워하지 않는) 시리즈'가 있다. 서로 대립하는 리더들끼리 키스하는 사진이다. 이 사진은 실제 찍은 것이 아니라 합성한 것이었다. 미국과 중국이 서로 대립하고 있다. 베네통은 미국의 대통령 오바마와 중국의 주석 후진타오가 서로 키스하는 장면을 합성했다. 남한과 북한도 대표적인 대립 국가이다. 당시 남한의 대통령인 이명박과 북한의 지도자인 김정일이 서로 키스하는 사진을 만들어냈다. 팔레스타인 수장 압마스와 이스라엘 총리 네타냐후가 서로 키스하는 사진, 교황 베네딕토 16세와 이집트 종교 지도자 타예브가 키스하는 사진도 만들었다.

베네통은 서로 대립하는 지도자가 키스하는 사진으로 평화를 바라는 메시지를 만들었다고 했다. 하지만 이 사진들은 국제적으로 엄청난 논쟁을 불러일으킨다. 교황이 이집트 종교 지도자와 키스하는 사진이 로마의 교외 포스터로 걸렸을 때, 교황청이 강력히 항의하여 곧바로 내리는 일도 있었다.

이외에도 큰 논란을 일으킨 사진들로 '전쟁 중 사망한 병사의 실제 피 묻은 군복 사진', '실제 사람의 심장 사진', '나체의 거식증 환자 사진' 등이 있다.

TV에 광고를 하는 기업, TV에서 광고해주는 기업

이런 베네통 광고 사진들은 사회적 이슈가 되고, 또 엄청난 비난을 받았다. 신부와 수녀의 키스 사진은 종교단체의 강력한 반발을 받았고, 탯줄 달린 아기 사진 광고판은 사람들의 항의로 영국에서 철거되었다. 법적으로 소송에 들어간 사진들도 있다.

하지만 광고로서는 획기적인 효과를 올린 것도 분명한 사실이다. 각종 언론 매체에서 베네통 광고에 대한 이야기를 쏟아내었다. 적대하는 국가의 지도자가 서로 키스하는 사진의 경우, 전 세계에서 수천 건의 관련 기사들이 쏟아져 나왔고, TV에서 이 광고들을 보여주었다. 베네통은 광고비가 비싼 TV 광고는 하지 않는다. 그런데 TV에서 스스로 이 광고들을 보여주며 여러 이야기들을 쏟아냈다. 구글, 트위터의 주요 토픽이 되고, 세계적인 이슈가 되었다.

베네통이 이런 식으로 사회적 이슈를 만들어내는 것이 과연 옳은가, 정당한가에 대한 비난은 존재한다. 의류회사이면서 의류와 전혀 관계없는 것들을, 단지 이슈를 만들어내고 광고 효과를 얻기 위해서 이용한다는 비난도 있다. 실제 베네통이 사회적 이슈들을 만들어내는 것을 의도한 것은 맞다. 베네통은 자신의 제품만이 아니라 평화와 화합을 추구한다는 이념, 목표, 이미지를 알리기 위해 이런 사진들을 광고로 사용한다고 강변한다. 그 의도의 정당성은 어떻든, 베네통의 광고가 성공적이라는 것은 분명한 사실이다.

이렇듯 사회적 이슈들을 만들어내면서 베네통은 다른 업체에 비해 굉장히 적은 비용으로 높은 인지도를 얻을 수 있었다. 베네통의 광고는 기업과 사회적 이슈의 관계에 대한 대표적인 경영 사례가 된다.

할리데이비슨, 품질이 아니라 고객의 정체성과 문화를 공략하다

가볍고 저렴한 일본 오토바이의 공습에 무너지다

오토바이회사 할리데이비슨은 1903년에 처음 설립되었다. 당시 같은 동네에 사는 21살 청년 할리와 20살 청년 데이비슨이 자전거에 엔진을 달아 판매한 것이 할리데이비슨의 출발이다. 동업자의 이름을 따서 할리데이비슨이라 회사명을 지었고, 이후 본격적인 오토바이회사로 성장한다.

오토바이 시장이 크게 성장하면서 오토바이회사들도 많아졌다. 그런데 1차 세계대전과 2차 세계대전을 거치면서 할리데이비슨은 세계적인 오토바이회사로 발돋움한다. 다른 회사의 오토바이들은 전쟁터의 열악한 환경에서 고장이 잦았다. 하지만 할리데이비슨은 전쟁터에서도 고장나지 않았고, 2차 세계대전 후 품질을 인정받아 세계 최고의 오토바이회사로 발돋움했다.

하지만 1980년대, 할리데이비슨은 경영위기에 처한다. 원래 할리데이비슨은 중후한 오토바이를 만드는 회사였다. 그런데 1970년대 이후 일본과 유럽이 가볍고 성능 좋은 오토바이를 본격적으로 만들어내기 시작한다. 특히 일본 오토바이가 문제였다. 혼다, 야마하 등이 소형 모터사이클을 만들어 공급하면서 오토바이 시장은 급속히 경량화된다. 혼다, 야마하의 작은 오토바이는 가격이 저렴하면서도 빨리 그리고 안전하게 이동할 수 있었다.

할리데이비슨은 크고 무겁다. 그리고 일본제보다 성능도 떨어지고 소음도 많이 난다. 가격 대비 품질도 떨어지면서 할리데이비슨은 오토바이 시장에서 급격히 경쟁력을 잃어갔다. 1985년, 할리데이비슨은 파산 위기에 직면하게 되었다.

부활의 이유는 문화 마케팅

할리데이비슨의 경영 혁신은 1986년부터 시작되었다. 그런데 보통 이렇게 품질 대비 가격이 비싸고, 잘 안 팔리는 상품에 대한 경영 혁신은 일반적인 길을 따른다. 보다 품질이 좋은 제품을 만들거나, 낮은 가격에 제품을 판매하는 것이다. 품질이 낮은 것이 문제이니 품질을 좋게 하자, 가격이 비싸서 잘 안 팔리니 낮은 가격에 팔 수 있게 하자 등이 일반적으로 생각하는 혁신의 길이다.

그런데 할리데이비슨은 거꾸로 갔다. '저품질, 고가격'을 내세운다. 그 대신 할리데이비슨을 타는 사람은 어떤 사람인가 하는 문제를 제기한다. 할리데이비슨을 타는 사람의 정체성을 내세우고, 할리데이비슨을 타는 사람들 간의 문화를 만들어내는 것에 초점을 맞춘다. 이른바 문화 마케팅이다.

원래 오토바이를 타는 사람은 소득이 높지 않은 젊은 사람들이다. 자전거를 타고 다니기에는 이동 거리가 멀고, 그렇다고 자동차를 구입하자니 돈은 없는 사람들이 오토바이를 구매한다. 자동차를 살 여유가 없는 사람들이 오토바이를 구매하는 것이기 때문에 성능이 좋으면서도 저렴한 오토바이가 각광을 받는 것이다.

할리데이비슨은 반대로 간다. 오히려 오토바이를 고급화하면서 가격을 올렸다. 오토바이를 고급화한다고 해서 성능과 품질을 좋게 한 것은 아니다. 할리데이비슨은 여전히 일본의 혼다, 야마하, 유럽의 듀카키, BMW 같은 오토바이에 비해 성능이 좋지는 않다. 성능이나 품질을 고급화한 것이 아니라 외관을 고급화한다. 겉으로 보기에 좋고 비싼 오토바이라는 인상을 주게 만들었다.

그리고 할리데이비슨은 아무나 타는 오토바이가 아니라 '자유를 원하는 남자들이 타는 오토바이'라는 이미지를 만든다. 오토바이는 원래 운송 수단이다. 하지만 할리데이비슨은 아니다. 일을 열심히 한 남자들이 기존 사회적 관습에서 벗어나 자유를 누리고자 할 때 타는 오토바이이다. 미국의 평원을 오토바이를 타고 자유롭게 달리는 것, 그것이 할리데이비슨이 만들어낸 이미지였다.

할리데이비슨은 운송 수단이 아니기 때문에 빨리 달릴 필요가 없다. 타는 자세도 불편하고 핸들도 크다. 할리데이비슨을 타고서는 경쾌하게 빨리 달리는 것이 불가능하다. '부르릉'하는 거대한 엔진 소리를 내면서 천천히 자유를 느끼며 달리는 오토바이다. 할리데이비슨을 타는 사람은 자유를 누리는 남자를 상징한다.

1987년, 할리데이비슨을 타는 사람의 50%가 35세 이하였다. 하지만 2005년에는 35세 이하의 비중이 15%로 감소했다. 할리데이비슨을 타는 사람의 중간 나이는 46세로 뛰었다. 야마하, 혼다 같은 오토바이는 여전히 젊은 사람들이 주로 탄다. 하지만 할리데이비슨은 40~50대 나이가 되어서, 사회에서 성공한 남자들이 자유를 누리기 위해 타는 오토바이다.

1987년에는 할리데이비슨을 타는 사람들의 평균 소득이 연 3만 8천 달러 정도였다. 하지만 2005년 할리데이비슨을 타는 사람들의 평균 소득은 연 8만 3천 달러가 된다. 미국의 중간 소득은 4만 달러가 좀 넘는다. 할리데이비슨을 타는 사람들은 명실공히 사회에서 경제적 성공을 이룬 사람들이다. 의사, 변호사, 회계사, 회사 간부 등 높은 소득을 얻는 사람들이 평소의 과중한 업무에서 벗어나 자유와 고독을 만끽하기 위해 타는 오토바이다.

할리데이비슨은 이런 포지셔닝을 설정하는 데 성공한다. 그래서 품질이 좋지도 않은데 비싼 가격에 팔려나간다. 보통 오토바이는 몇백만 원 정도면 구할 수 있다. 하지만 할리데이비슨은 아무리 싼 것도 1천만 원이 넘는다. 보통은 3천만 원이 넘어 웬만한 자동차보다 더 비싸다. 고급 오토바이는 1억 원도 넘는다. 할리데이비슨은 수십만 대, 수백만 대씩 대량으로 팔리지는 않지만, 한 대당 가격이 높아 매출과 이익 면에서는 다른 대량 생산업체에 뒤지지 않는다. 할리데이비슨은 세계 유명 오토바이로 완전히 부활했다.

기업 이름을 몸에 새기는 충성 고객들

더욱 중요한 것은 할리데이비슨을 타는 사람들의 충성도이다. 할리데이비슨의 고객은 전 세계 모든 기업, 상품 중에서 가장 충성도가 높은 것으로 유명하다. 할리데이비슨은 어떤 사람이 타는가에 대한 이미지가 완전히 정착하면서, 이 오토바이를 타는 사람들 사이에는 완전히 동료감, 일체감이 형성되었다. 그래서 이들은 할리데이비슨에 대한 충성도가 굉장히 높다.

충성도라는 것은 단순히 상품에 대한 만족도가 높다는 것을 의미하지 않는다. 한 상품에 대해 아무리 만족한다고 하더라도, 다른 좋은 제품이 나오면 그것으로 갈아타는 경우가 많다. 충성도는 그 제품이 좋든 나쁘든, 문제가 있든 없든, 잘 만들었든 못 만들었든 무조건 그 회사의 제품을 사는 것이다. 회사에 정말로 도움이 되고 필요한 사람들은 이런 충성심 있는 고객이다. 하지만 그런 고객을 갖는다는 것은 정말 어렵다. 고객들은 회사가 아무리 잘해주어도 다른 회사에서 더 좋고 싼 제품이 나오면 기존 제품을 버리고 그것을 사는 법이다.

그런데 할리데이비슨의 고객들은 그렇지 않았다. 무조건 할리데이비슨의 제품을 구입한다. 할리데이비슨은 오토바이만 파는 것이 아니다. 오토바이를 탈 때 입는 가죽 자켓, 부츠, 바지, 선글라스, 헬멧 등 여러 부대 상품들도 판다. 할리데이비슨 고객들은 이 모든 것을 다 할리데이비슨 매장에서 구매한다. 또 새로운 할리데이비슨 액세서리가 나오면 그것을 추가적으로 구입한다. 품질이 좋건 나쁘건 상관없다. 가격이 비싸건 싸건 상관없다. 할리데이비슨 매장에서 할리데이비슨의 제품을 구입하지, 다른 매장에 가서 다른 메이커의 옷, 액세서리를 사지는 않는다.

벤츠 자동차를 몬다고 해서 벤츠 옷을 입고, 우산, 가방을 벤츠에서 사고, 자동차 키홀더와 벤츠 신발을 사고 그러지는 않는다. 아무리 벤츠 자동차를 좋아하고 만족한다고 해도 부대 상품을 모두 벤츠 것으로 구비하지는 않는다.

하지만 할리데이비슨 고객들은 그렇게 한다. 심지어 할리데이비슨 문신을 몸에 새기기도 한다. 아무리 회사가 좋아도 회사 이름, 제품 이름을 자기 몸에 문신으로 새기는 경우는 없다. 하지만 할리데이비슨 고객 중에는 할리 데이비슨이란 문신을 새긴 사람이 많다. 그 정도로 할리데이비슨의 고객 충성도는 높다. 그리고 이 높은 충성도는 할리데이비슨의 매출과 이익에 막대한 기여를 하고 있다.

할리데이비슨이 되살아난 것은 가격이 저렴해지거나 성능이 좋아져서가 아니었다. 문화를 새로 만들고, 그 문화에 충성하는 고객들을 만들어내서이다. 할리데이비슨의 성공은 문화 마케팅과 고객 충성도의 중요성을 보여주는 가장 대표적인 경영 사례가 된다.

"내 죽음까지도 모두에게 알려라!"

버진그룹 CEO 리처드 브랜슨의 홍보 전략

유럽의 괴짜 CEO

2000년대에 가장 유명한 CEO는 애플의 스티브 잡스였다. 그는 애플2를 개발하여 퍼스널 컴퓨터의 시대를 열었고, 아이팟, 아이폰, 아이패드를 개발하면서 스마트폰 시대를 만들었다. 이외에 픽사 Pixar 애니메이션도 만들어내는 등 현대 문명에서 지워질 수 없는 존재로 자리 잡았다.

그는 이런 혁신적 제품 외에 경영관리 측면에서도 많은 이야기를 만들어냈다. 스티브 잡스의 성격은 원래 독선적이고 괴팍했다. 그런 성격 때문에 자기가 만든 애플 사에서 쫓겨났다. 다시 애플 CEO로 돌아와서 아이팟, 아이폰, 아이패드를 개발하였는데, 이때는 성격이 좀 달라졌다. 세부적인 사항에 민감하고 엄격한 것은 여전했지만, 이전의 광폭성은 많이 사라졌다. CEO의 성격과 회사의 실적, 성격과 혁신과의 관계, 사람 좋은 CEO가 나은지 혁신을 이끌어내는 CEO가 나은지 등 수많은 경영상 이야깃거리를 만들어냈다.

미국에서 가장 유명한 괴짜 CEO가 스티브 잡스라면, 영국·유럽에서 유명한 괴짜 CEO로는 리처드 브랜슨이 있다. 그는 영국의 스티브 잡스라고 불린다. 리처드 브랜슨은 버진^{Virgin}그룹을 만들었다. 버진항공, 버진레코드, 버진콜라, 버진모바일, 버진갤러틱 등의 회사들이 유명하다. 현재 버진이라는 이름을 달고 있는 회사는 200개가 넘는다. 이 리처드 브랜슨도 많은 측면에서 경영상 이야깃거리를 만들어내고 있는데, 가장 대표적인 것이 버진그룹의 홍보와 관련된 그의 기행奇行이다.

광고와 홍보는 다르다 : 기자들에게 기삿거리를 제공하라

리처드 브랜슨은 처음에 음반을 우편 주문받아 판매하는 사업으로 시작한다. 이것이 항공회사, 이동통신회사, 우주여행회사 등 세계적인 대기업들로 구성되는 버진그룹으로 성장했다. 이때 리처드 브랜슨의 홍보 방법이 버진그룹의 성장에 가장 크게 기여했다고 평가된다.

광고와 홍보는 다르다. 광고는 돈을 주고 언론에 자기 이야기를 실어달라고 요구하는 것이다. TV, 신문, 잡지 등에 돈을 주고 상품을 소개한다. 하지만 홍보는 언론에 돈을 주고 부탁하지 않는다. 그 대신 기자들이 스스로 그 기업과 상품에 대해 이야기를 한다. 광고와 홍보 중에서 더 큰 효과를 내는 것은 홍보이다. 광고를 볼 때 사람들은 그것이 기업이 돈을 주고 게재하는 것이라는 사실을 인식하고 본다. 광고는 어디까지나 광고이지 진실이라고 볼 수는 없다. 하지만 사람들이 언론 기사를 볼 때는 그것이 진실에 가깝다는 믿음을 가지고 있다. 똑같은 이야기를 광고로 할 때와 홍보로 할 때, 사람들은 홍보 기사를 더 믿고 강한 인상을 받는다.

그런데 홍보를 하는 것은 쉽지 않다. 광고는 그냥 돈을 주면 자기 기사를 실을 수 있다. 하지만 홍보가 되기 위해서는 기자들이 스스로 그 기업과 제품에 대해 무언가를 써야 한다. 기자는 단순히 그 제품이 좋다고 해서 기사를 쓰지 않는다. 무언가 이야깃거리가 되고, 기사를 보고 듣는 독자들이 좋아하고 흥미를 끌 만한 이야기여야 한다.

그런데 기업, 제품과 관련해서 독자가 좋아하고 흥미를 가질 만한 이야기는 잘 나오지 않는다. 물론 제품에 문제가 있다거나 기업이 뇌물을 썼다거나 하면 바로 기사가 난다. 하지만 이런 부정적인 기사는 나쁜 광고보다 더 해롭다. 긍정적인 방향으로 기사가 나가야 하는데, 기업에 대해 좋은 이야기를 자발적으로 써주는 기자는 없다. 무언가 재미있을 만한 이야기, 독자의 흥미를 끌 만한 이야기를 기업이 제공해주어야 한다.

끊임없는 기행이 브랜드 이미지의 원천

이런 측면에서 리처드 브랜슨은 천재적이었다. 기자들이 좋아할 만한 기삿거리를 끊임없이 제공했다. 가장 대표적인 것이 미국 뉴욕 타임스퀘어 광장에 탱크를 몰고 나타난 것이다.

버진콜라 홍보를 위해 탱크를 몰고 나타난 리처드 브랜슨

1996년, 리처드 브랜슨은 버진콜라를 출시한다. 미국 코카콜라
에 대항하기 위해 영국 고유의 콜라를 만든 것이다. 버진콜라를 출
시하면서 뉴욕 타임스퀘어 광장에 탱크를 몰고 진군한다. 뉴욕 타임
스퀘어에는 코카콜라 광고판이 있다. 이 코카콜라 광고판에 버진콜
라 포탄을 쏘아댔다. 버진콜라로 코카콜라와 전쟁을 하겠다는 선포
였다.

　뉴욕 타임스퀘어는 아침부터 한밤중까지 세계 관광객들이 몰
려드는 명소이다. 그 한복판에 탱크가 나타났다. 모형 탱크가 아니
라 진짜 탱크이다. 버진콜라가 새로 출시된다는 것은 특별한 이야깃
거리가 안 된다. 새로운 음료는 전 세계에서 계속해서 출시되고 있
고, 코카콜라에 대항하기 위해 각 나라가 자기 고유의 콜라를 만든

다는 것도 특별한 이야기가 아니다. 하지만 타임스퀘어에 진짜 탱크가 나타났다는 것은 충분히 이야깃거리가 된다. TV, 신문, 잡지 기자들이 몰려들었고, 이들은 타임스퀘어에 탱크가 나타나서 코카콜라 광고판에 버진콜라를 쏘아댔다는 기사를 썼다. 버진콜라는 순식간에 전 세계 사람들이 아는 콜라 브랜드가 된다.

2002년, 버진모바일이 미국에 진출할 때는 타임스퀘어에 휴대폰으로 장식한 팬티만 입고 나타났다. 2002년에는 이미 리처드 브랜슨이 세계적으로 유명인이 되었을 때다. 그 유명인이 팬티만 입고 타임스퀘어에 나타났다. 한국 삼성그룹의 이재용이 팬티만 입고 명동 한복판에 나타난다고 생각해보라. 그 자체만으로 엄청난 이슈가 되고 기자들이 몰려든다. 핸드폰을 광고하기 위해서는 엄청난 비용이 든다. 그런데 버진모바일은 회장인 리처드 브랜슨이 팬티만 입고 타임스퀘어에 나타나면서 모든 광고들을 뛰어넘는 효과를 낸다. 모든 사람들이 버진모바일이 출시된다는 것을 알게 되었다.

버진항공이 취항할 때는 옛날 조종사가 사용하던 갈색 가죽 헬멧을 쓰고 나타났다. 웨딩드레스를 입고 하이힐을 신고서 나타나기도 했다. 나체로 건물에서 뛰어내린 적도 있고, 항공기 여승무원으로 변장해서 승객에게 음료 서비스를 하기도 했다. 1990년대 세계적으로 유명했던 〈프렌즈〉 시트콤에 길거리 상인으로 나오기도 했다.

또 리처드 브랜슨은 굉장히 모험적인 행동을 하기도 했다. 혼자 요트를 타고 대서양을 횡단하기도 했고, 열기구를 타고 대서양 상공을 날기도 했다. 이런 모험적인 행위를 하면서 실제 목숨이 위태로웠던 적도 있었고 큰 부상을 당하기도 했다. 어쨌든 이런 식으로 리처드 브랜슨은 끊임없이 기자들에게 이야깃거리를 제공했다. 리처드 브랜슨이 이런 튀는 행동을 할 때마다 기자들은 그의 기행에 대해 써댔고, 버진그룹은 그 홍보 효과를 톡톡히 누린다. 버진그룹은 기존 관습에 얽매이지 않은 참신하고 새로운 기업이라는 이미지가 구축된다.

괴짜여서가 아니라 치밀한 홍보 전략

그런데 리처드 브랜슨의 이런 기행들은 버진그룹의 홍보 효과를 노려서 일부러 한 것이 아니라 그냥 그 사람 자체가 독특해서 벌어진 일은 아닐까 의구심이 들기도 한다. 리처드 브랜슨은 난독증으로 글을 제대로 못 읽었고, 그래서 학교생활도 제대로 하지 못했다. 원래 사람이 독특하기 때문에 저런 기행들을 자연스럽게 하는 것은 아닐까 의심이 드는 것이다.

그런데 그렇지는 않다. 리처드 브랜슨의 기행들은 모두 다 홍보를 노리고 계획한 것들이었다. 타임스퀘어에 탱크를 몰고 나타난 것이 정말 자기가 하고 싶어서 한 행동이라면, 그냥 그 자리에 있는 관광객들만 알 뿐이다. 관광객들이 사진을 찍고 블로그에 올리면, 그제야 기자들이 그 사실을 알고 취재에 들어갈 것이다. 그런 식으로 기사가 나면 보도 타이밍도 늦고, 사진 등도 충분치 않게 된다.

하지만 타임스퀘어에 탱크가 나타날 때 이미 많은 기자들이 진을 치고 있었다. 리처드 브랜슨은 이미 자기가 탱크를 몰고 타임스퀘어에 나타날 것이라는 사실을 모든 기자들에게 통보해서 알렸다. 기자들이 몰려들 것을 알고 의도적으로 준비한 행동이다.

리처드 브랜슨의 모든 기행은 다 그랬다. 기자들이 그 자리에 와서 사진을 찍고 기사를 쓸 준비를 했다. 철저하게 사전에 준비된 것이었고, 홍보를 고려한 전략들이었다. 그 효과는 대단했다. 광고로는 절대로 얻지 못할 인지도를 얻고, 사람들 사이에서 리처드 브랜슨과 버진은 '무언가 다르다'는 브랜드 이미지를 확실하게 얻는다. 어쩌다 한 번이 아니라 수십 년 간 계속되는 리처드 브랜슨의 기행들은 그라는 개인만이 아니라 버진그룹 자체의 브랜드가 된다.

광고가 아니라 홍보를 통해서 기업을 알리고 제품을 알린다. 광고가 아니라 홍보를 통해 기업의 브랜드 이미지를 구축한다. 그 대표적인 사례가 리처드 브랜슨의 버진그룹이다. 왜군의 총탄에 쓰러진 이순신 장군은 숨을 거두며 "내 죽음을 적에게 알리지 말라"고 했다. 그러나 비슷한 상황에서 리처드 브랜슨은 이렇게 외쳤을 것이다. "기자들을 불러모아라. 내 죽음을 모두에게 홍보하라!"

4장_생산 혁신

생산 혁명의 새 시대를 연 기업들

생산 혁신

경영학은 크게 8가지 분야로 구분될 수 있다. 조직, 인사, 재무, 마케팅, 회계, 국제 경영, 경영 전략, 그리고 생산관리이다. 그런데 이 중에서 기업의 진정한 사회적 역할이라 할 수 있는 분야가 바로 생산관리이다. 기업은 개인들로서는 하기 힘든 재화나 서비스를 사회에 공급하는 역할을 한다. 어떻게 하면 상품을 더 잘 만들 수 있는가, 어떻게 하면 보다 낮은 비용으로 질 좋은 제품을 만들어낼 수 있는지가 기업이 직면하는 본질적인 문제이다. 생산관리는 바로 이런 영역을 다루는 경영의 한 가지이다.

학생이 공부를 한다고 하자. 어떻게 하면 공부를 더 잘할 수 있을까? 혼자 공부하는 것이 더 좋을까, 선생님한테 배우는 것이 좋을까, 아니면 학원에 다니는 것이 좋을까? 이런 고민은 조직 측면에서의 고민이다. 자기보다 공부를 더 잘하는 사람하고 같이 공부하는 것이 좋다거나, 성적 좋은 친구들을 사귀어야 한다는 등의 이야기를 한다면 인사 면에서의 고민이다. 더 비싼 학원, 더 좋은 과외 선생에게 배우면 된다고 하는 것은 재무 측면에서의 고민이다. 외국인을 사귀면 외국어를 더 잘할 수 있을 것이라고 한다면 국제 경영적 시각에서의 대답이다.

하지만 공부 잘하기 위해서 가장 중요한 것은 사실 몰입을 해서 공부하는 것이다. 공부하는 시간 동안 더 열심히, 몰입을 하는 것이 공부를 잘하기 위해 가장 중요하다. 이것이 가장 중요한 일이고, 나머지 선생이 누구인가, 어떤 학원인가, 어떤 교재를 쓰는가는 다 부차적인 일이다.

기업도 마찬가지이다. 기업 활동에서 가장 중요한 것은 일단 제품을 잘 만들어내는 것이다. 조직, 인사, 재무, 국제 경영, 마케팅이 아무리 뛰어나다 해도 일단 제품이 형편없으면 아무 소용없다. 우선 제대로 된 제품을 만들어내고, 그 다음에 나머지 요소들이 필요한 것이다. 그래서 제품 생산 과정을 담당하는 생산관리는 중요하다. 생산이 기업의 주된 역할이고, 생산을 제대로 하기 위해서 기업이 존재하기 때문이다.

어떤 식으로 하면 생산을 더 잘할 수 있을까? 어떻게 하면 좋은 제품들을 보다 빨리, 보다 많이, 보다 저렴하게 만들어낼 수 있을까? 이 문제는 기업이 존재하면서부터 지금까지 가장 큰 과제로 제기되어 왔다. 생산관리 측면에서 큰 혁신을 가져온 기업의 이야기들을 살펴보자. ■

동작과 시간 연구를 통해 현대 경영을 창시하다

테일러의 과학적 생산관리법

테일러가 파악한 근대 생산방식의 문제점

현대 경영의 시작은 19세기 말, 테일러의 과학적 관리법 이후로 본다. 즉, 테일러의 과학적 관리법에서부터 현대 경영이 출발했다. 테일러 이후로 경영이 시작된 것으로 보는 이유는 분명하다. 더 많이 생산을 하기 위해서는 어떻게 해야 할까? 노동자를 더 많이 고용하거나, 기계를 늘리면 생산을 더 할 수 있다. 하지만 이것은 전문적인 경영이 아니다. 노동자를 더 고용하면 생산이 늘어난다는 것, 기계를 더 도입하면 생산이 증가한다는 것은 누구나 알고 있는 해답이다. 이런 식으로 생산을 늘리는 일은 아무나 할 수 있다.

테일러는 근대적 공장에서 작업 방식을 바꿈으로써 생산량을 더 증가시킬 수 있다는 것을 최초로 제시한 사람이다. 오히려 일하

The Principles of
Scientific Management

BY
FREDERICK WINSLOW TAYLOR, M.E., Sc.D.
PAST PRESIDENT OF THE AMERICAN SOCIETY OF
MECHANICAL ENGINEERS

HARPER & BROTHERS PUBLISHERS
NEW YORK AND LONDON
1919

테일러와 그의 책 『과학적 관리법』

는 노동자를 감소시키고, 노동자의 노동 시간을 줄이면서도 생산을 더 많이 할 수 있는 방법을 고안했다. 비용을 감소시키면서 오히려 생산성을 높인다. 이것이 바로 경영의 진수이다. 테일러가 바로 그런 방법을 처음으로 고안해냈고, 그래서 그는 경영의 시조 중 한 사람으로 인정받는다.

테일러가 볼 때 당시 노동자들의 작업 방식에는 문제가 있었다. 우선 노동자들이 일을 어떤 방식으로 해야 하는지에 대해 공식화된 규정이 없었다. 노동자들은 자기보다 먼저 일한 선배들로부터 말을 통해 업무 방법을 배웠다. 어떤 방식으로 일을 하는 것이 더 좋은지, 어떤 식으로 일을 해야 더 잘 생산할 수 있는지에 대해서 제대로 알지 못한 채, 그냥 선배 노동자의 방식대로 일을 했다.

또한 노동자들은 회사에서 열심히 일을 하지 않았다. 테일러가 노동자들의 걸음 속도를 재보았다. 회사에 출근하는 노동자의 걸음 속도는 평균 시속 5~6킬로미터였다. 그렇게 빨리 걷는 사람들이 회사 작업장에 도착하고 난 이후로는 속도가 평균 시속 2킬로미터로 줄었다. 평소에는 빨리 걷는 사람들이 작업을 할 때는 천천히 움직인다. 그리고 짐을 나를 때도 자기가 운반할 수 있는 적정한 무게를 나르는 것이 아니다. 힘이 하나도 안 들 만큼 가볍게 해서 짐을 나른다. 노동자들이 공장에서 열심히, 최선을 다해 일하는 것이 아니라 놀면서 대강대강 일을 하고 있었던 것이다.

주먹구구식 생산 공정에 과학을 도입하다

테일러는 우선 어떤 방식으로 일을 해야 생산성이 가장 높아질 수 있는지를 조사하기 시작했다. 삽질을 한다면, 한 번 삽질에 얼마만큼의 양을 담아야 좋을까? 한 번에 너무 적은 양을 담으면 열심히 일하지 않는 것이다. 그러나 너무 많은 양을 담는 것도 좋은 것은 아니다. 너무 많은 양을 담으면 무거워서 노동자가 금방 지친다. 시간이 지나면 지쳐서 쉬는 시간이 늘어나게 되고, 그러면 전체 생산량은 오히려 감소될 수 있다.

테일러는 한 번 삽질에 2킬로그램을 날랐을 때의 하루 생산량, 10킬로그램, 20킬로그램을 날랐을 때의 하루 생산량을 모두 다 측정했다. 그 결과 한 번에 10킬로그램의 무게를 삽에 담았을 때 하루 전체 생산량이 가장 높다는 것을 알아냈다. 이에 따라 한 번 삽질을 할 때 10킬로그램 정도가 담겨질 수 있도록 삽을 개량했다. 이렇게 하니 모든 노동자가 자연스럽게 적정한 무게로 삽질을 하고, 전체 노동자들의 생산량이 극대화될 수 있었다.

또 테일러는 노동자들의 작업 동작과 시간을 연구했다. 벽돌공이 벽돌을 쌓을 때의 모습을 관찰하니 18개 동작으로 일을 하고 있었다. 하지만 대부분의 동작은 벽돌을 쌓는 것과 상관없는 동작들이었다. 테일러는 벽돌을 쌓을 때 5개의 동작만 하면 벽돌 한 장을 쌓을 수 있다는 것을 발견하고, 이것을 표준 동작으로 만들었다. 벽돌공에게 어떻게 하면 5개 동작으로 벽돌을 쌓을 수 있는지를 가르치고, 그 방식대로 벽돌을 쌓게 했다.

이전에는 노동자들에게 그냥 벽돌을 쌓으라고 시키기만 했지 어떤 식으로 벽돌을 쌓으라고 말하지는 않았다. 벽돌공은 선배들로부터 쌓는 방법을 배웠다. 하지만 테일러는 회사가 어떤 방식으로 벽돌을 쌓으면 가장 좋은지를 알아내고, 그 방법을 노동자들에게 교육하도록 했다. 벽돌을 쌓기 위해서 어떤 동작을 해야 하고, 그리고 그 동작을 하는 데 걸리는 시간은 어느 정도인지도 표준화했다. 이른바 동작 연구와 시간 연구이다. 이렇게 쓸데없는 동작과 시간을 없애고 그에 대한 표준화가 이루어지면서 작업의 효율성은 크게 증가했다.

이 같은 과학적 관리를 통해 노동자의 하루 생산량이 어느 정도여야 하는지는 자연스럽게 도출됐다. 당시 베들레헴철강회사에서 노동자들은 하루 평균 12.5톤의 무쇠를 나르고 있었다. 하지만 한 번에 나를 수 있는 무쇠의 양, 무쇠를 나르는 데 걸리는 시간 등을 표준화했을 때 적정 작업량은 하루 47톤 정도였다. 노동자들은 하루 47톤을 나를 수 있는데도 12.5톤의 무게만 나르고 있었던 것이다. 47톤은 하루 종일 일만 하는 것이 아니라 중간중간 휴식을 취해도 충분히 달성 가능한 수치였다.

이처럼 테일러는 동작, 시간 연구를 통해 노동자들의 적정 업무량도 산정했다. 이를 표준화함으로써 노동자들의 작업 방식을 바꾸었고, 회사의 생산성도 크게 증가시켰다. 같은 임금의 노동자가 하루 12.5톤을 나르다가 47톤을 나르게 되었으니 생산성이 3배 이상 증가한 것이다.

더 열심히 일한 자에게 더 많은 돈을

테일러의 과학적 관리법에서는 성과급도 제시된다. 성과급을 도입해야 한다는 것을 처음 주장한 것이 테일러이다. 철강회사에서 무쇠를 나르는 노동자들의 하루 적정 노동량은 47톤. 47톤을 다 나르면 이 노동자는 적정 수준으로 일을 한 것이다. 그런데 만약 한 노동자가 60톤을 나르면 어떻게 될까? 이 노동자는 적정 수준을 넘어 열심히 일을 했으므로, 그에게는 적정 임금보다 더 많은 임금을 지불해야 한다. 표준 업무량을 정하고, 그보다 더 많은 실적을 달성한 노동자들에게는 성과급을 지급하는 것이 공정하다. 더 열심히 일한 노동자에게는 그에 따른 보상이 주어져야 하는 것이다.

노동자들은 성과급을 받기 위해 더 열심히 일하기 시작했다. 회사는 생산성이 높아져서 좋고, 노동자는 더 많은 임금을 받아서 좋다. 테일러의 과학적 관리법은 거의 모든 공장에서 생산성을 극적으로 증대시켰다.

또 테일러는 공식적으로 업무 중간에 휴식 시간도 만든다. 휴식 없이 계속 일을 했을 때와 중간에 휴식 시간을 넣었을 때의 생산성을 비교했다. 그리고 휴식 시간이 적정하게 주어졌을 때 하루 생산량이 더 많아진다는 것을 발견했다. 1시간 정도 일한 후에 10분의 휴식 시간을 주는 것이 더 효율적이라는 것을 알아내고, 정식으로 휴식 시간을 보장하기로 했던 것이다.

노동자의 적이었으나 현대 경영의 창시자이기도 했다

이처럼 생산성 향상에 큰 기여를 한 테일러의 과학적 관리법은 엄청난 비난도 받는다. 테일러는 노동자들의 적, 인정머리 없는 사람으로 취급되었다. 인간을 기계처럼 대했다는 비난이었다.

테일러의 과학적 관리법이 도입되기 전, 노동자들은 공장에서 편하게 지낼 수 있었다. 대강대강 일을 하고 시간만 때워도 한 달 치 월급이 나왔다. 천천히 쉬고 뭉그적거리면서 하루 12톤 정도의 무쇠만 날랐다. 하지만 테일러의 과학적 관리법이 시행되자 이제는 하루 47톤의 무쇠를 날라야 했다. 무려 노동 강도가 4배나 올라갔다.

또한 이전에는 하루 동안 얼마나 일했는지 확인하는 사람이 없었는데, 이제는 모든 노동자가 하루의 작업량을 체크당해야 했다. 47톤을 넘게 나르면 성과급을 받을 수 있기는 한데, 만약 그렇지 못하면 열심히 일하지 않고 딴짓을 한 게 된다. 업무 강도가 몇 배로 늘어나면서 감시까지 받는 시스템이 된 것이다. 테일러의 과학적 관리법이 도입되면서 노동자들의 낭만은 없어졌다. 자율성도 없어졌다. 회사에서 정한 동작대로 시간 안에 움직여야 하는 기계가 된 것이다.

또 이전에 노동자 한 사람이 하루 12톤의 무쇠를 날랐다면 10명은 120톤을 나른 것이 된다. 이제 한 노동자가 하루 47톤을 나르면 3명의 노동자로도 충분하다. 공장은 하루 생산량이 있기 때문에 무작정 많이 나르는 것이 좋은 것은 아니다. 이제 7명은 회사에서 할 일이 없어진다. 회사는 이 7명을 해고하거나 다른 업무로 이전시켰다. 회사 입장에서는 10명을 고용하다가 3명만 고용하니 인건비가 크게 절감되어서 좋다. 성과급을 준다고 해도 10명의 인건비하고는 비교할 수 없는 비용이다.

하지만 노동자 측에서는 졸지에 7명이 일자리를 잃게 되었다. 그들의 입장에서 테일러의 과학적 관리법은 엄청난 재앙이었다. 노동자들은 테일러와 그의 과학적 관리법을 증오할 수밖에 없었다.

테일러에 대한 비판이 엄청나기는 했지만, 그가 제시한 과학적 관리법은 현재까지 작업장 업무의 기본이 된다. 많은 비난에도 불구하고, 그가 현대 경영의 창시자라는 것은 부인할 수 없는 사실이다.

부품 공급 체제의 혁신으로 막대한 재고관리 비용을 절감하다

도요타의 적시 생산 시스템

필요한 부품들은 필요한 시기에 필요한 수량만큼

원래 세계에서 가장 큰 자동차회사는 GM, 포드, 크라이슬러 등 미국 회사들이었다. 그런데 일본의 도요타가 미국 자동차회사들을 능가하면서 세계적인 자동차 메이커로 성장한다. 2008년 세계 금융위기 이후 미국의 자동차회사들은 어려움에 빠진다. 그러자 도요타는 1930년대 이후 줄곧 세계 1위였던 GM을 제치고 새로운 1위 생산업체로 떠오르기도 한다.

자동차는 원래 미국과 유럽이 원류인 상품이다. 자동차 생산에는 워낙 자본이 많이 든다. 또 현대 기술의 집적체이기 때문에 개발도상국에서는 경쟁력 있는 제품을 만들어내기 힘들다. 자동차에는 부품이 2만 개 이상 들어간다. 이 수많은 부품들은 자동차회사가 아니라 부품업체들이 만든다. 즉 자동차 산업이 경쟁력을 갖기 위해서는 자동차 완성사 한 곳만 잘해서 되는 것이 아니다. 2만 개의 부품들을 만들어내는 수백 수천의 회사들이 모두 다 수준 있는 제품을 만들어야 한다. 그래서 자동차 생산은 그 나라의 전반적인 기술 수준, 생산 수준을 보여주는 리트머스 시험지와 같다.

이렇게 진입 장벽이 높은 자동차 부문에서 일본 도요타자동차가 약진을 하기 시작했다. 도요타는 품질이 그리 나쁘지 않으면서도 미국이나 유럽 자동차보다 훨씬 낮은 가격으로 자동차를 출시했다. 이처럼 도요타자동차 경쟁력의 원천은 품질에 비해 굉장히 낮은 가격이었다. 도요타는 이른바 도요타 생산방식을 이용해서 미국, 유럽 자동차회사보다 훨씬 낮은 가격으로 자동차를 생산할 수 있었다. 이 도요타 생산방식은 워낙 유명해서 TPS Toyota Production System 라는 이름도 만들어진다.

이런 도요타 생산방식 중 가장 대표적인 것이 JIT 시스템이다. Just-in-Time의 약자로 필요한 때에 딱 맞추어서 물건을 생산하고 공급한다는 의미이다. 정확히 말하면 도요타가 자동차를 생산할 때 '필요한 부품들을 필요한 시기에 필요한 수량만큼만 공급받도록 하는 시스템'이다.

컨베이어 벨트의 회전을 사수하라!

포드자동차가 컨베이어 벨트 시스템을 도입한 이후, 이것은 자동차업계의 표준이 된다. 컨베이어 벨트 시스템에서는 제작 중인 자동차가 계속해서 이동을 하고, 노동자들은 자기 자리에서 부품 조립을 실행한다. 타이어를 끼우는 칸에서 노동자가 공정을 완수하면 그 차는 다음 칸으로 이동한다. 다음 칸에서는 너트와 볼트로 타이어를 고정시키는 작업을 하고 이 일이 완성되면 자동차는 다시 다음 칸으로 이동한다.

이런 식으로 계속해서 벨트가 돌아가는데, 만약 자동차에 끼워야 할 너트 하나가 부족하면 어떻게 될까? 컨베이어 벨트 시스템이 아니라면, 다른 작업을 먼저 하고 나중에 너트가 오면 그때 끼워도 된다. 너트 하나가 없다고 해서 공정이 특별히 늦어지거나 하지는 않는다. 하지만 컨베이어 벨트 시스템에서는 그렇지 않다. 너트 하나를 끼우지 못하고 그 칸을 통과하면 그 다음에는 기회가 없다. 그 자동차는 너트 하나가 빠진 불량품이 될 수밖에 없다.

그래서 컨베이어 벨트 시스템에서는 어느 한 군데라도 공정이 제대로 이루어지지 못하면 시스템 전체를 멈추어야 한다. 자동차를 만들기 위해서는 전체적으로 2만 개의 부품이 필요하고, 컨베이어 벨트 시스템상에서 조립되는 부품들만 몇백 개가 넘는다. 그중 하나만 부품이 모자라도 자동차 생산은 정지된다.

컨베이어 벨트가 잠깐 멈추어도 상관없지 않을까? 하지만 자동차 공정에서 컨베이어 벨트가 멈춘다는 것은 심각한 결과를 가져온다. 1년에 10만 대를 만드는 자동차 공장이라면 10분에 4대의 자동차가 생산된다. 컨베이어 벨트가 10분 멈추면 4대의 자동차가 생산되지 못한다. 자동차 한 대가 2,000만 원이라면 8,000만 원의 손실이다. 1시간을 멈추면 24대의 자동차가 만들어지지 못하는 것이고, 그러면 4억 8천만 원의 손해가 난다.

이처럼 큰 손해를 보기 때문에 자동차 공장에서는 부품들을 충분히 준비해놓았다. 혹시라도 모를 부품 부족 현상이 발생하지 않도록 미리미리 재고를 준비해놓는다. 그런데 자동차는 부피가 큰 상품이다. 각 부품들을 1,000개 정도 여유 있게 준비해놓는다는 것은 자동차 1천 대 분량을 미리 준비해놓는다는 의미이다. 즉, 자동차 1천 대 분량의 부품들을 보관하기 위해서는 자동차 1천 대가 들어갈 만한 넓이의 재고 창고가 필요하다. 커다란 강당 몇 개가 있어야 한다.

자동차 1천 대라고 해도 1년에 10만 대 생산하는 공장에서는 이틀분도 되지 않는다. 일주일분의 여유를 가지기 위해서는 4,000개의 부품을 마련해야 한다. 자동차 4천 대 부품들을 모두 보관하기 위해서는, 다시 말해 자동차 4천 대를 보관하기 위해서는 엄청난 크기의 재고 창고들이 있어야 한다. 땅값, 건물값, 관리비를 고려하면 재고 관리 비용으로 막대한 돈이 들어간다.

부품 공급은 하루에 두 번, 재고 창고는 없다

도요타의 JIT 시스템은 이런 재고관리 비용을 획기적으로 감소시키는 방법이다. 자동차 공장에서는 비축 부품들을 창고에 보관하면서 필요할 때마다 작업장으로 이동시켰다. 그런데 JIT 시스템에서는 이런 창고들을 모두 없앴다. 부품업체들이 부품들을 납품할 때 창고로 가져가는 것이 아니라 작업장으로 직접 가져간다. 그러면 거대한 면적과 건물이 필요한 재고 창고가 없어도 된다. 이것만으로 획기적인 재고 비용 절감이 가능하다.

하지만 부품업체들이 컨베이어 벨트가 돌아가는 작업장으로 가져간 부품들은 어디에 보관할까. 작업장에는 앞으로 몇 시간 동안 작업하는 데 필요한 부품 몇백 개만 필요하고, 그 정도의 공간밖에는 없다. 일주일 동안 필요한 4,000개의 부품을 놓을 장소는 없다.

이 문제를 해결하기 위해서는 부품 회사들이 그날 필요한 부품들을 그때그때 공급하도록 하면 된다. 일주일 치 부품을 한 번에 공급하는 것이 아니라 필요한 부품들만 바로 작업장으로 공급한다. 그래서 도요타는 하루에 두 번 부품 공급이 이루어지는 것을 기본으로 했다. 오전에 200~300개의 부품을 공급하고 오후에 또 다시 200~300개의 부품을 공급한다. 그러면 재고관리 없이 공급되는 부품들을 바로바로 생산에 사용할 수 있다. 이것이 바로 '필요한 때에 맞추어 부품을 공급하는' JIT 시스템이다.

JIT 시스템은 말로 하기는 간단하지만 실제 공장에서 적용하기에는 굉장히 어려운 시스템이다. 우선 부품업체들은 이전에는 일주일에 한 번만 트럭으로 부품을 공급하면 되었는데 이제는 하루에 두 번 공급해야 한다. 그런데 부품 트럭이 이동하다가 사고가 나면 어떻게 할까? 교통 체증이 발생해서 시간이 늦어지면 어떻게 될까? 그러면 컨베이어 벨트는 멈출 수밖에 없다.

JIT 시스템이 작동하기 위해서는 부품 회사들이 무슨 일이 있더라도 하루에 두 번씩 제시간에 정확히 부품들을 날라야 한다. 그러기 위해서는 부품 회사들이 도요타 공장 근처에 자리 잡고 있어야 한다. 몇 시간 떨어진 곳에 자리 잡고 있으면 제시간을 맞추기 힘들다. JIT 시스템은 도요타 본사와 하청 부품업체들 간에 긴밀한 협력 관계가 있어야만 가능하다.

또 만약 부품업체에 무슨 일이 생겨서 생산이 늦어지면 어떻게 할까? 일주일 치 부품을 미리 납품할 때는 조금 생산이 늦어져도 충분히 대응할 수 있다. 하지만 JIT 시스템에서 부품 회사의 일정 차질은 바로 자동차 생산 공정의 차질로 이어진다. 도요타 혼자만 공정관리가 제대로 되어서는 소용이 없다. 수많은 부품 공장들도 모두 완벽한 공정 일정을 갖추어야 JIT 시스템 운영이 가능하다.

그 어려운 JIT 시스템을 도요타는 성공적으로 운영한다. 각 부품당 수천 개를 보관하던 창고들이 필요 없게 되고, 창고에서 작업장으로 부품들을 나르던 노동자들도 필요 없게 된다. 도요타의 비용은 획기적으로 줄어들었고, 그래서 낮은 가격으로 자동차를 공급할 수 있었다.

JIT 시스템은 경영 혁신의 주요 사례로 알려진다. 이후 미국과 유럽의 자동차 공장, 그리고 다른 제조업 부문에서도 도요타만큼은 아니더라도 어느 정도는 이 시스템을 도입한다.

종업원 모두가 혁신의 주인공이다

도요타의 카이젠

카이젠, 매일 생산 공정을 조금씩 나아지게 만든다

JIT 시스템과 더불어 도요타 생산방식 중 유명한 것은 카이젠이다. 카이젠도 도요타의 경쟁력에 큰 기여를 한 방식으로 인정받았고, 세계 다른 기업들로부터 벤치마킹 대상이 되었다.

카이젠은 한국어로 개선改善이다. 이 한자어를 일본어로 읽으면 카이젠이 되고, 이것이 서구에 그대로 전달되면서 유명해진다. 카이젠은 말 그대로 계속해서 나아진다는 뜻이다. 도요타의 공장에서 계속해서 공정을 개선하고 생산성을 조금씩 조금씩 향상시켜 나가는 과정을 의미한다.

그러면 도요타는 어떻게 생산 공정을 조금씩 나아지게 만드는가? 특별히 어려운 것은 아니다. 공장에서 일하는 노동자들이 어떻게 하면 더 생산성이 좋아질 수 있는지, 어떻게 하면 좀 더 빨리 만들 수 있거나 낭비를 줄일 수 있는지를 계속 건의하게 한다. 동작을 이렇게 바꾸면 좀 더 빨리 작업을 할 수 있을 것 같다, 도구가 이렇게 되어 있으면 좀 더 일하기 편할 것 같다, 작업 동선을 이렇게 바꾸면 좀 더 쉽게 일할 수 있을 것 같다, 쓰레기통을 여기로 옮기면 좀 더 편할 것 같다 등등 어떤 것이라도 좋다. 지금보다 나아질 수 있다고 생각하는 것들에 대해 노동자들이 자유롭게 의견을 제시하도록 한다. 그리고 그 건의에 따라 한번 시도해 보는 것이다.

만약 노동자들의 의견에 따랐을 때 정말로 공정이 빨라지거나 낭비가 감소되면 그 방식을 정식으로 채택해서 모든 공장의 공정들을 바꾼다. 만약 노동자들의 의견을 시도해 보았지만 효과가 없으면 그냥 없는 것으로 하면 된다. 이런 식으로 공장에서 일하는 노동자들의 의견을 받아들이고 그에 따라 계속 더 나은 과정을 찾는다. 이것이 카이젠이다.

현장의 일은 현장 노동자들이 가장 잘 안다

이처럼 카이젠은 별 게 아닌 것 같다. 하지만 기존 공장의 운영 방식, 특히 서구에서의 일반적인 공장 운영 방식에 비추어볼 때 혁명적인 것이었다. 기존 공장에서는 어떤 식으로 일을 해야 효율적이라고 보았을까? 경영과학의 시작이라 할 수 있는 테일러의 과학적 관리법에서는 노동자들이 자기 마음대로 일하면 곤란하다고 보았다.

관리자는 노동자들이 동작을 어떻게 하고, 어떻게 움직여야 하는지 표준을 정해준다. 그러면 노동자는 관리자가 정한 대로 공정을 해야 한다. 이른바 시간 연구, 동작 연구이다. 이처럼 회사 측에서는 어떻게 하면 가장 효율적으로 생산할 수 있는지를 연구하고, 그 결과대로 노동자들에게 지시를 내린다. 노동자들은 회사의 지시를 그대로 따르면 생산성을 최대로 높일 수 있다. 이렇게 서구의 시각에서는 공장의 개선 방법을 전문가, 관리자들이 더 잘 안다고 보았다. 블루칼라인 노동자들은 주어지는 일만 하는 것이며, 공장을 개선하는 일을 맡기면 곤란하다고 보았다.

그런데 카이젠은 그렇지 않았다. 관리자가 아니라 현장에서 일하는 노동자들이 직접 개선 방안을 고민하고 방법을 찾게 했다. 관리자나 연구자들이 공장의 일을 더 잘 알까, 아니면 직접 공장에서 일하는 노동자들이 더 잘 알까? 도요타는 현장에서 일하는 사람이 가장 잘 알 수 있다고 보았다. 그래서 노동자들에게 어떻게 하면 더 나아질 수 있는지를 직접 제안하게 하고, 그 의견에 따라 시도해 보았다.

노동자들에게 개선 방안을 이야기하게 하면 혁신적인 방안은 나오지 않았다. 생산성을 획기적으로 증가시키는 개혁 방안이 제안되지는 않는다. 하지만 지금의 공정을 조금 향상시키는 방안, 조금 덜 힘들게 하는 방안, 조금 더 빨리 작업을 할 수 있는 방안은 많이 나왔다. 그렇게 한번 개선하는 것은 사실 큰 효과는 없다. 그러나 그런 식으로 조금씩 조금씩 개선을 하다 보니 나중에는 상당히 큰 생산성 향상 효과가 있었다.

처음 노동자가 제시한 대안이 단지 전체 공정을 10초 정도 빠르게 했다고 하자. 그 다음에 다른 노동자가 제시한 방안도 10초를 빠르게 하고, 또 그 다음 노동자의 방안도 10초를 빠르게 한다. 그런 식으로 계속해서 10초 정도 빠르게 하는 개선이 이루어지면 1년 정도 지났을 때 총 10분이 절약되고, 이것은 하루에 차 한두 대를 더 만들 수 있는 시간이다. 1년이면 500대 정도의 차를 더 만들어낼 수 있고, 그러면 차 한 대가 2,000만 원일 때 1,000억 원의 생산성 증대 효과가 발생한다.

누적적으로 조금씩 나아지는 카이젠의 효과는 분명했다. 이 카이젠 덕분에 도요타 공장들은 세계 최고의 경쟁력을 가질 수 있었다. 서구의 자동차회사들도 도요타의 카이젠을 도입해서 노동자들에게 적극적으로 의견 개진을 하게 한 것은 물론이었다.

카이젠 효과는 왜 세계로 파급되지 않았을까?

그런데 서구 공장에서는 카이젠의 효과가 거의 나타나지 않았다. 오히려 관리자와 노동자 사이에서 분쟁만 발생했다.

일단 노동자들이 언제 개선 제안을 하느냐는 시간의 문제가 대두됐다. 도요타 공장에서는 이런 제안을 업무가 끝나고 정리하는 시간에 했다. 컨베이어 벨트가 돌아가고 있는데 공정을 멈추고 '이러면 어떨까요' 하고 이야기할 수는 없다. 그날의 일정을 다 끝내고, 그 다음 일할 사람들에게 인수인계를 한 다음에 모여서 제안을 했다. 그러면 같이 일하는 노동자들이 그 제안을 듣고 타당성에 관한 검토를 했다. 회의 결과 일리가 있다고 생각하면 그다음 날 한번 적용해보는 것이다. 그다음 날 적용할 방식에 대해서도 서로 의논한다. 그런 식으로 회의를 하면 1~2시간은 금방 지나간다. 도요타의 노동자들은 매일매일 정식 근무 시간이 끝난 다음에 이렇게 과외로 회사일을 이야기했다.

서구 공장에서도 카이젠을 벤치마킹해서 노동자들에게 어떻게 하면 공정이 나아질 수 있는지 이야기해 보게 했다. 공장 돌아가는 것을 멈출 수는 없으니 그날 업무가 끝난 다음에 말하게 했다. 그런데 서구에서는 이것이 바로 과외 근무가 되어버린다. 노동자들이 모두 모여 회의를 하는 것이니 그에 대해 초과근무수당을 지불해야 한다. 회의 결과 조금 공정이 빨라지고 생산성이 증가될 수 있겠지만 노동자들 모두에게 초과근무수당을 지불하면 비용이 오히려 증가할 뿐이다. 일본에서는 초과근무수당을 받지 않고 자발적으로 남아서 회사일을 이야기했다. 하지만 서구의 문화에서 돈도 더 받지 않으면서 회사에 남아 그런 이야기를 하는 것은 받아들여지기 힘들었다.

또 서구의 공장 노동자들은 자기들이 왜 그런 것을 생각하고 고민해야 하느냐고 불만이 많았다. 어떻게 하면 공정을 더 빨리 진행할 수 있는지, 어떻게 하면 생산성이 나아질 수 있는지를 고민하는 것은 경영자, 관리자가 할 일이다. 노동자들은 직접 자동차를 만드는 일만 하면 되는 것이다. 그런데 왜 노동자들에게 개선 방안을 제안하라고 하는가. 경영자, 관리자들이 자기들이 해야 할 일을 노동자에게 미루는 것이다. 공장에서 일하는 노동자는 경영자에게 자기 일을 도와서 같이 나사를 조여달라고 요구하지 않는다. 마찬가지로 경영자도 노동자들에게 어떻게 하면 생산성이 나아질 수 있는지 제안하도록 요구하지 말아야 한다. 노동자와 경영자는 각각 자신의 고유 업무가 있다. 노동자들에게 경영자, 관리자의 일을 맡기는 것은 업무 태만이고 부당한 일이다.

또 정말로 노동자가 좋은 제안을 해서 생산성이 증가하면 그에 대해 보상을 해주어야 한다. 노동자의 제안으로 생산성이 좋아지고 회사 이익이 늘어나면 그에 따라 충분한 보상을 해주는 것이 원칙이다. 일본에서는 자신의 제안에 의해 회사의 실적이 나아졌다 하더라도 특별히 성과급, 보상금을 요구하지 않았다. 하지만 서구 공장에서는 반드시 보상금 이야기가 나오게 된다. 이 모든 제안에 대해 보상금을 지불하면 회사의 이익은 별로 나아질 것이 없다.

결국 카이젠은 서구 공장에서는 제대로 운영되지 못한다. 카이젠은 보수를 받지 않고 초과근무를 하는 것이 당연하게 생각되는 일본, 사생활을 희생하면서 회사일을 우선시하는 문화, 성과급이나 보상금을 잘 주지 않는 일본 경영 현실에서나 제대로 운영될 수 있는 것이었다. 그래서 카이젠은 일본 공장들의 경쟁력을 개선시키는 좋은 방안으로 인정받았지만, 세계적으로 파급되지는 못했다.

공장 아닌 매장이
생산과 유통을 결정하게 하다

고객의 반응을 실시간 주문에 반영하는
자라의 린 경영

판매 유통의 전 과정에 적용되는 'Just In Time'

도요타자동차에서 유명하게 된 JIT 시스템은 생산 공정과 관련된 것이었다. 그런데 'Just in Time'은 판매 과정에도 적용된다. 생산 과정뿐만 아니라 판매 과정에서도 필요한 것을 적시에 공급할 수 있어야 하기 때문이다.

이렇게 판매 과정에도 'Just in Time' 시스템을 적용한 것이 바로 린Lean 경영이다. '살을 뺀다Lean'는 의미 그대로 손실을 가져올 수 있는 유통, 판매의 모든 과정을 최소화했다. 린 경영의 대표적인 성공 사례는 의류업체 자라Zara에 의해 널리 알려졌다.

한국에서는 가끔 아이들 장난감들을 구하기 힘들어서 홍역을 치르곤 한다. 2014년도에는 또봇이 유행했는데, 부모들은 이 또봇

완구를 구할 수가 없어서 애를 먹었다. 또봇을 판매한다고 하면 부모들은 몇 시간 동안 줄을 서서 사려고 매달렸고, 인터넷에서는 원래 가격의 몇 배나 되는 웃돈을 얹어주어야 구매할 수 있었다.

이렇게 인기가 많은데도 장난감을 구하기 힘든 이유는 생산이 따라주지 못해서이다. 장난감회사는 이 정도 팔릴 것 같다는 것을 미리 예상해서 공장에 주문을 한다. 그런데 그 장난감이 예상외로 히트해서 매진이 된다. 하지만 그렇다고 해서 바로바로 물건을 공급할 수 있는 것은 아니다. 우리나라에서 장난감은 주로 중국 공장에 주문을 해서 만든다. 중국 공장에 다시 주문을 넣으면, 그때부터 재료를 구하고 제조에 들어간다. 그렇게 만들어진 제품이 배를 타고 한국에 들어와서 매장에 깔리기 위해서는 한참의 시간이 필요하다.

미리 장난감을 많이 만들어놓으면 이런 상품 부족 사태가 벌어지지 않을 수 있다. 하지만 완구회사는 매년 많은 장난감들을 시장에 내놓는다. 어떤 것이 히트할지는 미리 예측할 수 없다. 많이 팔릴 것이라 예상해서 대량으로 주문해 놓았다가 팔리지 않으면 큰 손해를 보게 된다. 그리고 애들 장난감은 유행을 탄다. 아무리 아이들이 갖고 싶다고 울고불고해도, 몇 달 지나면 더 이상 그 장난감을 찾지 않는다. 무작정 장난감을 많이 만들었다가는 창고에 쌓인 재고가 될 수밖에 없다.

우리가 비싼 옷값에 혀를 내두르게 되는 이유

의류도 이렇게 재고관리와 판매관리가 어려운 상품에 들어간다. 옷도 생산되는 디자인이 얼마나 많이 팔릴지 미리 예측하는 것이 불가능하다. 일단 시장에 출시해서 사람들의 반응이 어떤가를 보아야 한다. 그런데 옷의 경우에는 같은 디자인이라고 해서 그냥 한 가지로 만드는 것이 아니다. 전자제품은 그래도 되지만, 옷은 사람마다 사이즈가 다르다. 남자와 여자 옷의 모양이 다르고, 같은 성별이라고 해도 몸매와 키에 따라 모두 다른 사이즈로 나와야 한다. 그래서 하나의 디자인을 적용한다 해도 실제로는 여러 개의 상품을 만드는 것과 같다.

이렇게 옷을 만들었는데 안 팔리면 어떻게 될까? 옷은 오래 보관했다가 두고두고 팔 수도 없다. 계절이 지나면 입을 수 없고, 일 년 정도 지나면 더 이상 매장에서는 팔 수 없는 재고품이 되어버린다. 그러다가 나중에는 헐값으로 땡처리 업자에 넘겨야 한다.

이렇게 안 팔리는 옷이 많으니 의류업자는 옷 가격을 비싸게 매길 수밖에 없다. 청바지 하나를 만드는 원가는 아무리 고급품이라고 해도 1만 원 남짓밖에 하지 않는다. 그런데 청바지를 10벌 내놓아도 팔리는 것은 1벌 정도이다. 청바지 원가가 1만 원이라고 해서 그 가격에 팔았다가는 안 팔리는 제품에서 9만 원 적자가 난다. 안 팔리는 상품들을 고려해서 1만 원짜리 청바지를 10만 원에 팔아야 한다. 옷값이 비싼 것은 이렇듯 안 팔리는 의류들에 해당하는 비용을 잘 팔리는 옷에 부가하기 때문이다.

옷은 안 팔려도 걱정이지만 많이 팔린다고 해서 무작정 좋은 것도 아니다. 히트한 상품은 바로바로 공급이 돼야 한다. 하지만 옷이 많이 팔리는 것을 깨닫고 그때 주문에 들어가면 이미 늦는다. 의류는 보통 아웃소싱으로 외부 공장에 주문을 하는데, 그 공장에 빈 자리가 있어야 생산할 수 있다. 이미 그 공장이 다른 의류를 만드느라 돌아가고 있으면 제품 생산은 언감생심이다. 옷 유행은 화살과 같다. 여름옷이면 아무리 유행한다 해도 2~3개월 잠깐 팔리는 것인데, 그 사이에 공급이 제때 이뤄지지 않으면 매출 증가는 꿈꾸지 말아야 한다.

많은 고객이 원한다고 해서 좋은 게 아니라 제품 공급이 적시에 수요를 뒷받침할 수 있느냐가 문제의 핵심이다. 의류 시장의 상황은 그만큼 복잡하다. 사람들이 찾지 않는 제품은 넘쳐나고, 많이 찾는 제품은 부족하다. 또 안 팔리는 제품의 비용을 충당하기 위해 잘 팔리는 옷의 가격은 혀를 내두를 만큼 비싸게 매겨야 한다.

고객의 반응은 하루 간격으로 체크, 생산품은 공장에서 직접 매장으로

자라는 의류 생산과 판매에 린 경영을 도입한다. 그때그때 적절히 생산하고 판매하는 시스템이다. 원래 의류회사들은 모든 디자인의 옷들에 대해 적정 재고량을 준비한다. 하지만 자라는 처음 옷을 출시할 때 최소한의 양만 만들었다. 그리고 매장에서 손님들이 어떤 반응을 보이는지를 실시간으로 체크한다. 팔리지 않으면 더 이상 그 디자인의 옷은 만들지 않는다. 하지만 팔려 나가면 즉시 그 제품의 공급량을 늘리고, 그것과 비슷한 디자인의 옷들을 양산해낸다. 즉, 손님의 반응에 따라 바로바로 공장에 주문하는 양을 조정한다.

한 달 동안의 손님 반응을 모아서 주문을 하면 이미 늦다. 일주일 동안의 반응을 보고 주문량을 조정해도 늦다. 하루 이틀 간격으로 손님들의 반응을 체크해서 바로 주문에 반영해야 한다. 그래야 손님이 왔을 때 빈손으로 가지 않도록 상품을 준비해놓을 수 있다.

여기서 중요한 것은 공장이 바로바로 그 주문에 응해주어야 한다는 점이다. 일반적인 아웃소싱 공장에서는 아무리 많은 주문을 해도 생산 공정을 손바닥 뒤집듯이 바꿀 수 없다. 다른 회사의 옷을 만들려고 이미 공장이 돌아가고 있는데, 그것을 중지시키고 내 옷을 만들어달라고 할 수는 없다. 또 같은 옷이라고 해도 디자인, 사이즈에 따라 생산 공정은 조금씩 다르다. 그것을 조정하여 원료를 다시 구하고 생산에 들어가려면 시간이 걸릴 수밖에 없다.

그래서 손님들의 반응에 따라 주문량을 조정하기 위해서는 생산 과정에서 절대적인 협력이 필요하다. 자라가 의류 공장을 직접 소유해서 생산하는 경우가 많은 건 그 때문이다. 다른 공장에 맡기는 아웃소싱을 한다 하더라도 어쩌다 몇 번 주문하는 방식이 아니라 그 공장 전체의 운영을 분담할 정도로 긴밀한 관계여야 한다. 그래야 아웃소싱 공장들은 자라의 요구에 맞추어 그때그때 생산 일정을 조정할 수 있다.

공장에서 의류들을 충분히 생산한다면 판매 회사는 그 옷들을 보관할 창고를 가지고 있어야 한다. 창고에 보관해 놓았다가 매장에서 상품이 소진되었다는 연락이 오면 즉시 그 제품을 공급해야 한다. 그런데 이런 방식에서는 창고비가 들고, 매장까지 운반하는 데도 운송비가 든다.

그렇다면 매장의 주문에 따라 바로바로 생산량이 조정되는 시스템에서는 어떨까? 당연히 별도의 보관 창고가 필요하지 않다. 공장에서 만들어진 제품이 곧바로 매장으로 이동한다. 이전에는 공장에서 창고로, 창고에서 매장으로 제품이 복잡하게 이동했지만, 이제는 간단하게 매장으로 직행한다. 물류비가 크게 절약되고, 비싼 돈을 들여 큰 창고를 지을 필요가 없다. 땅값이 비싼 선진국, 개발도상국의 주요 도시 지역에서 창고비는 언제나 큰 부담이다. 이 창고가 필요 없게 되면서 전체 비용이 혁신적으로 감소되는 것이다.

또 이전에는 안 팔리는 재고들의 비용을 분담하기 위해 팔리는 상품들의 가격을 높게 매겼다. 하지만 자라의 시스템에서는 안 팔리는 상품의 생산량이 굉장히 적다. 애초에 조금만 만들었기 때문에 안 팔린다고 해서 큰 손해는 아니다. 그 대신 팔리는 것은 더 많이 만들어낸다. 이전처럼 팔리는 제품의 가격을 높게 매길 필요가 없다. 그래서 자라의 린 경영 시스템에서는 같은 품질의 의류를 보다 싼 가격에 판매하는 것이 가능하다.

자라는 의류 판매와 생산에서 소비자들이 원하는 것에 즉각적으로 반영하는 린 시스템을 마련함으로써 의류 시장의 강자로 떠오른다. 자라의 이 시스템은 유니클로, H&M 등으로 대표되는 이른바 SPA 패션* 시대를 열게 된다.

---

* 'SPA(Speciality retailer of Private label Apparel) 패션'이란 옷 상품에 대한 소비자의 요구를 정확하고 빠르게 파악하여 저렴한 가격에 공급하는 새로운 유통 형태를 가리킨다. 고객 수요와 시장 상황에 따라 빠르게 움직일 수 있기 때문에 '패스트(Fast) 패션'이라고도 불린다.

비용이 들어가는 부문은 모두 뜯어고쳐라

항공 산업을 재편한 저가 항공의 도전,
사우스웨스트항공

낮은 가격이 아니라 이익이 날 수 있는 구조가 문제의 핵심

한국의 경우 2005년까지만 해도 항공사는 대한항공과 아시아나항공 2개밖에 없었다. 대한항공과 아시아나항공 모두 전 세계 주요 도시를 운항하는 대형 항공사이다. 그러나 2005년 한성항공이 새로 생겼다. 이후 제주항공, 에어부산, 진에어, 이스타항공, 에어서울 등의 항공사들이 나타났다.

이런 항공사들의 특징은 전 세계가 아니라 동아시아 지역만을 대상으로 한다는 점이다. 장거리를 운항하지 않고 중소거리만 운항한다. 그리고 무엇보다 항공권 가격이 싸다. 소위 말하는 저가 항공 LCC 이다. 저가 항공의 시장 진출은 항공 산업의 경쟁 구도를 완전히 바꾸어놓았다.

이런 저가 항공의 확대는 한국만이 아니라 세계 공통의 현상이다. 세계 항공기 시장은 저가 항공이 들어선 이후 가격, 서비스 등모든 면에서 지각변동을 했다. 사실 한국은 세계 추세보다 늦게 저가 항공이 들어서고 보급되고 있는 중이다.

이런 저가 항공의 혁신을 처음 이끌어낸 것은 미국의 사우스웨스트항공이다. 사우스웨스트항공사는 기존의 거대 항공사들보다월등하게 싼 가격으로 항공권을 제공했다. 어떻게 그것이 가능했을까? 기존 항공사들이 모두 폭리를 취하고 있었다면 신생 항공사인사우스웨스트의 값싼 항공권이 인기를 끌 여지가 충분하다. 하지만항공사는 원래부터 이익률이 굉장히 낮았다. 거대 항공사들은 폭리를 취하느라 항공권을 비싸게 판 것이 아니었다. 나름대로 굉장히노력을 해서 간신히 이익을 얻을 정도로만 가격을 매겼다. 거대 항공사들이 치열하게 경쟁하다 보니, 어느 한 회사가 좀 비싸게 팔 수있는 구조도 아니었다.

사실 사우스웨스트항공의 혁신은 낮은 가격에 항공권을 팔았다는 것 그 자체가 아니다. 낮은 가격에 팔아도 이익이 날 수 있도록비행 과정 전체를 바꾸었다. 비용이 들어가는 모든 부문을 줄이고줄여서, 다른 항공사들보다 월등히 낮은 가격에 항공권을 팔아도 이익이 날 수 있는 구조를 만들었다. 그 비용 감소 노력들이 항공 산업을 변화시킨 혁신이 되었다.

대형 항공사들의 방해가 새로운 아이디어를 탄생시켰다

원래 사우스웨스트항공은 저가 항공기 모델을 지향하고 혁신을 한 것은 아니었다. 사우스웨스트는 1971년, 승객 112명이 탑승할 수 있는 보잉 737기 3대로 항공 사업을 시작했다. 미국 텍사스 주의 대도시인 댈러스, 휴스턴, 샌안토니오 3개 도시를 연결하는 지역 항공사였다. 그런데 사우스웨스트항공이 시장에 진출하는 것을 대형 항공사들이 방해했다. 사우스웨스트항공에 대해 소송전을 벌이고, 항공기를 추가 구매하는 것을 저지했다.

사우스웨스트항공사는 원래 3대의 비행기로 사업을 시작했는데, 1대를 더 구입할 계획이었다. 운항 스케줄 역시 4대의 비행기를 기본으로 모두 짜놓았다. 그러다가 대형 항공사의 방해로 항공기 추가 구매에 실패하자 사우스웨스트는 곤란한 처지에 놓이게 됐다. 운항 스케줄이 엉망이 돼버렸던 것이다.

새로 짠 운항 스케줄을 완전히 포기할 것인가, 아니면 어떻게든 3대를 가지고 4대에 버금가는 효과를 거둘 것인가. 사우스웨스트의 결정은 후자였다. 3대로 4대의 스케줄에 맞추려면 비행기 운항에서 발생하는 불필요한 과정들을 단축시켜야 한다. 그리고 이렇게 불필요한 모든 과정들을 단축하는 과정에서 사우스웨스트의 혁신이라 불리는 것들이 생겨나게 되었다.

비행기는 한번 운항해서 도착지에 착륙하면 손님들이 내리고 기내 청소를 한다. 기름을 넣고 정비를 하면서 그 다음 운항을 위한 손님을 태운다. 손님이 다 타면 다음 도시로 날아가고, 그 도시에서 손님이 내리면 다시 청소를 하고 정비를 한다. 이렇게 손님이 내린 후 청소를 하고 정비를 하는 데 보통 45분 정도가 걸린다. 사우스웨스트는 이 내부 청소와 정비 시간을 10분으로 줄이기로 했다. 비행기가 도착한 후에 손님이 내린 뒤 10분 사이에 다음 비행을 시작할 수 있도록 만들려고 했다. 1시간 비행을 하고 45분 동안 청소·정비를 하면 한 번 비행하는 데 소요되는 시간은 105분이다. 이것을 1시간 비행에 10분 청소로 만들면 소요되는 시간을 75분으로 줄일 수 있다. 이렇게 비행 소요 시간을 줄이면 3대를 가지고 4대를 운항하는 것과 같은 효과를 낼 수 있다.

그런데 어떻게 하면 청소와 정비 시간을 45분에서 10분으로 줄일 수 있을까? 열심히 노력하면 5분, 10분 정도는 줄일 수 있다. 하지만 45분에서 10분으로 시간을 단축하는 것은 정상적인 방법으로는 불가능하다. 청소하는 인원을 대폭 늘리면 청소 시간을 획기적으로 줄일 수 있기는 하다. 하지만 그 방법은 청소 비용을 대폭적으로 증가시킨다.

그래서 사우스웨스트항공에서는 스튜어디스, 조종사 등도 같이 청소를 하기로 했다. 일반적인 항공사에서 청소는 청소 담당자에게 맡기지 사무직, 스튜어디스, 조종사 등은 하지 않는다. 하지만 사우스웨스트항공에서는 모든 회사 관계자가 함께 청소를 했다. 이렇게 모두가 나서니 10분 만에 청소를 마칠 수 있었다.

그런데 항공사가 제공해야 할 서비스는 청소와 정비만이 아니다. 고객에게 발권을 해주고, 짐을 받아서 처리해주는가 하면, 예약 자리를 봐주는 일을 해야 한다. 하지만 이런 서비스를 하다 보면 직원들을 청소하는 데 동원할 수가 없다. 발권과 자리 배치 등에는 많은 시간이 필요하다. 10분 만에 청소를 끝내고 이륙해야 하는데, 손님들을 예약 자리에 안내하는 등의 서비스에 집중할 수가 없다.

그래서 사우스웨스트항공은 이 모든 고객 서비스를 없앤다. 자리 예약을 받지 않고 선착순으로 앉게 했다. 좌석표는 앞부분, 중앙부분, 뒷부분으로 나누고, 먼저 오는 대로 원하는 자리에 앉게 했다. 무료로 화물을 실어주는 서비스도 없앴다. 화물을 맡기려면 추가 요금을 내게 했다. 이렇게 되자 좌석을 안내하고, 화물을 챙겨주는 직원이 필요치 않았다.

비행기 정비도 시간이 오래 걸리는 일이다. 그런데 비행기 정비가 복잡한 것은 기종이 다양하기 때문이다. 보잉 747 같은 대형 항공기, 보잉 777 중형 항공기, 보잉 737 소형 항공기 등이 모두 정비 방법이 다르다. 보잉이 아니라 에어버스 항공기를 운항하면, 또 정비 방법이 달라진다. 사우스웨스트항공은 보잉 737만 운항했다. 모든 비행기의 정비 방법이 같았고, 정비사들은 다른 항공사보다 훨씬 빠른 시간 내에 정비를 마칠 수 있었다.

여객기의 본질에 충실하다

결국 사우스웨스트는 3대만 가지고 4대의 운항 스케줄을 소화할 수 있었다. 그동안 항공사들이 고객들에게 제공하던 서비스는 거의 없어졌다. 하지만 그런 서비스들이 사라지는 대신 고객들은 분명한 한 가지 이득을 얻었다. 더 낮은 가격의 항공권이었다. 사우스웨스트항공의 비행기는 다른 항공사 비행기보다 하루 1.5배를 더 운항할 수 있었다. 그러면서도 기존 항공사의 항공료보다 30% 낮은 가격으로 운항이 가능했다.

사우스웨스트항공사는 고객 서비스와 항공권 가격을 맞바꾼 셈이다. 승객을 무사히 목적지로 인도한다는 여객기 본래의 사명에만 집중한 것이다. 보다 나은 서비스를 원하는 고객들은 기존의 대형 항공사를 이용하면 된다. 그러나 서비스보다 가격을 중요시하는 고객들은 사우스웨스트항공을 이용한다. 서비스를 원하는 고객은 기존 대형 항공사, 낮은 가격을 원하는 사람은 사우스웨스트. 고객들은 그렇게 나뉘었고, 각자 자기 기호에 맞는 선택을 할 수 있었다.

서비스를 없애더라도 낮은 가격으로 항공권을 제공하는 것이 충분히 경쟁력이 있다는 것을 알게 된 사우스웨스트항공은 계속해서 비용을 낮출 수 있는 방법을 찾는다. 도시 주변에 비행장이 여러 개 있을 경우, 사람들이 많이 찾는 비행장은 사용료가 비쌀 수밖에 없다. 그래서 사우스웨스트항공은 언제나 사용료가 싼 한적한 비행장을 선택했다.

또 대형 항공사는 좌석이 비더라도 덤핑으로 팔지는 않았다. 한번 덤핑을 하면 그 다음에는 사람들이 덤핑 가격을 기대하고 미리 표를 사지 않는다. 하지만 사우스웨스트항공은 빈 좌석이 있으면 언제든 덤핑가에 내놓았다. 빈 좌석으로 두는 것보다 덤핑 가격이라도 받고 운항하는 것이 더 낫다고 보았다. 원래 사우스웨스트의 좌석은 기존 항공사보다 싸기 때문에 미리 예약하는 사람이 감소한다고 해서 큰 타격을 받는 것도 아니다.

사우스웨스트의 저가 항공 모델은 높은 항공료를 부담스러워한 많은 사람들에게 폭발적인 인기를 얻는다. 사우스웨스트의 저가 항공 모델은 세계로 퍼져나갔고, 지금은 대형 항공사들을 위협할 정도로 성장했다.

핵심역량이 아닌 모든 것은 기업 외부로 돌린다

생산 효율과 기업 감량으로 경쟁력을 높인 나이키

기업 경영의 대세 아웃소싱

2017년 현재 세계에서 가장 유명한 스마트폰회사는 애플이다. 애플은 해마다 2억 1,100만대 이상의 아이폰을 판매하고 있다. 그런데 애플은 공장을 가지고 있지 않다. 애플은 단지 아이폰을 설계하고 판매만 할 뿐이다. 아이폰을 만드는 일은 중국 등지의 공장에 외주를 준다. 이런저런 식으로 만들어달라고 주문을 하고, 중국 공장에서 생산된 것을 받아서 판매만 한다.

삼성의 경우도 갤럭시폰을 동남아 등지에서 생산하기는 한다. 하지만 삼성은 동남아 지역에 직접 공장을 지었다. 동남아의 삼성 공장에서 갤럭시폰을 생산하는 것이지 삼성과 아무 관계없는 공장에 맡기는 것은 아니다. 애플은 자기가 직접 공장을 경영하지 않아

삼성보다 훨씬 더 쉽게 생산 비용을 줄일 수 있다.

베네통은 한술 더 뜬다. 베네통은 세계적인 의류회사이다. 의류회사이기는 하지만 옷을 만드는 공장은 없다. 다른 의류 공장에 디자인을 주고 만들어달라고 주문만 한다. 심지어 베네통은 디자인도 스스로 하지 않는다. 전 세계 디자이너들에게 자기 회사에 맞는 디자인을 공모한다. 이들이 디자인을 만들어 베네통에게 주고, 베네통은 그중에서 맘에 드는 디자인을 선택한다. 그렇게 선택한 디자인을 공장에 전달하고, 생산된 옷들을 판매한다. 즉 베네통은 기획과 마케팅만 한다. 디자인과 생산 업무는 다른 업체에게 맡긴다. 이렇게 회사의 주요 업무를 다른 회사에게 맡겨서 처리하는 것이 아웃소싱이다.

지금 아웃소싱은 전 세계 기업들 사이에서 일반적으로 이루어지고 있다. 공장 생산이나 디자인과 같이 중요한 업무는 아니더라도, 간단한 업무는 대부분 아웃소싱으로 해결한다. 대부분의 기업에서 구내식당 운영은 직접 하지 않는다. 회사가 영양사, 조리사, 주방 인원을 직접 고용해서 구내식당을 운영하는 것이 아니라, 식당 운영을 전문적으로 하는 회사에 아웃소싱으로 맡긴다. 주차장 업무도 직접 하지 않고 주차장 운영 회사에 맡긴다. 회사 보안 업무도 직접 하지 않고 보안전문회사에 수주를 준다. 미국의 회사들은 콜센터를 직접 운영하지 않고 인도 등의 회사에 맡긴다.

이와 같이 현대 기업은 아웃소싱을 일반적으로 실행한다. 이런 아웃소싱이 처음으로 유명하게 되어 벤치마킹 대상이 된 것이 바로 나이키의 사례이다.

아디다스와 퓨마를 꺾기 위해 아시아의 공장을 활용하다

나이키는 1964년 미국에서 필 나이트와 빌 바우어만에 의해서 설립되었다. 이 두 사람은 1957년 오레곤 대학에서 처음 만난다. 필 나이트는 육상 선수였고, 빌 바우어만은 육상 코치였다. 육상을 할 때는 신발이 중요하다. 발에 피로가 가지 않으면서도 빨리 달릴 수 있는 운동화가 있어야 한다. 그런데 당시 미국의 운동화 시장은 아디다스와 퓨마가 석권하고 있었다. 둘 다 독일의 회사이고, 유럽에서 운동화를 만들어내고 있었다. 미국 자체적으로는 적당한 운동화 메이커가 없었다. 두 사람은 독일 신발을 대체할 수 있는 자기들만의 신발을 만드는 것을 목표로 했다.

그런데 어떻게 하면 아디다스 같은 독일 신발과 경쟁할 수 있을까? 오랫동안 운동화를 만들어온 아디다스를 당장 품질로 능가하는 것은 불가능하다. 그렇다면 미국에서 새로 만드는 운동화가 팔릴 수 있는 방법은 싸게 만드는 것 밖에 없다. 어떻게 하면 운동화를 싸게 만들 수 있을까? 미국의 인건비는 비싸다. 미국의 공장에서 운동화를 만들면 싼 가격에 생산하는 것은 불가능하다.

필 나이트는 오레곤 대학을 졸업한 후 스탠퍼드 비즈니스 스쿨을 다녔다. 이때 수업을 듣다가 신발을 직접 생산하지 않고 다른 업체에 맡기는 모델을 생각해낸다. 미국의 공장에서 신발을 직접 만들면 가격이 비싸다. 하지만 아시아 지역은 인건비가 싸다. 아시아 공장에서 신발을 만들어내면 싼 가격에 운동화를 공급할 수 있다. 그렇게 아디다스와 경쟁할 수 있을 것이다.

필 나이트와 빌 바우어만은 1964년 운동화 사업을 본격적으로 시작한다. 처음 사업을 시작하면서 직접 신발을 만들 실력은 없었다. 그래서 일본에서 생산되는 운동화를 수입해서 판매하는 일부터 먼저 하기로 한다. 두 사람은 육상 선수 출신이었고, 어떤 운동화가 좋은지, 선수들이 어떤 점을 불편해하는지를 알고 있었다. 그래서 나이키는 직접 운동화 디자인을 하기 시작했다. 자신이 고안한 디자인대로 일본의 운동화 공장이 생산해줄 것을 요구했다. 필 나이트가 스탠퍼드 MBA에서 생각한 것을 실제 적용했던 것이다. 이렇게 나이키는 일본의 공장에서 생산하고, 이를 수입해서 미국 시장에서 판매하기 시작한다. 아웃소싱이 시작된 것이다.

일본이 아직 경제개발이 안 되었을 때에는 인건비가 낮았다. 하지만 일본이 점점 발전하면서 노동자들의 임금도 오르기 시작했다. 적정 수준을 넘어설 정도로 일본의 임금이 오르자 나이키는 주문하는 공장을 다른 나라로 옮긴다. 아직 임금이 낮은 한국과 타이완으로 생산 공장을 이동시켰다.

이후 나이키는 인도네시아, 태국, 중국, 남미 등 전 세계에서 임금이 낮은 곳을 중심으로 하청 지역을 확대한다. 이런 지역에서 운동화를 저렴하게 생산했고, 이 가격 경쟁력으로 나이키는 점차 시장 점유율을 높여 나갈 수 있었다. 결국 나이키는 아디다스를 추월해서 세계 최고의 스포츠화 기업이 된다.

생산 기법의 현대적 표준이 되다
사실 동남아 등지에서 생산을 하면 훨씬 더 싼 가격에 제품을 공급할 수 있다는 것은 나이키만 알고 있었던 사실은 아니다. 기업을 운영하는 사람이라면 누구나 다 알고 있었다. 그러면서도 다른 기업들이 그렇게 하지 않은 것은, 아웃소싱이 저렴한 생산이라는 장점만큼 단점도 많은 방법이기 때문이다.

가장 먼저 발생하는 문제는 품질이다. 미국 내 다른 공장에 맡겨도 제대로 된 품질이 나오는 경우는 흔치 않다. 그런데 미국도 아니고 아직 제대로 된 제품을 만들어낼 능력이 없는 개발도상국에서 생산을 하는 것이다. 깐깐하게 주문 사항을 전달해도 제대로 된 제품이 나오지 않는다. 그래서 나이키는 주문을 하고 그냥 기다리지 않았다. 국외 거주자 프로그램을 만들어 나이키 직원을 아웃소싱을 맡긴 나라의 공장에 상주하도록 했다.

미국 본사에서 파견된 나이키 직원이 그 공장에 오랫동안 머물면서 생산 과정을 체크한다. 자기 회사 소속 공장이라면 직원이 파견되는 것이 이상한 일이 아니다. 하지만 아웃소싱은 다른 회사에 파견되는 것이다. 생산 공장 입장에서는 다른 회사 직원이 자기 공장 안을 마음대로 오가면서 이래라저래라 지시를 하는 것이다. 지금은 이것을 당연하게 여기지만 처음에는 그렇지 않았다. 그럼에도 나이키는 본사 직원 파견 프로그램을 강행했고, 아웃소싱 제품들의 품질을 제대로 관리할 수 있었다.

아웃소싱의 또 다른 문제는 본사의 기술이 하청업자에게 모두 노출된다는 점이다. 나이키의 운동화를 아시아의 공장에 아웃소싱하면, 이들은 나이키의 생산과 관련된 모든 것을 알게 된다. 그러면 아시아의 공장들은 그 기술을 다른 경쟁 기업에 팔아넘길 수 있다. 혹은 똑같은 제품을 만들어서 직접 시장에 뛰어들 수도 있다. 지금은 제품 그 자체보다는 브랜드가 더 중요하다는 것을 안다. 똑같은 제품을 만들어도 브랜드가 알려져 있지 않으면 잘 팔리지 않는다. 하지만 1970년대만 해도 브랜드보다는 제품의 품질, 기술 자체가 더 중요하다고 생각할 때이다.

아시아의 공장이 미국 본사와 똑같은 품질의 제품을 만들어 더 싼 가격에 판매하기 시작하면 시장이 그 기업에게 넘어갈 수 있다. 그 위험 때문에 많은 선진국 기업들은 아시아 공장에 하청을 주지 않았다. 이런 문제에 대해 나이키는 제일 중요한 핵심 기술만은 아웃소싱하지 않는다는 원칙을 세운다. 당시 나이키의 핵심 기술인 '에어솔'만은 아웃소싱하지 않고 자체적으로 생산해서 제품에 부착했다.

다른 한편 나이키는 아웃소싱 업체와 장기적인 관계를 유지하면서 파트너십을 정립해 나간다. 나이키 본사만이 아니라 아웃소싱 업체들도 충분한 이익을 가져갈 것을 보장한다. 이런 노력으로 아웃소싱의 문제라 할 수 있는 제품의 품질 보장과 납기 준수가 적절히 이루어지도록 했다. 나이키는 성공적인 아웃소싱으로 독일 스포츠화에 대해 경쟁력을 갖추고 세계 최고의 스포츠용품 기업으로 성장해나갔다.

나이키의 아웃소싱 성공 사례는 곧 다른 기업들의 벤치마킹으로 이어졌다. 오늘날 아웃소싱은 일반적인 경영 기법 중 하나가 되었고, 그 디딤돌을 놓은 기업이 바로 나이키였다.

5장_경영 혁신

현대 경영의 빛과 그림자

경영 혁신

기업은 어떤 식으로 성장할까?

'한 천재적인 기업가가 나타나 좋은 사업 아이디어를 가지고 기업을 설립한다. 그동안 존재하지 않았던 훌륭한 제품을 시장에 선보여서 그 기업은 승승장구한다. 소기업에서 출발한 사업체가 중견기업이 되고 대기업이 되고, 세계적으로 활동하는 다국적 기업으로까지 성장한다. 천재적인 아이디어와 훌륭한 제품, 유명한 브랜드를 보유한 이 기업은 누구나 알 수 있는 훌륭한 기업이 되었다.'

지금 유명한 기업을 보면 모두 다 이렇게 성장한 것 같다. 하지만 실제 이런 식으로 성장하는 기업은 없다. 각 단계별로 어려움에 부딪치고, 길을 잃고 고민하고 방황하는 시기가 있다. 그 어려움들을 모두 겪어내고 지금의 대기업이 된 것이다.

사람이 태어나서 아무 걱정 없이 쑥쑥 자라서 성인이 되는 것이 아니다. 아무런 고민 없이 초등학교, 중학교, 고등학교, 대학을 나와서 직장을 얻는 사람은 없다. 유치원을 다니다 초등학교를 다니는 것도 커다란 변화이고, 초등학교에서 중학교에 들어갈 때도 입고 다니는 옷, 가방, 책, 친구들이 모두 바뀌는 변화를 겪어야 한다. 절대로 유치원 다닐 때 쓰던 장난감, 옷, 가방을 계속 사용할 수는 없다.

기업도 마찬가지이다. 가만히 있으면 저절로 성장하지 않는다. 기업의 규모가 달라지고 제품이 달라지고 시대가 달라진다. 그에 따라서 계속해서 변화해나가야 한다. 사회는 달라지는데 변화하지 않으면 그 기업은 도태된다. 중학교에 올라가면 중학생 옷을 입어야 하듯 기업의 변화도 필수불가결하다. 그래서 기업에게 있어서 혁신은 특별한 일이 아니다. 언제나 옆에 끼고 살아야 하는 존재이다.

문제는 기업이 어떻게 혁신을 이뤄나가야 하는가이다. 변해야 한다는 것은 아는데 어떻게 변화해야 하는지 꿰뚫고 있는 기업은 많지 않다. 그래서 먼저 혁신에 도전한 다른 기업들의 사례를 아는 것은 중요하다. 좋은 경영 혁신은 항상 다른 기업들의 모델이 되기 때문이다. 이 장에서는 유명한 경영 혁신의 사례들을 살펴본다. ■

종업원의 만족도가 생산성에 미치는 영향을 발견하다

호손 공장의 실험

뜻밖의 실험 결과

1900년대 초반은 테일러의 과학적 관리법의 시대였다. 모든 공장들은 자기 상품에 맞는 과학적 관리법을 찾기 위해 노력했다. 작업 공정, 작업 환경을 이렇게 저렇게 바꾸어 보면서 어떤 상태에서 가장 생산성이 높게 나오는지를 파악하려 했다.

1924년, 하버드 대학의 메이요 교수팀은 시카고 부근에 있는 웨스턴전기회사의 호손 공장에서 대규모 실험을 실시했다. 우선 어느 정도로 공장 조명을 했을 때 가장 생산성이 높을지를 파악하고자 했다.

공장의 밝기를 어떻게 했을 때 가장 생산성이 높을까? 조명을 밝게 하면 좋기는 하지만 전기료가 많이 든다. 조명을 어둡게 하면 전기료가 적게 드는 대신 잘 안 보이니 생산량이 낮을 수 있다. 조명을 밝게 했을 때 생산량이 증가하는 정도, 그리고 그때 증가하는 전기료 등을 같이 고려해서 비용 대 생산량이 가장 높은 조명도를 정해야 하는 것이다. 전형적인 과학적 관리법의 접근이었다.

메이요 연구팀은 두 개의 작업장을 실험 집단으로 선정했다. 그리고 그중 한 곳의 작업장에서 조명을 점점 밝게 했다. 그랬더니 작업장의 생산량이 증가했다. 조명이 밝으면 생산량이 증가한다. 여기까지는 미리 예상했다. 조명이 밝아지면 생산량이 증가하기는 하는데, 조명이 계속 밝아진다고 해서 생산량이 끝없이 증가하지는 않을 것이다. 태양처럼 밝은 전구를 가져다 놓는다고 해서 몇 배나 공장 생산량이 늘어날 리는 없다. 그 한계점을 찾고자 하는 것이 원래 실험의 목표였다.

그런데 예상하지 못한 결과가 나왔다. 다른 작업장에서는 조명을 밝게 하지 않았다. 그냥 원래의 조명 그대로 생산을 하고 있었다. 그런데 이 작업장에서도 생산량이 증가했다. 조명을 밝게 했을 때 생산량이 증가한 것은 이해할 수 있다. 그런데 조명을 건드리지 않았는데 생산량이 증가한 것은 무얼까? 그래서 이번에는 조명을 낮추어 보았다. 조명을 밝게 했을 때 생산량이 증가하는 것이라면 어둡게 할 때는 생산량이 감소해야 한다. 그런데 조명을 어둡게 했는데도 생산량이 감소하지 않았다. 오히려 증가했다. 아주 어두운 공장을 만들어보아도 결과는 같았다.

이때까지는 작업 환경에 따라 생산량이 영향을 받는다고 생각했었다. 그런데 호손 공장에서의 실험은 작업 환경이 생산량에 영향을 미치지 못한다는 결과를 제시하고 있었다. 조명을 밝게 하거나 어둡게 하는 것에 따라서는 생산량이 변하지 않았다. 아예 생산량이 변하지 않으면 차라리 낫겠는데, 조명을 밝게 했을 때나 어둡게 했을 때, 또는 그대로 두고 있을 때도 모두 생산량이 증가하는 변화를 보였다. 작업 환경 외에 뭔가 다른 요소가 생산량에 영향을 미치고 있었다. 연구진들은 그 원인을 파악하기 위해 작업장 노동자들을 대상으로 면담조사에 나섰다.

노동자들의 만족도가 생산성 향상의 핵심

인터뷰 결과 연구팀은 아주 재미있는 사실을 알게 된다. 노동자들은 유명한 하버드 대학의 연구진들이 자기 공장에 와서 연구를 한다는 것, 자기들이 실험대상이라는 것을 의식하고 있었다. 그래서 평소보다 더 열심히 일을 했다. 조명이 밝아지거나 어두워지거나 상관없이 열심히 일한 것이다.

초등학교 교실은 평소에는 굉장히 시끄럽고 난장판이다. 그런데 외부에서 손님이 와서 수업 참관을 한다고 하면 교실이 조용해진다. 평소에 떠들고 장난만 치는 학생이 얌전하게 수업을 듣는다. 수업 시간에 딴짓만 하던 학생이 선생의 질문에 발표를 하곤 한다. 그와 똑같은 현상이 호손 공장에서 벌어졌던 것이다. 노동자들은 자기들이 실험 대상이라는 것을 의식하면서 평소보다 더 충실하고 근면한 모습을 보여주려 했다. 실험이 진행되면 될수록 더 열심히 일을 했다.

그동안은 작업 공정, 작업 환경, 보수 등이 생산성에 영향을 미친다고 보았다. 더 좋은 기계를 들인다거나, 작업 환경을 좋게 한다거나, 직원들에게 월급을 더 많이 지불한다거나 하면 생산성이 증가한다. 그런데 호손 실험은 그런 것과는 상관없이 '노동자들의 마음가짐, 노동자들의 사기'에 따라서도 생산성이 증가할 수 있다는 것을 보여주는 것이었다.

호손 실험이 혁명적인 것은 바로 이 점이었다. [노동자들의 사기가 높으면 생산성이 올라간다]. 이것은 별것 아닌 것으로 여겨질 수 있지만 공장 경영자 측에는 상당히 중요한 것이다. 그동안은 공장의 생산성을 높이기 위해서는 기계를 새로 들여야 했다. 노동자들을 더 채용하거나 월급을 올려주어야 했다. 공장의 조명을 밝게 하는 등 작업 환경을 개선해야 했다. 그런데 이런 방법들은 돈이 든다. 기계를 새로 구입하는 비용이 들고, 노동자들에게 지불하는 인건비가 증가한다. 조명을 높이면 전기료가 든다. 생산성을 올리기 위해서는 어떤 식으로든 비용을 증가시켜야 하는 것이다.

하지만 노동자들의 사기를 올려주는 것은 돈이 들지 않아도 된다. 직원들에게 보다 많은 관심을 보여주면 노동자들의 사기가 올라간다. 직원들을 보다 편하게 대하고 인격적으로 대하면 직원들의 사기가 올라간다. 그런 식으로 사기가 올라가면 생산성이 증가된다. 기업은 비용을 들이지 않는데도 생산성이 올라갈 수 있는 것이다.

마찬가지로 비싼 기계를 들이고 노동자들을 채용하고 해도 직원들의 사기를 꺾는다면 생산성이 낮아진다. 아무리 좋은 공장 환경을 만들어도 노동자들을 무시하고 함부로 대하면 생산량이 줄어든다. 그처럼 직원들이 회사를 어떻게 생각하느냐, 회사를 좋아하느냐

싫어하느냐, 회사 생활에 대해서 만족하느냐 그렇지 않느냐에 따라서 생산량은 엄청난 변화를 보였다.

기업이 노동자를 대하는 태도를 완전히 바꾸게 하다

호손 실험은 원래 가장 생산성이 높은 공장 조명도를 찾기 위해서 시작되었다. 하지만 종업원의 사기, 종업원의 만족도에 따라 생산성이 변할 수 있다는 놀라운 발견을 한다. 이후 호손 실험은 처음의 예정보다 더 길게 진행되어 1932년까지 이루어졌다.

그 사이 노동자들은 회사의 공식적인 규범보다 자기들끼리의 규범을 더 중요시하고 있다는 것도 밝혀진다. 회사에서 성과급을 받아 돈을 조금 더 많이 버는 것보다, 자기들끼리 잘 지내는 것을 더 중요하게 생각할 수 있다는 것도 알아낸다. 공식적인 직위를 가진 상사 외에, 노동자들이 생각하는 리더가 따로 있다는 것도 밝혀진다. 이른바 비공식적인 노동자들의 모임이 있고, 그 안에 비공식적인 리더가 있었다.

즉, 공장은 단순히 노동자들이 일하고 돈을 벌기만 하는 장소가 아니었다. 그 안에서 노동자들이 여러 인간관계를 가지고, 사람들 사이의 상호작용이 이루어지는 곳이었다.

이런 호손 실험의 결과에 의해서 인간관계론이 나오게 된다. 인사관리, 노동자 관리 등이 중요한 경영 대상이 된다. 그리고 직원의 만족도가 경영에서 굉장히 중요한 지표가 되었다. 직원의 만족도는 단순히 그 개인이 얼마나 행복한가, 일과 회사를 좋아하는가에 대한 것이 아니다. 직원 만족이 높으면 생산성이 높아지고, 직원의 만족도가 낮으면 생산성이 낮아지는 것을 의미한다. 기업 경영에 막대한 영향을 미치는 것이다. 그래서 회사 측에서는 직원의 만족도를 높이기 위해서 많은 노력을 한다.

과거 회사에서는 직원을 정말로 도구로만 대했다. 직원들을 무시하고 욕을 하고 협박도 하고 위협도 가했다. 일할 사람은 얼마든지 있다. 감독자, 관리자들은 횡포를 부려도 되었고, 종업원들은 굴종을 하면서 일자리를 유지했다. 이것이 자본주의 초창기 자본가와 노동자들 사이의 관계였다.

하지만 직원의 만족도가 생산성에 중요하다면 더 이상 그런 식으로 대하면 안 되는 것이다. 직원들을 존중하고, 이해해주고, 서로 좋은 관계를 맺고 유지해야 한다. 회사 사정이 어렵지 않은데 맘대로 해고하면 안 된다. 그러면 직원들의 사기가 엄청나게 떨어지고 생산성도 낮아진다. 뭔가 특별한 사정이 있고, 다른 직원들도 어쩔 수 없다고 인정할 때만 해고를 해야 한다.

그래서 호손 실험은 혁명적이다. 회사가 직원을 대하는 태도를 완전히 바꾸어버린 것이 바로 이 실험이었기 때문이다.

마쓰시타 고노스케, '평생직장'의 신화를 만들다

세계 경영사에 기점이 된 일본식 경영

1929년 일본의 마쓰시타전기회사는 위기에 빠져 있었다. 일본 경제가 심각한 불황 국면을 맞았고, 마쓰시타전기도 매출 하락과 적자로 어려움을 겪고 있었던 것이다.

이 위기에서 벗어나기 위해서는 구조조정이 필요했다. 일반적인 전기전자회사의 비용 중에서 가장 큰 비중을 차지하고 있는 것은 인건비이다. 제품이 잘 판매되지 않으면 재료비가 감소하고 판매비도 감소한다. 하지만 인건비는 고정비용으로 제품이 팔리건 팔리지 않건 항상 지출된다. 다른 비용은 지금 당장 현금이 없으면 좀 미룰 수 있다. 하지만 인건비는 직원 입장에서는 한 달 월급이고 생활비이다. 인건비는 매달 꼬박꼬박 지출되어야 한다.

일본식 경영의 시작, 마쓰시타 고노스케

마쓰시타전기가 살아남기 위해서는 비용을 줄여야 했고, 그러기 위해서는 종업원을 정리해고해야 했다. 하지만 1929년 12월, 마쓰시타 고노스케는 직원들에게 다음과 같이 선언한다.

"회사가 잘될 때 직원들을 고용하고 어려울 때 해고하는 것은 제대로 된 경영이 아니다. 지금 회사가 어렵지만 우리는 직원들을 정리하지 않고 모두 끌고 갈 것이다."

직원들은 감동했다. 자신들이 보기에도 인원 감축 말고는 회사가 살아나기 힘든 상황인데, 사장이 직원들을 해고하지 않고 같이 가겠다고 발표한 것이다. 직원들은 모두 한마음으로 회사를 살리기 위해 노력했고, 결국 마쓰시타는 위기를 넘긴다. 이후 마쓰시타전기는 세계적인 전기전자회사로 성장한다. 내셔널, 파나소닉 등이 바로 이 마쓰시타전기의 브랜드이다.

1929년 마쓰시타 고노스케의 결정은 일본 경영의 역사, 그리고 세계 경영사에 하나의 기점이 된다. 바로 이때부터 이른바 '일본식 경영'이 만들어지기 시작한 것으로 본다. 세계 경영방식의 주류는 미국식 경영이다. 하지만 미국식 경영이 반드시 옳다고 볼 수는 없다. 미국식 경영 말고 다른 방법으로도 회사가 운영될 수 있다. 마쓰시타에 의해 미국식 경영의 대항체로 일본식 경영이 대두된 것이다.

'회사와 종업원은 가족애로 맺어져 있다'

미국식 경영은 이윤을 우선시한다. 돈을 버는 것이 회사의 목적이다. 회사가 금전적으로 손해를 보면서 제품을 생산하거나 업무 외에 다른 일을 하는 것은 바보 같은 짓이다. 물론 회사가 손해 보는 일을 할 수도 있다. 하지만 그것은 지금 당장은 손해이지만 장기적으로는 그로 인해 이익이 증가할 것이라는 예상을 하고 감수하는 것이다. 아무런 이익이 없다고 생각하면서 하지는 않는다.

또 미국식 경영은 주주를 중요시한다. 회사의 설립자는 주주이고, 따라서 회사는 그들을 위해서 일을 해야 한다. 주주의 이익을 무엇보다 우선시하고, 다른 이해관계자와 주주의 이익이 충돌될 때에는 주주의 이익에 충실하게 회사의 의사결정을 해야 한다.

이런 미국식 경영에서 종업원은 어디까지나 회사의 수단이고 도구일 뿐이다. 회사가 제품을 생산하고 판매하고자 할 때 사람들이 필요하기 때문에 종업원을 고용하고 있을 뿐이다. 종업원들에게 월급을 지불하고 복지 제도를 운영하지만, 이것은 어디까지나 그렇게 해야 회사의 이익이 증가되기 때문이다. 종업원들이 잘 지내는 것 그 자체가 목적은 아니다. 종업원도 어디까지나 자기가 잘살기 위한 수단으로 회사에 들어와서 일을 한다. 종업원은 더 좋은 자리가 있으면 언제든지 회사를 떠날 수 있다. 회사와 종업원의 관계는 어디까지나 서로 간에 이익을 챙기기 위한 계약일 뿐이다.

하지만 마쓰시타는 회사가 어려운데도 불구하고 종업원들을 해고하기를 거부했다. 이 일본식 경영에서 회사는 단순히 이익만을 위한 조직이 아니다. 회사와 관련된 모든 사람들이 같이 잘살고 행복해지기 위한 조직인 것이다. 회사와 종업원 간의 관계는 단순한 계약 관계가 아니라 가족과 같은 존재이다. 가족의 경제적 사정이 어렵다고 구성원 중 일부를 내보내는 경우는 없다. 아무리 가족이 먹고살기 어려워도 끝까지 같이 간다. 회사도 마찬가지이다. 회사가 어렵다고 그동안 같이 지낸 종업원들을 내보낼 수는 없다. 회사는 끝까지 종업원들을 보살펴야 하는 것이다.

주주의 이익만을 생각한다면 종업원들을 해고하는 것이 맞다. 하지만 회사는 주주만을 위한 조직이 아니다. 주주보다는 오히려 회사의 종업원과 고객이 더 중요하다. 특히 매일매일 회사에 와서 일을 하는 종업원들이 가장 중요하다. 주주는 돈을 대기는 했지만 회사에서 특별히 많은 시간을 보내거나 높은 관심을 가진 것은 아니다.

하지만 종업원들은 매일매일 회사에 와서 지내고 있고, 회사일을 자기 자신에게 가장 중요한 것이라 생각하고 있다. 그래서 일본식 경영에서는 주주의 이익보다는 종업원들의 이익을 위해서 회사의 의사결정을 해야 한다고 본다.

아무리 회사가 어려워도 정리해고하지 않는다면, 직원들은 정년까지 일하는 것을 보장받게 된다. 그래서 일본식 경영의 기본 원칙은 정년 보장이다. 한번 회사에 들어가면 정년까지 일하는 것이 원칙이 된다. 미국식 경영에서는 직장인들이 몇 년마다 한 번씩 회사를 옮기는 것이 일반적이지만, 일본식 경영에서는 평생 한 직장에서 일하는 것이 보편적이다.

호황기에나 가능했던 특수한 사례?

정년까지 일을 한다면 회사 구성원 모두가 평생 같은 얼굴을 보게 된다. 그런 상태에서 누구는 월급을 더 주고 누구는 덜 주고 하기는 어렵다. 월급은 호봉제에 따라 지불한다. 나이가 몇 살인가, 이 회사에 들어온 지 얼마나 되는가를 기준으로 월급을 준다. 더 오래 회사를 다니면 다닐수록 월급이 오른다. 미국식 경영에서는 일을 잘하는 직원에게 돈을 더 주고 일을 못하면 월급을 깎는다. 하지만 일본식 경영에서 종업원들은 가족이다. 형제자매 사이에서는 형이니까 더 주고 동생이니까 덜 주고 할 뿐이지, 누가 더 잘했다고 해서 용돈을 더 주는 경우는 없다.

일본은 미국의 주주 중심주의, 성과급, 실적제, 정리해고 등의 방법을 거부하고 독자적인 경영방식을 구축했다. 종신고용, 종업원 중심주의, 호봉제, 연공서열 등이 일본식 경영의 대표적인 방안이다. 이 시스템으로 일본은 1980년대 세계 2위의 경제 대국으로 올라선다. 1980년대 일본은 미국을 곧 능가할 것이라고 예측되었다.

일본의 경영방식은 경영학자들의 주된 연구 대상이 되었고, 미국식 경영보다 더 우수한 것으로 인정받았다. 무엇보다 일본식 경영에서는 회사 구성원들이 모두 힘을 합쳐 회사를 운영한다. 미국식 경영에서 경영자는 종업원들과 서로 적대관계, 대치관계에 있다. 경영자와 종업원이 한데 어우러져 같이 노력하는 일본식 경영이 더 우수한 경영방식으로 인식될 수밖에 없었다. 그리고 이런 일본식 경영을 처음 제창하고 보급한 마쓰시타 고노스케는 경영의 구루, 경영의 신으로 우상화된다.

하지만 2000년대가 되면서 일본식 경영의 신화는 깨진다. 일본은 1990년대 초부터 불황에 들어간다. 처음에는 일본식 경영 원칙대로 불황임에도 불구하고 직원들을 해고하지 않았다. 회사 경영 상태가 몇 년이 지나 괜찮아졌다면 계속해서 정년 보장을 유지할 수 있었을 것이다. 하지만 불황이 10년 이상 계속되고 회사 실적도 나아질 기미가 보이지 않으면서 이야기는 달라지기 시작한다. 회사는 정말로 회사가 사느냐 종업원들을 해고하느냐를 결정해야 했다. 회사가 좀 어려운 상태로 견뎌야 하는가 종업원을 해고해야 하는가의 문제가 아니라, 회사가 죽어 모두가 다 같이 길거리에 나앉느냐 아니면 일부 종업원들을 해고하느냐의 문제가 되었다.

이대로 가다가는 정말로 회사가 죽게 되자, 그동안 정년 보장을 주장하던 기업들도 종업원들을 해고하기 시작했다. 호봉제도 없어지고 실적제로 전환된다. 호봉제는 지금 당장은 월급을 조금 받고 나이 들어서 월급을 많이 받을 수 있는 제도이다. 정년까지 회사를 다닐 수 있을 때 호봉제가 받아들여질 수 있는 것이지, 몇 년 후에 그만둘 수 있다고 하면 호봉제는 유지될 수 없다.

결국 일본식 경영은 일반적인 경영방식이 아니라 경제가 호황이고 기업이 계속 성장할 때만 적용될 수 있는 방식이었다. 불황이고 회사가 어려워지는 상황에서는 적용될 수 없었다. 2000년대에 일본식 경영 모델은 끝내 무너진다. 마쓰시타로 대표되는 일본식 경영은 이렇게 세계 경영사에서 지나간 이야기가 되어버린다. 정년 보장, 연공서열, 호봉제 등의 제도는 아직 한국에도 많이 남아있지만, 계속해서 바뀌고 폐지되어야 하는 제도로 인식되고 있다.

20세기 경영학의 개념을 정립한 피터 드러커

피터 드러커에 대한 상반된 평가

20세기의 가장 유명한 경영학자로는 피터 드러커를 꼽는다. 보통 사람들에게 가장 많이 알려져 있고, 또 기업가들 사이에서도 아주 유명한 경영학자가 바로 피터 드러커이다.

그런데 경영학자들 중에는 피터 드러커에 대해 부정적으로 말하는 사람들도 많다. 가장 대표적인 비판이 '피터 드러커는 학자가 아니라 사상가'라는 것이다. 과학적으로 사실관계를 살펴보고 증명한 것이 아니라 단순히 경영에서의 격언들을 말한 사람이라는 뜻이다. 학문의 세계에서 '학자가 아니라 사상가일 뿐이다'는 말은 상당히 강한 비판이다. 확실한 자기주장과 이론이 없다는 말이고, 학문의 기본이라 할 수 있는 방법론이 제대로 되어 있지 않다는 비판이

현대 경영학에 가장 큰 영향을 끼친 피터 드러커

기 때문이다.

　그러면 정말로 피터 드러커가 경영에서의 격언가, 사상가에 그
치고 있는가? 그렇지는 않다. 반대로 피터 드러커는 20세기 경영에
큰 영향을 미쳤다. 그런데도 단순한 사상가에 불과하다는 비판이 나
오는 이유는 피터 드러커가 학술지에 논문을 쓰지 않았고, 이것이
논문으로만 모든 것을 평가하려는 학문 세계의 경향을 거슬렀기 때
문이다.

　피터 드러커는 경영에 대한 책을 썼다. 그리고《하버드 비즈니
스 리뷰》와 같은 유명한 경영 잡지에 70여 편이 넘는 글을 기고했
다. 이런 경영서나 경영 잡지는 기업가나 경영자들을 위한 것이다.
그들은 피터 드러커의 책이나 잡지 글을 보면서 많은 영감을 얻었다. 또 피터 드러커의 컨설팅을 받아 기업 경영에 반영을 했다. 경영자들 입장에서 자기들에게 가장 큰 영향을 미친 경영학자는 분명히 피터 드러커이다.

그런데 현대의 학자들은 원칙적으로 논문을 쓰게 되어 있다. 좋은 논문을 많이 쓰는 학자가 좋은 학자이다. 책을 쓰더라도 학자들이 보는 학술 서적을 쓴다. 일반 대중이 보는 책, 학자가 아니라 다른 사람들이 보라고 쓰는 책은 학계에서는 전혀 인정받지 못한다. 아니, 사실 많은 학자들이 논문과 학술 서적만 보지 일반 서적, 잡지는 읽지 않는다.

그래서 경영학자 중에는 피터 드러커를 전혀 모르는 사람들도 있다. 자기들이 보는 논문지에 피터 드러커가 전혀 안 나오기 때문이다. 피터 드러커는 학술지에 논문을 쓰지 않았기에 학자가 아니라고 본다. 좋은 말만 하는 단순한 사상가일 뿐이라고 인식한다.

세계적 대기업의 내부로 들어가다

물론 그런 이유로 피터 드러커를 폄하할 필요는 없다. 진짜 문제는 학자들이 '오로지 논문'만으로 모든 것을 평가하려는 것에 있다. 현대의 학계는 오로지 논문만 보고, 논문으로 모든 것을 평가한다. 그러다 보니 논문을 쓰지 않은 피터 드러커를 사이비 경영학자라고 비판하기까지 한다.

하지만 원래 학계는 논문으로만 평가하는 곳이 아니었다. 이 기준에 의하면 서양 학문의 아버지라는 아리스토텔레스도 학자가 아니다. 『국부론』이라는 책을 써서 경제학과 경영학의 시조가 된 아담 스미스도 학자가 아니게 된다. 피터 드러커는 학술지에 실리는 논문을 쓰지는 않지만, 경영 서적으로 새로운 생각들을 많이 만들어냈다. 새로운 생각을 만들어내고 새로운 사실을 밝혀내는 것이 학문의 원래 목적이고, 이런 점에서 볼 때 피터 드러커는 분명 위대한 경영학자였다.

그리고 또 하나 피터 드러커를 평가할 때 문제는 그의 활동 연대이다. 그는 2000년대 초반 90세가 넘는 나이에도 경영계에서 활동을 하면서 경영의 구루라는 칭송을 받았다. 하지만 실제 그의 주요 업적은 대부분 중·장년기였던 1980년대 이전에 이루어졌다. 2000년대에 활동하는 경영학자들은 이미 몇십 년 전에 이루어진 피터 드러커의 업적에 대해서는 잘 모른다. 피터 드러커의 업적은 이미 경영학의 역사가 되었고, 경영학 내에 소리 없이 스며들어 있는 상태이다. 현재의 시각으로 피터 드러커를 평가하면 그의 기여도가 잘 보이지 않는다.

피터 드러커가 경영 분야에서 유명하게 된 것은 1942년 『산업인의 미래』라는 책을 발간하고부터이다. 이 책은 당시 GM 경영진들의 필독서가 되었고, GM 회장은 피터 드러커에게 자기 회사를 살펴보고 컨설팅을 해달라고 부탁한다. 피터 드러커는 세계 최고의 기업인 GM의 기업 전반을 살펴보고 경험할 수 있게 된다. 그리고 그 경험을 바탕으로 계속해서 기업 경영에 대한 책을 쓰게 되었다.

또 그는 세계에서 가장 유명한 경영자인 GM 회장 알프레드 슬론과의 인연을 바탕으로, 계속해서 다른 유명 CEO와도 친분을 맺게 된다. 이렇게 해서 피터 드러커는 세계 굴지의 대기업들 내부에 들어갈 수 있게 되었고, 유명 CEO들과 개인적인 친분을 다지며 경영에 대해 이야기할 수 있게 된다. 그렇듯 미국 주요 기업들의 경영과 유명 CEO에 대한 이야기를 할 수 있게 되면서, 피터 드러커의 책들은 확실히 다른 경영학자들의 그것과는 차별성을 가지게 되었다.

한국으로 따지면 한 경영학자가 삼성전자, 현대자동차, LG전자 등 유명 대기업을 모두 내부에 들어가서 살펴볼 수 있게 되고, 또 이건희, 이재용, 정몽구 등 대기업 총수와 자주 만나고 경영 현황에 대해 이야기하는 사람이 된 것이다. 이런 사람이 쓰는 책은 분명 시사점이 있고, 경영 현실에 대해 많은 것을 설명해줄 수 있다. 회사에서 공식적으로 발표하는 자료만 가지고 논문을 쓰는 것보다 훨씬 더 경영의 실제에 대해 접근할 수 있도록 해주는 것이다.

CEO들이 가장 칭송하는 경영학의 구루

이처럼 세계적 기업과 CEO와의 경험을 통해 피터 드러커는 경영에 새로운 시사점을 제공해주었다. 우선 피터 드러커는 지금 경영학을 일컫는 '매니지먼트Management'가 무엇인지를 정립했다. 1954년『경영의 실제The Practice of Management』라는 책을 써서 경영이 무엇인지를 처음으로 정의했고, 1973년에는『경영Management』이라는 800페이지가 넘는 두꺼운 책을 발간하면서 경영학의 개념을 확립한다. 지금 당연하게 받아들이는 '경영'은 사실 그 개념부터가 피터 드러커로부터 영향을 받은 것이다.

또 피터 드러커는 '지식 노동자'라는 개념을 만들었다. 원래 노동자는 육체노동을 하는 사람만을 이야기했다. 자본주의는 육체노동을 하는 노동자와 육체노동을 하지 않는 자본가로 구성되어 있다고 보았다. 피터 드러커는 노동자이기는 한데 육체노동을 하지 않는 노동자 계층을 지식 노동자라고 표현했다. 그리고 현대 경제에서는 지식이 중요한 생산 요소라는 것을 밝혔다.

이전에 생산성을 증가시키기 위해서는 노동자를 더 고용하거나, 그들이 더 열심히 일을 하게 하거나, 아니면 새로운 기계를 들여와야 했다. 그런데 피터 드러커는 지식이 더 많고 그 지식을 제대로 활용할 수 있다면 생산성이 높아질 수 있다고 보았다. 이렇듯 지식 경영은 피터 드러커로부터 시작된다.

기업의 목적이 무엇인지에 대해서 새로운 개념을 제시한 것도 피터 드러커이다. 그동안 기업의 목적은 당연히 이윤의 추구라고만 생각해왔다. 돈을 벌기 위해서 기업 활동을 하는 것이다. 하지만 피터 드러커는 기업의 목적은 단순히 돈을 버는 것이 아니라 고객을 창출하고, 고객에게 만족을 주는 것이라 했다. 고객에게 도움이 되는 것이 기업의 진짜 목적이고, 그 과정에서 돈을 버는 것이다. 고객들, 일반 사람들에게 도움이 되는 것이 중요하다.

즉, 기업은 사회적 책임이 있는 것이다. 지금 우리들은 기업이 단순히 돈만 벌어서는 안 되고 기부 활동도 하고 봉사 활동도 하면서 우리 사회에 기여해야 한다고 생각한다. 그런 생각의 시작이 바로 피터 드러커이다.

회사의 노동자를 비용이 아니라 자산으로 본 것도 피터 드러커이다. 이전에 회사는 노동자를 비용으로만 생각했다. 회사는 노동자들에게 월급을 주어야 한다. 노동자에게 월급이 지출되는 것이니 그들은 비용이다. 회사는 생산을 하기 위해 어쩔 수 없이 비용을 들여 노동자를 고용하는 것이다. 비용은 줄이면 줄일수록 좋다. 될 수 있으면 노동자의 고용을 줄이고, 월급도 가능한 조금 줄수록 좋다.

하지만 노동자가 비용이 아니라 자산이라면 이야기가 달라진다. 노동자는 어쩔 수 없이 고용하는 것이 아니라, 회사의 생산력을 높이기 위해서 적극적으로 고용해야 하는 존재이다. 비용이라면 적을수록 좋지만, 자산이라면 많을수록 좋다. 그리고 노동자들이 보다 더 열심히 일할 수 있도록 월급도 올려줄 수 있다.

현대 경영학에서는 노동자를 '인적자원'으로 본다. 예전에 인사관리라고 하던 것도 이제는 '인적자원관리'라고 바꾸어 부른다. 종업원을 비용이 아닌 자산으로 보는 것도 피터 드러커의 기여이다. 이외에 피터 드러커는 아웃소싱의 개념을 전파하고, 비영리조직 관리에 대한 이론도 생각해냈다.

이런 이론적인 기여도 중요하지만, 무엇보다 피터 드러커와의 대화, 컨설팅을 통하여 실제 의사결정에 영향을 받은 기업들이 굉장히 많다. 기업을 경영하는 CEO들은 지구상의 어떤 경영학자들보다 피터 드러커로부터 영향을 많이 받았다. 그것이 피터 드러커가 20세기 경영학의 구루라고 불리는 이유이다.

중성자 폭탄 잭,
숱한 논란 속에 GE를
부활시키다

20세기 후반 기업 혁신의 아이콘, 잭 웰치

2000년대 이후 세계 최고의 경영자로는 스티브 잡스가 거론된다. 스티브 잡스는 2011년에 사망했는데, 그 이후에도 경영자로서의 귀감을 이야기할 때 계속해서 언급된다. 애플2를 발명해서 세계 최초로 퍼스널 PC 시장을 개척한 것, 애플에서 쫓겨난 후 픽사PIXAR에서 애니메이션을 만들어 재기에 성공한 것, 애플에 다시 돌아가서 아이팟, 아이폰, 아이패드를 만들어낸 것은 이 세상을 완전히 바꾸는 업적이었다. 스티브 잡스는 혁신의 아이콘으로 인식되고, 2000년대 이후 현재까지 명실공히 세계의 모범적인 CEO로 인정되고 있다.

지금의 스티브 잡스처럼 1980년대부터 2000년까지 세계에서 유명했던 CEO가 있다. 바로 GE General Electric, 제너럴 일렉트릭의 잭 웰치이다. 그 무렵 기업 개혁, 혁신의 아이콘은 잭 웰치였다. 지금 스티브 잡스가 많은 기업들에게 영감을 주고 변화를 이끌 듯이, 그 무렵에는 잭 웰치가 세계 모든 기업의 벤치마킹 대상이었다. 그가 현대 경영에 끼친 영향도 결코 만만치 않다.

20년간 GE의 시장 가치를 40배 성장시키다

GE는 1892년 에디슨이 설립한 회사이다. 에디슨은 GE를 세워 전구와 전기 제품들을 판매하기 시작했다. 즉, GE는 미국 최초, 그리고 세계 최초의 전기전자회사이다. 한국의 삼성전자, LG전자와 같은 기업이라고 보면 된다.

전기, 전자 제품은 처음에 보급이 될 때는 크게 성장하지만, 모든 사람들이 집에 TV, 냉장고, 세탁기 등을 구비하면 그때부터 성장세가 떨어진다. 1970년대에 GE가 바로 그런 상황을 맞았다. 더구나 1970년대는 일본의 가전회사가 맹위를 떨칠 때였다. 소니, 산요, 마쓰시타 등의 일본 회사들이 전 세계를 석권하고 있었다.

1981년 GE의 시장 가치는 120억 달러로 미국에서 10위의 대기업이긴 했다. 하지만 성장세가 떨어지고 이익률도 계속 하락했다. 1981년 GE의 이익률은 6%에 불과했다. 2010년대 기준으로는 그렇게까지 낮지 않은 수치로 볼 수도 있지만, 1980년대 초반은 시장 이자율이 10% 정도 될 때였다. 사업을 하지 않고 그냥 은행에 넣기만 해도 10%의 수익을 볼 수 있었던 시대였는데, 그런 상태에서 이익률 6%라는 것은 사업을 해야 할 이유가 없는 실적이었다.

1981년, 잭 웰치가 그런 GE의 CEO가 되었다. 그 후 20년간

CEO로 재직하다 2001년에 은퇴를 한다. 2001년 GE의 시장 가치는 4,500억 달러였다. 잭 웰치가 CEO가 되기 전과 비교해서 40배가 증가했다. 그가 CEO가 될 때 GE는 미국 내에서 10위의 기업이었다. 그런데 2001년 물러날 때는 명실공히 세계 1위의 기업이 되었다. 이익률은 6%에서 18.9%로 증가했다. 잭 웰치가 CEO가 될 때는 GE 제품 중에서 세계 최고라 할 수 있는 것은 2개 품목 정도밖에 없었다. 하지만 2001년 GE의 제품은 모두 세계 최고의 대우를 받았다.

20년 사이에 정말로 GE는 환골탈태를 했다. GE의 변화, 그리고 잭 웰치의 경영 방법이 다른 모든 기업들의 벤치마킹 대상이 된 건 매우 당연했다. 많은 기업들이 GE를 따라 자기 회사를 혁신하고 체질을 개선시켰다.

구조조정과 성과평가라는 두 개의 칼

잭 웰치의 가장 중요한 개혁 조치는 바로 구조조정이었다. 1980년대는 이른바 자유와 경쟁을 중요시하는 신자유주의가 시작된 시기이다. 정치적으로는 미국의 레이건, 영국의 대처가 신자유주의의 선봉자이다. 기업 경영 측면에서는 바로 이 잭 웰치가 신자유주의를 기반으로 기업 개혁을 선도했다.

잭 웰치의 구조조정은 실로 엄청났다. 잭 웰치가 CEO가 되기 전 GE의 직원 수는 41만 명이었다. 그러나 1985년에는 29만 9천 명이 되었다. 만 4년 동안에 11만 명이 넘는 직원들이 구조조정되었다.

지금 2010년대의 시각에서는 직원들을 구조조정해서 해고하는 것이 잔인하고 나쁜 일로 인식된다. 그것이 불러온 사회적 파장이 너무 컸기 때문이다. 하지만 그 당시는 그렇지 않았다. 신자유주의는 기업들이 잘하고 있는데 더 잘하라고 나온 개념이 아니다. 회사에서 사람들이 워낙 일을 하지 않으면서 숫자만 많았기에 나온 것이 구조조정이다. 이전에는 할 일이 별로 없는데도 그냥 고용해서 월급을 주는 경우가 많았다. 잭 웰치는 이렇게 일이 없는 직원, 일을 안 하는 직원들을 그만두게 했다.

41만 명에서 30만 명 정도로 인원이 줄면 거의 25%가 감소하는 것이다. 원래 모두가 일을 열심히 하는 상태였다면, 25%나 인원이 줄게 될 때 회사는 큰 타격을 받는다. 하지만 GE는 오히려 매출과 이익이 늘어났다. 그동안 너무 쓸데없이 인원수만 늘려왔던 것이다. 정말로 필요한 사람, 일을 하는 사람만 남겨놓자는 것이 잭 웰치의 구조조정이었다.

GE의 성공으로 다른 기업들도 본격적인 구조조정에 들어간다. 이것 때문에 잭 웰치는 엄청난 비난도 받는다. 잭 웰치의 별명은 중성자 잭Neutron Jack 이었다. 건물은 손상시키지 않으면서 사람만 살상하는 중성자 폭탄에 비유한 것이다.

잭 웰치는 성과평가도 도입했다. 지금 현대적 의미의 성과평가를 처음 시작한 것이 바로 잭 웰치였다. 그는 모든 직원들을 A, B, C로 평가하도록 했다. 많은 상급자들은 부하를 평가하라고 할 경우 웬만하면 모두 A를 주곤 한다. 그동안 맺어온 부하 직원과의 인간관계 때문이다. 그래서 잭 웰치는 평가 점수를 강제로 배분하도록 했다. A는 전체 직원의 20%, B는 70%, C는 10%였다. A를 받은 직원들에게는 확실한 인센티브를 주었다. 월급을 더 많이 주고 승진의 기회도 더 많이 부여했다. 그래서 직원들은 A를 받기 위해 노력했다. 문제는 C이다. C를 받으면 경고를 주고, 3년 연속으로 C를 받으면 해고했다.

사람들은 업무 평가가 나쁘다고 해서 해고하는 것은 너무 잔인하다고 했다. 하지만 잭 웰치는 다음과 같이 이야기했다.

"C를 연속으로 받으면 해고된다는 것은 모두가 알고 있다. C를 받은 당사자도 다음에 또 C를 받으면 해고된다는 것을 알고 있다. 그런데도 계속해서 C를 받았다는 것은 그 사람이 GE의 업무에 맞지 않다는 것이다. GE에 들어올 정도의 사람이 무능력할 리는 없다. 그렇다면 본인을 위해서도 자기에게 안 맞는 GE를 계속 다니는 것보다, 나가서 자기에게 맞는 직장, 자기가 성공할 수 있는 직장을 찾는 것이 더 낫다."

많은 비판에도 불구하고 잭 웰치는 성과평가제를 밀고 나갔다. GE의 실적은 점점 더 나아졌고, 그리하여 GE의 성과평가 제도도 다른 기업들에 전파되기 시작했다. 이후 현재까지 직원들을 평가하고 그에 따라 성과급을 주는 일이 모든 기업에서 일반화된다(단, C를 연속으로 받으면 해고하는 조치는 널리 전파되지 않았다).

양지와 음지가 극명하게 대비된 혁신

또 다른 GE의 혁신은 '세계 1위, 최소한 2위를 할 수 있는 사업만 한다'는 것이었다. 전기전자회사는 보통 수많은 제품들을 만들어 낸다. 잭 웰치는 GE가 가장 잘할 수 있는 제품만 하자고 주장했다. 각 사업부에서 자기 제품들을 세계 최고 제품으로 만들게 했고, 만약 세계 최고 품질의 제품을 만들어내지 못하면 바로 그 제품을 포기하고 사업부를 없애도록 했다. GE에서 엄청난 규모의 구조조정이 발생한 이유는, 이렇게 1, 2위가 아닌 제품들을 모두 포기했기 때문이기도 하다. 이처럼 많은 제품들을 없애는 대신, GE는 자기가 잘할 수 있는 분야에 대해서는 투자를 아끼지 않았다.

결국 2000년대 GE에서 생산되는 제품들은 거의 다 세계적인 경쟁력을 갖출 수 있게 되었다. GE의 제품이라고 하면 그 이름만으로도 소비자들이 만족하고 품질을 인정했다. '많은 일을 하지 말고 자기가 잘하는 일만 하자. 1~2위를 할 수 있는 일만 하자'는 GE의 모토도 많은 기업들의 벤치마킹 대상이 되었다. 사업의 집중화가 업계의 일반적 경향이 되어갔다.

이외에도 GE는 많은 혁신을 했다. 조직 간 경계를 최대한 없애고 조직원들 간의 의사소통을 원활히 하도록 했다. 또 결재선을 간단히 하고 직원들이 최대한 재량권을 가지고 의사결정을 할 수 있도록 했다. 잭 웰치 이전에는 사업부장이 CEO로부터 결재를 받기 위해서는 9단계 정도를 거쳐야 했다. 잭 웰치는 이것을 4~6단계로 줄인다. 이 정도로 결재선을 줄이기 위해서는 전면적인 조직 개편이 있어야 한다. 조직을 수평화하고 관료주의를 타파하며 직원들의 커뮤니케이션을 확대해야 한다.

이런 지속적인 노력으로 GE는 1980년대에서 2000년대까지 혁신의 아이콘이 되었다. 현대 경영에서의 구조조정, 성과주의, 1등주의, 조직 개편 등은 모두 GE와 잭 웰치에 의해 큰 영향을 받았다.

잭 웰치의 혁신은 그 과단성과 잔혹함 때문에 숱한 논란을 불러일으켰다. 그러나 그가 GE를 회생시킨 업적과 현대 경영에 기여한 공로 역시 결코 무시할 수 없는 것이었다.

기업 문화가
제도의 성패를 가른다

일본 기업 후지쯔의 성과주의 도입 실패

동아시아 기업 최초로 성과주의를 도입한 후지쯔

1980년대 미국과 서구 사회는 성과주의를 적극적으로 도입했다. 잭 웰치가 GE에서 그랬듯 실제 기업의 성과가 가시화되면서 성과주의는 GE를 넘어 모든 기업에 파급되었다.

이런 세계적인 추세 속에서 1993년, 일본의 후지쯔 사도 성과주의를 도입한다. 당시 후지쯔는 세계적인 컴퓨터 시스템 공급 회사였다. 이 후지쯔 사가 일본 기업 중에서는 최초로 성과주의를 도입한 것이다. 일본만이 아니라 동아시아 국가들 중에서 최초로 성과주의를 도입했다.

후지쯔가 성과주의를 도입한 것은 당시 일본에서 크게 이슈화되었다. 일본, 그리고 한국의 기업들은 이른바 일본식 경영이라고 하는 인사 제도가 일반적이었다. 일본식 경영은 정년 보장, 평생직장을 모토로 한번 회사에 들어가면 정년이 될 때까지 계속 그 회사에서 일하는 것을 의미한다. 평생직장에서 중요한 점은 업무를 잘하지 못한다고 하더라도 쫓겨나지 않는다는 것이다. 그리고 일을 잘한다고 해서 다른 회사로 스카우트되거나 회사를 떠나지 않는다. 한번 회사에 들어오면 가족이 되어 퇴사할 때까지 계속 함께 가는 시스템이다.

또 일본식 경영에서는 호봉제가 원칙이다. 처음에 회사에 들어올 때 월급이 200만 원이면, 그 다음해에는 220만 원, 그 다음해에는 240만 원, 승진이 되면 300만 원, 그 다음은 320만 원, 이런 식으로 월급이 오르는 시스템이다. 일을 잘한다고 해서 월급이 오르는 것도 아니고 일을 못한다고 해서 월급이 깎이는 것도 아니다. 그냥 일 년이 지나면 월급이 오른다.

후지쯔는 컴퓨터시스템회사였다. 후지쯔의 경쟁자는 미국의 실리콘밸리 컴퓨터 프로그래머들이다. 그런데 일본 기술자들보다 미국 실리콘밸리 기술자들이 훨씬 더 일을 열심히 했다. 미국 실리콘밸리는 성과주의 시스템이 일반적이다. 일을 잘하면 훨씬 많은 보수를 받을 수 있었고, 시장에서 통하는 새로운 기술을 개발하면 큰 성공을 할 수 있었다.

하지만 일본 기술자들은 호봉제였다. 일을 열심히 하든 그렇지 않든 월급은 똑같았다. 후지쯔는 실리콘밸리와의 경쟁에서 계속 한계를 보여주었고, 그래서 미국과 같은 성과주의 시스템을 도입하기로 했다. 도입할 바에는 제대로, 확실히 도입하는 것이 낫다. 후지쯔는 프로그래머뿐만 아니라 전 회사 차원에서 모든 직원들에 대해 성과주의를 도입했다.

성과주의를 도입하자 오히려 경영위기가 닥쳤다

후지쯔의 성과주의 도입은 일본 재계의 각광을 받았다. 성과주의가 기업의 실적을 올리는 좋은 방법인데, 일본의 다른 기업들은 변화를 싫어하는 보수적인 경영으로 성과주의를 도입하지 않고 있다. 후지쯔는 혁신을 좋아하고 변화에 대해 긍정적이다. 자기 변화의 노력을 하는 후지쯔는 다른 회사들의 모범 사례이다. 이와 같은 인식이 널리 퍼져나갔다.

그러나 문제는 그 다음에 발생했다. 성과주의를 도입한 이후 후지쯔의 실적이 계속 악화한 것이다. 솔루션 비즈니스 분야에서 세계적 강자였고, 항상 막대한 이익을 내던 후지쯔가 성과주의 도입 이후 적자가 되어버린다. 수년간 연속으로 적자를 내다가 결국 대규모로 구조조정을 해야 하는 위기에 빠져들었다.

후지쯔는 최신 경영 기법, 기업의 성과를 높여준다고 인정되는 성과주의를 도입했다. 그런데 왜 기업의 실적이 나아지는 것이 아니라 오히려 적자로 전환되고 위기에 직면하게 되었을까? 후지쯔가 경영위기에 빠지게 된 이유는 분명했다. 성과주의를 도입했기 때문이다. 미국에서 최신 경영 기법으로 인정받은 성과주의가 일본 후지쯔 사에서는 제대로 작동하지 않았다. 오히려 많은 부작용을 발생시켰다.

성과주의는 어려운 것이 아니다. 한 직원의 성과를 평가하고, 그에 따라서 상여금 등을 지급하는 제도이다. 성과가 높으면 높은 임금을 지급하고, 성과가 낮으면 낮은 임금을 지급한다. 그런데 일본 후지쯔에서 발생한 문제는 노동자의 실제 성과가 아니라 다른 요소에 따라 평가가 이루어졌다는 것이었다.

우선 모든 직원들에게 평가 점수를 잘 주는 현상이 벌어졌다. 성과가 뛰어나면 A, 보통이면 B, 낮으면 C를 주어야 한다. 그런데 대부분의 직원들에게 A를 주었다. 정말로 모든 직원이 잘해서 A를 준 것이 아니라 B, C를 주기가 미안해서 A를 주었다. 실적과 관계없이 모든 사람에게 A가 주어지면 성과주의가 작동할 수 없다. 그래서 그 다음부터는 일정 비율 이상 A를 주지 못하게 했다. 강제적으로 A, B, C를 나누도록 했다.

그렇게 했더니 업무를 잘한 사람에게 A가 부여되는 것이 아니라, 이제 승진이 얼마 남지 않은 사람이 A를 받았다. 이제 곧 승진할 사람은 성과평가에서 높은 점수를 받는 것이 필요하다. 그 사정을 아는 상사들은 승진이 가까운 부하 직원들에게 A를 주었다. 승진이 한참 남은 직원은 업무 성적이 좋아도 A를 받을 수 없었다.

승진이 가까운 직원이 없는 경우에는 그 부처에서 얼마나 오래 일했느냐가 기준이 되었다. 오래 근무한 사람은 높은 평가를 받고, 근무한 지 얼마 안 된 사람은 낮은 평가를 받았다. 또 상사하고 친한 사람이 높은 평가를 받고, 친하지 않은 사람은 낮은 평가를 받았다.

부처별 평가도 문제가 컸다. 성과평가를 운영하는 본부의 인사부 직원들은 높은 평가를 받았다. 하지만 본사에서 떨어져 있는 지점, 지사의 직원들은 낮은 점수를 받았다. 본부인가 아닌가, 인사부와 얼마나 가까운가에 따라 평가 점수에 차이가 났다. 성과주의에서는 진짜 업무 성과에 의해 평가가 되어야 하는데, 엉뚱한 요소들로 평가 점수가 결정되었던 것이다. 그리고 그 점수로 인해 보수도 달라졌다.

일본식 인간관계와 서구식 성과주의의 대결

성과평가는 원래 자기가 낮은 점수를 받으면 '내가 이런 부분이 부족하구나'를 평가받고 그 부분을 보완, 개선하도록 하는 제도이다. 그래서 성과평가 제도를 하면 지난 기간을 반성하고 앞으로 어떻게 나아져야겠다는 자기 개선이 된다. 성과평가를 하면 직원들의 업무 능력이 올라가는 것은 그런 이유이다.

하지만 후지쯔에서는 그런 식의 업무 개선이 이루어지지 않는다. 내가 잘못해서 C를 받은 것이 아니라 이 부서의 신참이라서 C를 받은 것이다. 내가 업무 실적은 좋지만 본사가 아니라 지사에 근무해서 C를 받은 것이다. 그러면 어떻게 해야 A를 받을 수 있을까? 업무를 잘할 필요가 없다. 나이가 들어 내가 그 부처에서 고참이 되기를 기다릴 수밖에 없다. 다른 부서에 발령이 나기를 기다릴 수밖에 없다. 이렇듯 후지쯔의 성과주의는 직원들의 직무 의욕을 전혀 고취시키지 못했다.

오히려 후지쯔 성과주의는 직원들 간에 반목을 일으켰다. 이전에는 상사의 귀여움을 받는 직원이 있어도 그냥 귀여움만 받고 말았다. 하지만 이제는 귀여움을 받아 높은 평가를 받으면 월급도 많아진다. 업무 실적이 좋아서 월급을 많이 받는다면 인정할 수 있다. 하지만 상사가 편애를 해서 월급을 많이 받는다면 이야기가 다르다.

직원들 간에 반목과 질시가 생긴다. 성과주의를 도입한 후 후지쯔 내부의 인간관계가 완전히 무너졌다.

성과주의 자체가 문제된 것은 아니다. 미국 사회에서 성과주의는 여전히 제대로 굴러가고 있었다. 하지만 일본에서는 성과평가가 제대로 이루어지지 않았다. 미국은 어려서부터 성과에 의해서 평가받는 것이 일상적이다. 개인의 친소관계와 별개로 업무 그 자체를 보고 성과를 평가한다. 하지만 일본은 아니었다. 개인적 관계와 성과평가는 서로 연결이 되었다. 친한 사람에게 낮은 평가를 주면 인간관계가 깨진다. 싫어하는 사람에게는 아무리 일을 잘해도 높은 평가를 주지 않는다. 일본은 아직 문화적으로 성과평가를 시행할 수 있는 사회가 아니었던 것이다.

후지쯔 사의 성과평가는 제도 도입에 문화가 중요하다는 것을 일깨워주었다. 아무리 좋은 제도라고 해도, 그 기업의 문화가 제도를 받아들일 준비가 되어 있지 않으면 효과가 없다. 경영에서 문화가 중요하다는 것, 아무리 제도 자체가 좋아도, 그것을 받아들일 수 있는 기업 문화가 있을 때 제대로 작동될 수 있다는 것. 후지쯔 사례는 그 사실을 여실히 보여주었다.

누가 혁신을 이끌 것인가?

기업 내부자가 마련하고
외부자가 실행한 닛산의 회생 계획

누가 고양이 목에 방울을 달 것인가?

기업이 경영 혁신을 하고자 한다. 경영 혁신을 하기 위해서는
반드시 이를 주도하는 리더가 필요하다. 그런데 이 리더는 회사 내
부에서 발탁하는 것이 좋은가, 아니면 회사 외부에서 영입하는 것이
좋은가?

회사 내부에서 발탁하는 것의 장점은 그 사람이 이미 회사에
대해 잘 알고 있다는 점이다. 회사의 문제점이 무엇인지, 어디를 고
치면 제대로 굴러갈 수 있는지에 대해 충분히 알고 있다. 단점은 회
사를 잘 알다 보니 혁신을 할 때 누가 어떤 어려움에 처할지도 꿰뚫
고 있다는 점이다. 경영 혁신을 하려면 반드시 회사 내에서 고통을
겪는 사람들이 발생한다. 누가 어떤 어려움을 겪게 될지를 미리 잘

알기 때문에 혁신을 밀어붙이기가 힘들다. 또 회사에 대해 너무 익숙해서, 무엇이 문제인지를 객관적으로 파악하지 못할 위험성도 있다.

이에 비해 회사 외부에서 영입하는 경우의 장점은 회사 내의 이해관계를 고려하지 않고 원칙에 따른 혁신이 가능하다는 점이다. 단점은 회사 사정을 잘 모르고 원칙만 따지다 보니 구성원들의 극심한 반발을 일으킬 수 있다. 그렇게 할 수 밖에 없었던 내부 사정이 있는데 그것을 고려하지 않고 혁신을 추진하면 부작용이 발생할 가능성이 높다.

경영 혁신을 하고자 할 때 내부자에게 맡기는 것이 좋은가, 외부자에게 맡기는 것이 좋은가? 이 문제는 확실히 답할 수 없는 하나의 딜레마이다. 그런데 이에 대해 좋은 예로 거론되는 이야기가 있다. 바로 카를로스 곤에 의한 닛산의 경영 혁신이다.

스님은 자기 머리를 깎을 수 없다

1999년, 닛산은 세계 6위의 자동차회사였다. GM, 포드, 도요타, 폭스바겐, 다임러-크라이슬러 다음의 자리를 차지하던 세계적인 대기업이었다. 1980년대 말부터 1990년 초까지 닛산은 세계 자동차 디자인의 표본이었다. '기술의 닛산'으로 일컬어지는 닛산자동차의 기술력과 경쟁력은 세계적으로 인정받았다.

하지만 1990년대 말 닛산은 완전히 망해가는 회사였다. 닛산의 부채는 2조 1천억 엔이 넘었고, 닛산이 생산하는 46개 모델 중에서 단지 3개 모델만 수익을 내고 있었다. 일 년에 몇십억 달러의 적자를 계속 보고 있었고, 닛산 공장의 가동률은 역대 최저였다. 규모는 크지만 이제 곧 망할 회사, 이것이 세계 자동차업계가 판단하는 닛산의 모습이었다.

닛산 스스로도 자신의 문제를 알고 있었다. 이대로 가면 망할 수밖에 없다는 것을 경영진 스스로도 잘 알고 있었고, 몇 번이나 경영 혁신을 해서 살아남고자 했다. 닛산 경영진 중 유능한 사람을 최고경영자로 임명해서 경영 혁신을 추진하게 했지만, 어느 것도 성공하지 못했다.

계속되는 엄청난 적자로 닛산은 자금이 부족해졌고, 해외 회사와 제휴를 해서 위기를 돌파하고자 했다. 제휴를 한다고 하지만, 실질적으로는 자기를 도와줄 회사를 찾아서 자금을 투여받는 것이다. 처음에는 다임러-크라이슬러와 교섭을 했다. 일 년여 동안 자본 제휴를 모색했지만 결국 실패했고, 그 다음에는 프랑스의 르노자동차에 제휴를 요청했다. 르노는 세계 10위의 자동차회사였다. 세계 6위의 회사인 닛산이 세계 10위 회사 르노에 자본을 넣어달라고 부탁하는 처지였다.

1999년 3월, 르노는 닛산의 제의를 받아들여 닛산의 주식 36.8%를 구입하고 6,430억 엔의 자본을 투입한다. 그리고 1999년 6월, 닛산 대주주의 자격으로 르노는 카를로스 곤이라는 경영자를 파견한다.

카를로스 곤은 그동안 일본이나 닛산과 아무런 인연이 없던 사람이다. 그런데 일본 닛산의 최고운영책임자COO로 취임해서 혁신을 담당하게 되었다. 닛산에서는 반발했고, 일본 경영계도 부정적으로 보았다. 닛산에 대해서도 전혀 모르고, 일본에 대해서도 모르는 사람이 성공적으로 혁신할 수는 없는 법이다.

카를로스 곤은 실제로 닛산에 대해서 몰랐다. 어디가 문제인지, 어디를 고쳐야 회사가 제대로 굴러가는지 알 수 없었다. 그래서 카를로스 곤은 취임하자마자 곧바로 사내에 범사적인 직능팀을 만든다. 이 직능팀은 각 부서에서 선발된 젊은 사원들로 이루어진 것으로, 구매팀, 재무비용팀 등 각 주제별로 총 9개의 팀이 있었다.

이 직능팀은 닛산을 살리기 위해서 무엇이 필요한지 아이디어를 제시하는 것이 역할이었다. 여러 부서 출신들이 모여서 닛산을 살리기 위해 어디를 어떻게 혁신해야 하는지를 탐구했다. 어떤 금기사항도 없고 제약 조건도 없다. 건드리면 안 되는 성역도 없었다. 아무런 제약없이 어떻게 하면 닛산을 살릴 수 있는지의 문제에만 집중하도록 했다.

이 직능팀의 개혁 방안이 마련되었다. 카를로스 곤은 이를 바탕으로 닛산 재생 플랜을 발표한다. 1999년 10월에 발표된 닛산 재생 계획은 2000년도에는 흑자를 실현하고, 2002년도에는 4.5% 이상의 이익률을 달성하는 것을 목표로 정했다. 또 2002년 말까지 부채를 50% 이상 감축하도록 했다. 그리고 만약 이것을 달성하지 못하면 경영자 자리에서 물러날 것을 선언했다.

이 닛산 재생 계획에는 전체 직원의 14%에 해당하는 2만 1천 명을 구조조정하고, 5개의 공장을 폐쇄하는 것이 포함되어 있었다. 카를로스 곤은 회사 전체를 독려하고 또 채찍질을 하면서 이 개혁 방안들이 실천되도록 했다.

실제 닛산의 문제점이 무엇인지, 그리고 어떻게 하면 회사가 살아날 수 있는지는 닛산에서 일하는 사람들은 웬만하면 다 알고 있었다. 하지만 실행할 수가 없었다. 직원들 중 많은 수를 해고하는 것, 수익성이 없는 공장들을 닫는 것이 회사를 살리기 위해 필요하다는 것은 알고 있지만, 닛산의 경영진들은 이것을 실행할 수 없었다. 그동안 같이 고생해온 사람들을 잘라내는 것은 쉽게 할 수 있는 일이 아니었기 때문이다.

하지만 외부인인 카를로스 곤은 할 수 있었다. 잘라내야 하는 직원들과 공장에 대해 아무런 이해관계가 없었기 때문에 원리원칙대로 일을 진행할 수 있었던 것이다. 회사의 문제점이 무엇인지, 어떻게 회사를 살릴 수 있는지에 대한 방안은 닛산의 직원들이 스스로 만들었고, 외부인인 카를로스 곤은 그것을 집행했다.

닛산의 혁신은 내부자 · 외부자 협력의 이상적 모델

닛산 재생 계획을 실천한 효과는 대단했다. 2000년에 당장 27억 달러의 이익을 달성했다. 1999년에 적자가 64억 달러였는데, 이듬해에는 27억 달러의 이익을 달성한 것이다. 카를로스 곤이 닛산 재생 계획을 실천한 지 일 년 만에 만성 적자 기업이 흑자로 돌아섰다. 닛산 재생 계획이 목표로 했던 2002년까지 운영 이익률도 9%에 이르렀다. 자동차 업계 평균의 2배 수치로, 닛산은 세계에서 가장 수익성 높은 자동차회사가 된다.

2002년 5월, 카를로스 곤은 그 다음 단계의 혁신 목표인 닛산 180을 제시한다. 2005년 9월까지 자동차 판매 100만 대 증가, 운영 마진 8% 이상 달성, 부채 0가 목표치였다. 그리고 2005년 9월, 이 모든 목표도 달성된다.

처음에 일본 경영계에서는 일본을 모르고, 또 닛산 자동차도 모르는 외국인이 경영 혁신을 주도하는 것에 대해 부정적이었다. 사람들을 해고하고 공장을 폐쇄하는 카를로스 곤은 도살자였으며, 외국에서 날아온 점령군이었다. 하지만 너무나 분명히 드러나는 닛산의 실적 개선에 카를로스 곤은 일본 경영계의 영웅이 되었다. 닛산이 10년 동안 혁신을 하려고 그렇게 발버둥쳤음에도 이루지 못한 것을 이방인 카를로스 곤이 해낸 것이다. 누가 보아도 죽어가는 닛산 자동차가 카를로스 곤에 의해서 되살아나고 다시 세계적인 자동차회사로 우뚝 섰다.

카를로스 곤의 경영 혁신으로 닛산이 살아난 것은 일본뿐 아니라 세계적으로도 큰 화제가 되었다. 2000년 말,《타임》지와 CNN은 카를로스 곤을 세계에서 가장 영향력 있는 CEO로 선정하였으며,《오토모티브》는 세계 자동차회사를 대상으로 수여하는 경영자상을 그에게 주었다. 일본 정부도 카를로스 곤에게 훈장을 수여했다. 일본 정부가 외국인 경영자에게 훈장을 수여한 것은 그때가 처음이었다. 이런 업적으로 카를로스 곤은 뒤에 르노의 CEO자리까지 차지한다.

카를로스 곤에 의한 닛산 재생은, 경영 혁신이 내부자에 의해서 이루어져야 하는가, 외부인에 의해서 이루어져야 하는가에 대한 좋은 답이 된다. 회사 사정을 잘 아는 내부자에 의해서 혁신 방안이 마련되고, 회사 내부의 이해관계를 알지 못하는 외부인에 의해서 개혁 방안이 실천된다. 그런 혁신 모델을 제시한 것이 카를로스 곤의 닛산 재생이었다.

현대 경영의 빛과 그림자를
한몸에 지녔던 카네기

현대판 노블레스 오블리주의 상징. 앤드루 카네기

빌 게이츠는 마이크로소프트를 설립하고 퍼스널 컴퓨터 운영 체계인 윈도우를 만들었다. 전 세계에 컴퓨터가 보급되면서 마이크로소프트의 윈도우, 워드, 엑셀, 파워포인트 프로그램은 생활필수품이 되었다. 이로 인해서 마이크로소프트는 세계적인 기업으로 성장한다. 마이크로소프트의 대주주인 빌 게이츠는 세계 제일의 갑부가 되었다.

그런데 빌 게이츠는 2008년 은퇴를 한다. 마이크로소프트 회장직을 물려주고 2000년에 설립한 빌&멀린다 게이츠재단Bill & Melinda Gates Foundation 활동에 전념한다. 현재까지도 자신의 재산을 이용해서 많은 기부를 하고 있는 중이다. 중국 결핵 퇴치를 위해서 약 4천 300

만 달러, 소아마비 퇴치를 위해 약 3억 5,500만 달러, 결핵 백신 개발 연구를 위해 8천 3백만 달러, 말라리아 백신 개발 연구를 위해 약 1억 7천만 달러를 기부하는 등 엄청나게 많은 사회 기부 행위를 하고 있다.

그런데 이런 기부 행위는 빌 게이츠만 하는 것이 아니다. 그와 더불어 세계 1, 2위 부자 순위를 다투는 워렌 버핏도 자신의 재산 중 10% 정도만 자기 가족들에게 남겨주고 90%를 기부할 것이라고 선언했다. 실제 워렌 버핏의 많은 재산이 사회 재단에 기부되어 활용되고 있다. 미국에서 부자가 된 사람들은 자기 재산을 세상을 위해 사용하는 것이 일종의 패턴처럼 되어 있다. 중세 시대에는 귀족들이 평민보다 먼저 전쟁터에 나가는 것이 노블레스 오블리주였는데, 현대에는 자기 재산을 사람들을 위해 사용하는 것이 노블레스 오블리주가 되었다.

이렇게 미국에서 먼저 부자가 되고, 그 후에 자기 재산을 세상을 위해 사심 없이 사용하는 일의 모델이 된 사람이 카네기이다. 누구나 다 성공할 수 있다는 아메리칸 드림을 이루고, 부자가 되고 나서는 사람들을 위해 그 돈을 사용하는 삶을 산다. 이런 기업가의 원형이 카네기의 삶에서 정립된다.

"부자인 채로 죽는 것은 부끄러운 일이다!"

앤드루 카네기는 1847년, 12살 때 스코틀랜드에서 미국으로 이민을 왔다. 카네기의 부모는 성공한 다음 유유자적한 삶을 즐기기 위해 미국으로 이민 온 것이 아니었다. 그 당시 대부분의 미국 이민

기업가의 노블레스 오블리주 모델을 만든 앤드루 카네기

자들처럼 더 이상 어쩔 수 없는 가난에서 벗어나고자 가족과 같이 미국으로 왔다. 카네기는 12살에 미국으로 이민 왔으니 이민 1세대이다. 아무리 미국이 아메리칸 드림의 나라라고는 하지만 이민 1세대가 큰 성공을 하는 것은 어렵다. 이민 1세대는 열심히 일해서 어느 정도 경제적 기반을 갖추고, 이를 바탕으로 2세대, 3세대에서 큰 성공을 하는 것이 일반적이다. 지금 한국에는 많은 외국인들이 와서 3D업종의 일들을 하고 있는데, 그들이 당장 큰 성공을 하는 것을 기대하기는 어려운 것과 마찬가지이다. 한국인으로 자란 그들의 자녀는 모르지만 이민 당사자가 사회적으로 큰 성공을 하기는 어렵다.

그런데 카네기는 이민 1세대이면서 큰 성공을 한다. 1세대라고는 해도 12살에 넘어온 것이니 정확히 말하면 1.5세대라고 해야 할 것이다. 어쨌든 카네기는 12살에 미국에 온 다음부터 바로 돈을 벌기 위해 일을 시작했다. 부자가 되기 위해 정말로 열심히 일을 했고, 1867년 32세의 나이에 자기 제철소를 만든다.

32세에 제철소 사장이 된 것은 굉장히 어린 나이에 성공한 것처럼 보인다. 하지만 직장 생활 20년 만에 독립해서 자기 사업을 시작한 것이니 경력으로 보면 그리 빠른 것도 아니다. 카네기는 제철소, 제강소, 석탄 산지, 철광석 산지, 광물 운반용 철도, 선박 등 제철과 관련된 모든 사업을 통합하면서 철강 연합체를 만들어나갔다.

결국 1892년에는 미국 전역의 철강회사들을 규합해서 카네기철강회사를 만든다. 이 회사는 당시 세계 최대의 철강 기업이었고, 미국 철강 시장의 25%를 점유하는 규모였다. 그리고 카네기는 66세가 되던 1901년, 이 철강회사를 J. P. 모건에 4억 8천만 달러에 팔고 은퇴를 한다.

카네기는 나이가 들어 더 이상 회사 경영을 하기 어려워서 은퇴를 한 것이 아니다. 그는 은퇴한 이후에도 17년 동안 왕성하게 사회 활동을 했다. 그렇다고 카네기철강회사가 어려워져서 판 것도 아니다. 실제 카네기철강회사는 J. P. 모건에 의해 유에스스틸U. S. Steel로 이름이 변경되면서 지금까지 미국 최대의 철강회사로 남아있다.

카네기는 철강회사를 J. P. 모건에게 팔면서 4억 8천만 달러를 손에 쥐었는데, 이 수입으로 미국은 물론 세계 최고의 갑부가 된다. 그렇게 되기 전 최고의 갑부는 스탠더드오일의 록펠러였다. 이때 카네기는 록펠러를 제치고 세계 제일의 갑부 자리를 차지한다. 얼마 뒤 록펠러가 다시 그 자리를 되찾기는 하지만, 어쨌든 이때 카네기의 부는 정말 엄청난 규모였다.

카네기는 그 돈으로 본격적인 기부 활동을 시작했다. 그는 미국과 자신의 고향인 영국의 각 지역에 공공도서관을 세웠다. 카네기가 세운 도서관이 무려 2,507개이다. 동네 구멍가게 규모의 간이 도서관이 아니라 공공도서관이다. TV, 라디오도 없던 시절에 도서관은 정말 정보의 보고였고, 사람들이 지식을 습득할 수 있는 유일한 장소였다. 카네기가 전국에 2,500개가 넘게 만든 공공도서관은 미국 사람들에게 막대한 영향을 미친다.

또 카네기는 미국 대학들의 연구를 지원하기 위해 카네기협회와 재단을 만들었고, 연구를 수행하는 대학 교수들의 노후를 지원하기 위해 카네기교육재단도 만들었다. 카네기국제평화재단도 만들었고, 지금까지 운영되는 유명한 공연장인 카네기 홀도 만든다. 현재 미국 명문 대학으로 손꼽히는 카네기멜론 대학도 그가 설립했다.

이밖에도 미국 전역의 7,000개 교회에 오르간을 설치해주거나, 세계 최초로 만들어진 2.5미터 구경의 천체망원경 제작에도 1천만 달러를 기부했다. 이렇게 교육, 문화, 예술 등 각 방면에 재단을 만들어 적극적으로 운영했다. 카네기는 '부자인 채로 죽는 것은 부끄러운 것'이라고 했고, 그 말대로 자기 재산의 90%를 기부 행위에 사용했다.

카네기는 자기 돈을 공공기관, 자선단체 등에 그냥 기부만 하는 것은 반대했다. 공공기관에 기부금을 내면 그 돈을 정말 제대로 사용할까? 일반 자선단체에 돈을 기부하고 끝내면 그 돈은 정말로 가난한 사람에 도움이 되도록 쓰여질까? 그렇게 되지가 않는다. 공공기관에 기부된 돈은 실제 많은 낭비가 발생하고, 정말 돈이 필요한 사람에게 도움이 되지 않는 경우가 많다. 그래서 카네기는 직접 자신이 돈을 관리하면서 사회에 기여하도록 사용해야 한다고 보았다. 경영자는 항상 효율적으로 돈을 사용하는 것에 민감하다. 바로 그 경영 능력으로 기부금을 사용해야 최대의 효과를 얻을 수 있다.

카네기는 회사에서 은퇴한 후 자기 돈을 제대로 자선 활동에 사용하기 위해 바쁘게 살아갔다.

잔혹한 기업가, 선한 자선가 : 카네기의 진짜 얼굴은?

이렇게 인류를 위해서 많은 일을 한 카네기는 굉장히 좋은 사람, 착한 사람이라고 생각하기 쉽다. 하지만 카네기는 분명 착하고 좋은 사람은 아니었다. 철강회사를 운영하던 시절의 카네기는 굉장히 악독한 기업 경영자에 속했다. 회사의 이익을 올리기 위해 노동자들의 임금을 깎으려고 하고, 직원들을 혹사시켰던 경영자였다.

1892년 카네기철강회사에서는 노동자들의 대규모 파업이 발생했다. 카네기는 이 파업 노동자들을 폭력적으로 진압했다. 진압 과정에서 10명이 사망했고 60여 명이 부상을 당했다. 폭력 사태가 심각해져서 주 방위군이 출동해서 진압을 해야 할 정도였다. 그렇듯 카네기는 노동자들을 탄압하고 노조를 해산시킨 전형적인 악덕 경영자였다.

하지만 카네기는 경영자의 자리에서 물러나 기부자의 위치에 서면서부터는 사람이 달라진다. 그 사람의 성격 자체가 달라졌다고는 할 수 없다. 경영자의 위치에 있을 때는 회사의 이익을 위해서 무엇이든지 한 것이고, 기부자의 위치에 있을 때는 기부자의 이름에

걸맞은 행동을 한 것이다. 경영자로서의 카네기는 다른 어떤 것보다 회사 이익과 성장을 우선으로 했고, 기부자로 있을 때는 어떻게 하면 보다 기부 행위를 잘할 수 있을지, 어떻게 기부금을 사용하면 가장 큰 효과를 발휘할 수 있을지를 생각했다.

이런 카네기의 이중적인 모습도 미국 기업가의 모델이 된다. 지금 빌 게이츠도 기부자, 자선단체 운영자로 굉장히 칭송을 받고 있다. 굉장히 이타적인 모습으로 인류의 발전을 고려한 기부 활동을 하고 있다. 하지만 빌 게이츠가 마이크로소프트 경영자로 있을 때는 절대 그런 사람이 아니었다. 잔혹하게 상대 기업들을 무너뜨리고 시장점유율을 늘리기 위해 무슨 짓이든 했다. 부자가 되기 위한 삶과 부자가 되고 나서의 삶은 이렇게 다르다. 그리고 그것은 별개로 평가받는 것이 어쩌면 당연하다. 이처럼 두 얼굴을 가진 기업가의 노블레스 오블리주 모델도 카네기에 의해서 형성된다.

주주의 이익만큼이나 중요한
기업의 사회적 책임

아동노동에 대한 비판을 통해
사회적 기업으로 거듭난 나이키

주주자본주의

기업의 목적은 무엇인가? 당연히 이윤이다. 사회를 변화시키기를 원한다면 정치나 사회운동을 하면 된다. 또 다른 사람들을 도와주기 위해서라면 복지단체에서 일을 하면 된다. 기업을 하는 이유는 돈을 벌기 위해서이다. 그러면 기업은 누구를 위해서 일을 해야 하나.

기업이 가장 잘 대접해야 하는 것은 주주이다. 주주는 기업을 만든 사람들이고 기업의 소유주이다. 주주가 없으면 회사는 존재할 수 없다. 종업원, 고객 등 기업의 이해관계자가 많이 있고 또 그들의 이익도 돌봐주어야 하지만 그래도 가장 중요한 존재는 주주이다. 기업은 우선적으로 주주의 이익을 위해 일해야 한다.

이것이 1990년대 중반까지의 일반적인 사고방식이었다. 당시 미국 MBA는 기업은 무엇보다 주주를 위해서 일해야 한다고 가르쳤다. 물론 주주의 이익과 종업원, 고객 등의 이익이 서로 같이 가면 가장 좋다. 하지만 주주의 이익과 다른 이해관계자의 이익이 상충될 경우에는 주주의 이익이 우선해야 한다. 그것이 경영의 원칙이었다.

그런데 1990년대 후반, 이런 주주 우선의 원칙이 무너지기 시작한다. 기업이 이윤만을 추구해야 한다는 논리도 무너지기 시작한다. 기업에는 사회적 책임이 있다. 기업은 사회적 의무와 책임을 우선해야 한다. 기업은 사회에 기여해야 하고 비윤리적인 행위를 해서는 안 된다. 이와 같은 기업의 사회적 책임이 강조되기 시작한다. 이런 인식의 계기를 마련한 것이 바로 스포츠용품회사인 나이키이다.

기업은 사회에 대해 어디까지 책임을 져야 하는가?

나이키는 앞에서 본 것처럼 해외 개발도상국가의 공장에 아웃소싱을 해서 세계적인 기업이 되었다. 개발도상국 노동자의 임금은 낮았고, 나이키는 이런 저임금 공장에 생산을 맡겨서 가격 경쟁력을 갖추게 되었다. 나이키는 세계 각지의 공장과 아웃소싱 계약을 체결하고 스포츠용품을 생산했다.

그런데 1996년, 미국의 잡지 《Life》 6월호에 나이키에 대한 기사가 났다. 파키스탄에 있는 나이키 아웃소싱 공장에서 한 노동자가 나이키 축구공을 만들고 있는 사진과 기사였다. 그런데 그 노동자는 12살짜리 소년이었다. 누가 보아도 아직 어린애가 나이키 축구공에 바느질을 하고 있는 사진이었다. 나이키 제품은 아이들의 노동으로 만들어지고 있었다. 이 잡지의 기사는 다른 언론 매체들이 받아쓰면

나이키 축구공을 바느질 하는 어린이 노동자

서 거대한 폭풍이 되었다.

　'나이키는 가난한 나라들의 아이들을 착취하면서 제품을 만들고 있다. 나이키는 부도덕하고 나쁜 기업이다.' 나이키는 이런 비판이 부당한 것이고 억울하다고 생각했다. 일단 파키스탄의 공장에서 나이키 축구공을 만들고 있는 것은 맞다. 하지만 그 공장은 나이키 사가 직접 소유하고 운영하는 공장이 아니다. 어디까지나 파키스탄인이 소유하고 있는 파키스탄 공장이다. 나이키는 그 공장에 주문을 했을 뿐이다. 아웃소싱하고 있는 기업이 잘못한 것인데 왜 나이키가 비난을 받아야 하나.

　나이키는 자기 소유도 아닌 공장에 대해 누구를 고용해야 한다거나 종업원들에게 얼마의 월급을 주어야 한다는 등의 간여를 할 권리가 없다. 단지 나이키는 그 아웃소싱 공장에서 만들어지는 제품의 가격과 품질에 대해서만 이야기할 수 있을 뿐이다.

물론 파키스탄 공장의 작업 환경이 굉장히 열악한 것은 맞다. 하지만 그것은 어디까지나 서구 선진국 공장과 비교해서 그런 것일 뿐이다. 파키스탄의 공장들은 모두 다 그렇게 열악한 환경에 놓여 있다. 나이키가 아웃소싱하는 공장이 특별히 더한 것은 아니었다.

또 서구 선진국들의 공장들은 어린이를 고용하지 않는다. 청소년, 또는 15세 이하의 어린이를 고용하면 불법이다. 하지만 개발도상국들 중에는 어린이들이 공장에서 일하는 것을 당연하게 받아들이는 곳이 많다. 아프리카 국가들 중에는 아이들에게 일을 하게 하느라 학교에 안 보내는 곳도 많다. 파키스탄에서 12살 정도면 많은 아이들이 일을 한다. 나이키에서 일을 하는 것이 아동 착취는 아닌 것이다.

나이키는 '열악한 환경에서 아동 착취를 통해 제품을 만들고 있다'는 비판에 억울해하고 변명을 했지만 여론은 계속 악화될 뿐이었다. 시민단체들은 들고일어났고, 노동조합들도 어린이 노동에 대해 반발했다. 소비자단체들은 나이키 제품에 대한 불매 운동을 시작했다.

이어서 1997년 11월에는 나이키 제품을 생산하는 베트남 공장에서 유독물질이 검출되는 사건이 벌어졌다. 나이키 제품을 생산한다고는 했지만 나이키 소유 공장이 아니라 한국 기업의 베트남 공장이었다. 한국 기업이 나이키로부터 생산 의뢰를 받아 베트남 공장에서 생산하고 있었다. 이 건에 대해서도 나이키가 비난을 받는다.

이렇게 나이키의 아웃소싱 공장들의 문제들이 터지면서 과거의 잘못들까지 터져 나온다. 인도네시아 공장에서 최저임금보다 낮은 임금을 지급했다는 사실이 폭로된 것이다.

환경, 안전, 노동 기준의 세계화가 이루어지다

나이키는 그 모든 문제들은 어디까지나 아웃소싱을 받은 하청업체의 문제일 뿐이라고 주장했다. 하지만 나이키의 매출은 하락세로 돌아섰다. 매출뿐만 아니라 나이키 주식의 가격도 하락세가 되었다. 주주 중심의 경영에서는 무엇보다 회사의 주가가 중요하다. 주주의 이익은 회사의 주가와 바로 연관되기 때문이다. 결국 나이키는 항복을 한다. 나이키 하청 공장들의 잘못을 자신의 잘못으로 인정하고, 그 모든 사건들이 다시는 발생하지 않도록 조치를 취하기 시작한다.

나이키는 기업 책임을 담당하는 부서를 새로 만든다. 이 부서는 회사의 이익을 증진시키는 것이 아니라, 기업의 사회적 책임을 수행하는 것이 목적이다. 이익이 감소되더라도 기업이 사회적으로 지켜야 하는 의무, 사회적 책임을 충실히 이행하는 것을 목표로 삼았다. 나이키 자신만이 사회적 책임을 다하는 것으로는 부족하다. 나이키로부터 수주를 받고 제품을 생산하는 공장들도 모두 사회적 의무와 책임을 다해야 했다. 그래서 나이키는 본격적으로 아웃소싱을 하는 하청업체들을 관리하기 시작한다.

나이키로부터 아웃소싱을 받는 업체들은 이제 나이키가 제정하는 안전 지침, 환경 지침, 건강 지침, 노동 조건 등을 충족해야 했다. 이 조건들을 충족시키지 못하는 업체들은 나이키와 계약을 할 수 없었다. 이미 장기간 계약이 이루어진 공장이라 하더라도 이 조건들을 제대로 만족시키지 못하면 주문 물량이 감소되는 등 불이익이 따랐다. 나이키와 어떤 식으로든 관련된 기업들은 이제 사회에서 요구하는 윤리적 기준을 모두 만족시켜야 했다.

사실 이런 것들이 아웃소싱 공장이 위치한 국가나 기업들에게 환영을 받은 것만은 아니다. 개발도상국 중에는 아직 환경, 노동, 안전에 대한 규정이 제대로 만들어지지 않았고, 또 실천도 하지 않는 곳이 많다. 그런 와중에 외국 기업 나이키가 환경 규정을 들고 와서 이것을 준수하라고 한다. 자기 나라 법 규정보다 나이키의 지침이 더 중요한 경우가 발생한다.

하지만 아웃소싱 공장들은 나이키로부터 계속 주문을 받기 위해서는 이들이 제시하는 사회적 기준을 맞추는 수밖에 없었다. 이로 인해 진정한 세계화가 이루어졌다. 단순히 자본과 상품이 이동하는 세계화가 아니라 환경, 안전, 노동 기준 등의 세계화가 이루어진 것이다.

또 나이키는 국제기구, 시민단체 들과 적극적으로 협력을 해나간다. 노동 관련 시민단체, 인권 관련 시민단체 들도 적극적으로 지원하고 환경운동 등과 관련해서도 적극적 참여를 원칙으로 했다. 사회가 기업에 요구하는 책임을 충실히 이행하기 위한 노력을 계속 실행한 것이다.

2000년대 들어 나이키의 매출과 주가는 다시 상승세로 돌아선다. 나이키는 위기를 극복하면서 사회적 책임을 다하는 기업으로 다시 자리매김을 한다. 그리고 나이키는 다른 다국적 기업들에게도 반면교사가 된다. 이전에는 좋은 제품을 적정한 가격으로 생산하면 기업의 책임을 다한 것으로 인정되었다. 하지만 이제는 아니다. 기업은 사회적 의무를 준수하여야 하고, 사회적 책임을 다해야 한다.

이런 것을 제대로 수행한다고 해서 회사의 이익이 크게 증가하지는 않는다. 하지만 사회적 책임을 제대로 수행하지 않는 기업은 이제 생존할 수 없다. 기업은 이익만큼이나 사회적 책임에도 민감해야 하는 시대가 된 것이다. 나이키의 하청공장 문제는 기업의 사회적 책임이 갖는 중요성을 알린 주요한 사례가 되었다.

6장_현대 금융

금융 산업의 성공과 실패

현대 금융

경영 분야 중에서 가장 중요한 것 중 하나가 재무, 금융 분야이다. 점잖게 이야기해서 재무, 금융이라 하지만, 사실은 '돈'이다. 어떻게 돈을 관리할 것인가, 어떻게 하면 돈으로 돈을 더 벌 수 있을 것인가를 탐색한다.

사회에서는 대놓고 돈 이야기를 하는 것을 좋아하지 않는다. '돈으로 돈을 더 벌 수 있는 방법'을 찾는다고 하면 무언가 천박해 보이고 품위가 없는 것 같다. 그 대신 '투자법'을 찾는다고 하거나 '금융공학'을 연구하고 있다고 하면 뭔가 굉장히 중요하고 가치 있는 일을 하는 것 같다. 하지만 그 실질은 돈 관리이다. 돈을 잃지 않게 관리하고, 가능하면 돈으로 더 많은 돈을 벌려고 하는 것이 재무, 금융 부문에서 중요시하는 일이다.

실제로 기업에서 가장 중요한 것은 바로 돈이다. 돈이 없으면 기업이 굴러가지 않는다. 기업이 하청업체들에게 돈을 주지 않으면 부품을 납품하지 않는다. 기업이 직원들에게 돈을 주지 않으면 모두 회사를 떠난다. 그동안 아무리 회사와 직원 간의 관계가 좋았고, 회사에 대한 충성심이 넘쳐난다고 해도 소용없는 일이다. 직원은 그 회사를 임금 체불로 신고한다.

사실 회사의 목적은 돈을 버는 것이다. 겉으로 사회적 책임, 국가에 대한 기여, 사람들의 만족도 증진을 내세운다 하더라도 그 속에는 반드시 돈을 버는 이야기가 존재한다. 일단 돈을 벌고 그 다음에 사회적 책임이 있는 것이지, 돈을 벌지 못하고 손해를 보면서 사회적 책임을 내세우지는 않는다. 지금 당장은 손해라 하더라도 장기적으로 이익을 예상하고 사회적 책임을 이야기하는 것이고 단기적으로도, 장기적으로도 계속 손해가 나는 경우 그 일을 계속 추진하지 않는다.

어떻게 돈을 관리하고 투자해야 하는가. 이것은 회사가 존재하는 한 결코 소멸되지 않는 주제이다. 기업들의 재무, 금융 부문에 큰 영향을 준 사례들을 살펴보자. ■

주식투자를 도박에서
투자의 영역으로 끌어올리다

주식투자의 신기원을 이룩한 제시 리버모어

주식의 움직임에서 추세를 발견하다

투자론에서는 투자의 주요 방법으로 두 가지를 든다. 하나는 추세분석 방법이고 다른 하나는 가치투자 방법이다. 가치투자는 기업의 가치와 주식 가격을 비교해서 주식이 기업 가치보다 낮으면 구입하고, 높으면 매도하는 방식이다. 가치투자에서는 기업의 재무제표 등을 분석해서 기업의 실제 가치가 어느 정도인지 파악하는 것이 중요하다.

그러나 추세분석에서는 기업의 재무제표를 분석하지 않는다. 주가의 움직임 그 자체를 분석해서 앞으로 오를 것 같으면 사고, 내려갈 것 같으면 파는 방식이다. 3일간 올랐으면 다음날 내려갈 가능성이 크다, 일주일간 하락했으니 이제 반등할 것이다, 차트가 이런 모양이니 앞으로 어떻게 움직일 것이다, 주식은 3번 오르는 흐름을 가진다 등등의 말은 이런 추세분석에서 나오는 것들이다.

투자론에서 추세분석을 도입한 것은 제시 리버모어이다. 제시 리버모어 이전에 주식투자는 그냥 일종의 도박이었다. 오를 것 같으면 사고, 떨어질 것 같으면 판다. 그때그때의 느낌과 사건에 의해서 투자가 이루어졌다. 하지만 제시 리버모어는 주식의 움직임을 매일 매일 기록했다. 그러다 보니 주식의 오르내림이 어떤 추세를 가지고 있다는 것을 알게 된다. 그는 이런 추세의 흐름에 대한 정보를 바탕으로 주식투자를 시작했다.

오늘날에는 증권회사 사이트, 네이버 증권란을 보기만 해도 한 주식의 일주일 움직임에서부터 10년 동안의 움직임까지 모두 그래프로 나온다. 그러나 제시 리버모어가 활동하던 20세기 초에는 그런 것이 없었다. 제시 리버모어는 스스로 주식의 움직임을 매일 기록하고 그래프를 그려서 흐름과 추세를 파악하고자 했다. 다른 사람들은 그날그날의 느낌과 사건으로 도박과 같은 주식투자를 하는데, 제시 리버모어는 나름의 과학적 분석 방법을 동원해 투자를 했던 것이다.

아주 간단하지만 수익 확률은 높았던 추세추종 방식

제시 리버모어는 1877년에 태어났다. 초등학교를 졸업하고 14세 때부터 증권사에서 게시판에 주가를 표시하는 일을 했다. 이때 주식을 알고 투자를 하기 시작해서 15세에 1천 달러를 벌었다. 20세에는 1만 달러, 24세인 1901년에는 5만 달러를 보유했다. 1910년도에 포드의 T모델 자동차 가격이 850달러였다. 이 당시 850달러는 현재 가치로 2천만 원이 넘는다. 5만 달러면 지금 가치로 몇십억 원에 해당하는 돈이다. 제시 리버모어는 경영학의 역사에서 주식투자로 크게 성공한 최초의 인물이었다. 또 주식투자에 분석을 도입한 최초의 투자자이기도 했다.

제시 리버모어가 주로 사용한 방법은 추세분석 중에서 추세추종 방식이었다. 추세추종 방식은 간단하다. 주식이 오르면 주식을 사고, 주식이 내리면 주식을 판다. 현재 주식의 움직임을 보니 다음과 같이 움직인다고 하자.

그러면 앞으로 이 주식은 어떻게 움직일까? 두 가지 방향이 있다. 현재까지 계속 상승세를 타고 있으니 앞으로도 계속 상승할 것이라는 것. 다른 하나는 현재까지 상승했으니 이제는 하락할 것이라고 예상하는 것이다.

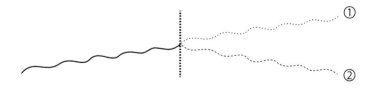

추세추종 방법은 위에서 이 주식이 ① 번의 움직임을 계속 따를 것으로 가정한다. 그래서 주식을 매수하고, 계속 보유하는 전략을 사용한다.

반대로 현재 주식이 하락하고 있다. 그러면 앞으로 어떤 움직임을 보이게 될까? 이때도 두 가지 방향이 있다.

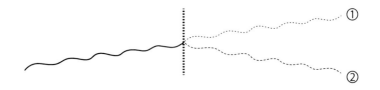

　　현재 하락하고 있으니 앞으로도 계속 하락할 것으로 보는 견해, 그리고 지금까지 하락했으니 이제는 오르리라고 보는 견해이다. 사실 이 주식이 앞으로 오를지 아니면 계속 내릴지를 이 그래프만 가지고 판단하는 것은 불가능하다. 하지만 추세추종 방법은 현재의 방향이 계속 진행될 것으로 보고 투자를 한다. 지금 오르고 있으면 앞으로도 계속 오르고, 지금 내리고 있으면 앞으로도 계속 내릴 것으로 본다.

　　추세추종은 굉장히 간단하기는 하지만 주식투자에서 이익을 볼 수 있는 확률이 높은 방법이다. 현재 주식이 오르고 있을 때, 추세추종에 따라 매수를 했다. 하지만 이 주식은 내려갈 수도 있고 올라갈 수도 있다. 주식이 내려가면 추세추종 방법에서는 앞으로도 계속 내려갈 것으로 본다. 그러니 주식을 바로 팔아야 한다. 하지만 주식이 올라가면 계속 갖고 있는다. 내려가는 추세가 나타날 때까지 계속 보유한다.

　　그럼 다음과 같은 경우의 수가 나타난다.

　　① 바로 하락으로 변환되는 경우

② 현재 오르는 추세가 좀 지속되다가 하락으로 반전하는 경우

③ 장기적으로 오르다가 하락으로 반전하는 경우

추세추종법을 따를 경우 ①에서는 조금 손실을 보고 바로 매도를 한다. ②의 경우에는 하락으로 반전할 때 바로 팔면 조금 이익을 챙길 수 있다. 그리고 ③에서는 큰 이익을 얻을 수 있다.

추세추종에서 실제 이익은 ③번에서 나온다. 추세추종법에서는 항상 수익을 얻을 수 있는 것은 아니다. 그렇지만 확률적으로 이익을 볼 가능성이 높다.

비극적 실패자였지만 투자론 형성의 선구자였다

이렇게 시작한 주식의 추세분석은 이후 엘리어트 파동이론 등 여러 모형들이 제시되면서 계속 발전하고 정교한 방법들이 나타난다. 제시 리버모어는 이런 주식 추세분석의 선구자였다.

하지만 오늘날 제시 리버모어는 거의 잊혀졌다. 벤자민 그레이엄 같은 가치투자 선구자들이 여전히 유명세를 타고 있는 것과는 다르다. 그 이유는 결국 제시 리버모어가 주식투자의 큰 실패자로 남았기 때문이다. 그는 추세추종법을 고안했지만, 계속해서 그 방법을 사용하여 주식투자를 하지는 못했다. 오히려 많이 오를 것 같으면 이제 내릴 것 같다고 판단해서 매도하고, 많이 떨어지면 이제 오를 것으로 보고 매입을 하곤 했다.

그는 한때 큰 성공을 거두었지만, 곧 파산을 하고, 다시 성공을 하고 또 파산을 하는 롤러코스터와 같은 삶을 이어갔다. 결국 63세의 나이에 파산한 상태에서 다시 재기하지 못하고 자살을 하고 만다.

이처럼 실패한 주식투자가로 생을 마감했기에 투자의 역사에서 모범생으로 거론되기는 힘들다. 하지만 제시 리버모어로 인해 주식이 도박 영역에서 투자의 영역으로, 감각의 영역에서 정보의 영역으로 변하고, 추세분석이라는 새로운 분야가 열리게 된 것은 틀림없는 사실이다. 투자론의 형성에 기여한 그의 공적은 경영의 역사에서 지워지지 않는다.

"주식을 사는 것은 그 기업을 사는 것이다"

기업 가치에 근거한 투자 기법의 아버지
벤저민 그레이엄

주식의 실제 가치에 근거한 투자가 '가치투자'

앞에서 나왔듯이 주식투자 방식에는 크게 기술적 투자와 가치투자 방식이 있다. 기술적 투자는 추세분석으로서 그동안 가격이 변해온 추세, 가격 그래프의 움직임을 바탕으로 그 주식이 오를 것인지 내릴 것인지를 판단하는 방식이다.

주식투자의 다른 큰 흐름은 가치투자이다. 가치투자는 주식의 실제 가치가 얼마인가를 알아내고, 그를 기반으로 투자를 하는 것이다. 주식의 실제 가치가 20,000원인데 현재 시장에서 15,000원에 거래된다면 그 주식을 매입한다. 지금 시장에서 팔리는 가격인 15,000원은 실제 주식의 가격을 반영하지 못하고 싸게 팔리는 것이고, 앞으로 이 주식의 원래 가격인 20,000원이 될 것이다. 그러니 지금 사놓으면 수익을 올릴 수 있다.

반대로 주식의 실제 가치가 20,000원인데 시장에서 25,000원에 팔리고 있을 수 있다. 원래 가치보다 높은 가격이 형성되어 있으니, 이 주식은 앞으로 내려갈 것이다. 이런 식으로 그 주식의 실제 가치를 기준으로 투자 결정을 내리는 것이 가치투자이다.

워렌 버핏의 스승이 되다

최초의 기술적 투자자가 제시 리버모어라면 가치투자의 아버지는 벤저민 그레이엄이다. 2000년대 이후 가장 유명한 주식투자가는 워렌 버핏이다. 워렌 버핏은 가치투자로 세계 1~2위의 부자가 되었다. 이 워렌 버핏이 바로 벤저민 그레이엄에게 가치투자를 배웠다. 워렌 버핏만이 아니라 현대의 유명한 가치투자가는 모두 벤저민 그레이엄의 영향을 받았다. 벤저민 그레이엄은 명실상부한 가치투자의 아버지라고 할 수 있다.

벤저민 그레이엄은 1914년에 대학을 졸업한 후 바로 미국의 증권가인 월 스트리트로 진출했다. 그 당시 주식투자는 주식 가격의 움직임을 파악하는 기술적 분석이 위주였다. 그런데 벤저민 그레이엄은 여러 주식들을 관찰하면서 이상한 점을 발견한다.

1920년대 노던파이프라인이라는 송유관회사가 있었다. 이 회사의 주식은 1주당 65달러에 거래되고 있었다. 그런데 이 회사의 현금 자산은 주당 95달러 수준이었다. 회사를 지금 팔아버리면 1주당 95달러 정도의 현금을 받을 수 있다. 그런데 주식 시장에서는 1주당 65달러에 팔리고 있었다. 기업 가치보다 훨씬 낮은 가격에 주식이 팔리고 있었던 것이다.

또 이 회사는 매년 이익을 내면서 주주들에게 배당을 하고 있었다. 매년 1주당 6달러의 배당이었다. 1주의 가격이 65달러인데 6달러씩 배당을 하고 있다. 주식을 구입해서 배당금만 받아도 연 9% 이상의 수익률을 올릴 수 있었다. 벤저민 그레이엄은 이 주식을 대량 구매한다. 주당 65달러에 구입해서 2년 만에 주당 110달러의 수익을 올린다. 벤저민 그레이엄을 유명한 투자자로 만들어준 최초의 성공담이었다.

오늘날에는 이렇게 원래의 기업 가치보다 가격이 낮은 주식을 발견하기 힘들다. 많은 사람들이 기업의 가치를 계산하고 있어서, 그보다 주가가 떨어지면 바로 구매를 하기 때문에 이렇게까지 주가가 낮아지지 않는다. 하지만 그 당시는 사람들이 추세분석만 하고 가치분석을 하지 않을 때이다. 지금 당장 오를 것 같지 않은 주식은 아무리 기업 가치가 좋아도 가격이 낮았다. 기업 가치에 비해 가격이 너무 낮은 주식들이 많이 있었다.

이후 벤저민 그레이엄은 본격적으로 주식의 가치를 분석하는 일에 전념한다. 1934년 그는 주식의 가치를 분석하는 방법을 정리한 『증권 분석Security Analysis』이라는 책을 발간한다. 그리고 컬럼비아 대학에서 자신의 이론을 경영대학원 학생들에게 강의하기 시작했다.

사실 벤저민 그레이엄이 가치투자의 아버지라고 하지만, 이를 처음으로 발견한 사람은 아니다. 버나드 바루크 등과 같이 벤저민 그레이엄보다 먼저 가치투자를 한 사람들이 있었다. 하지만 벤저민 그레이엄은 자기가 발견한 것을 책으로 써서 사람들에게 알렸다.

컬럼비아 대학에서 강의를 하면서 자기 강의를 듣는 학생들에게 주식투자는 가치를 기반으로 해야 한다고 역설했다. 워렌 버핏도 이때 벤저민 그레이엄에게 강의를 들으면서 가치투자를 알게 되었다.

벤저민 그레이엄은 가치투자를 처음 발견하지는 않았지만, 이를 널리 알린 최초의 인물이다. 원래 주식투자자는 성공할 수 있는 비법을 발견하면 자기 혼자만 알고 있고 다른 사람들에게 알려주지 않는 것이 일반적이다. 자기 혼자만 알고 있어야 그 방법으로 수익을 올릴 수 있기 때문이다. 다른 사람들이 모두 알고 있는 것은 더 이상 비법이 아니다.

그러나 벤저민 그레이엄은 자신의 가치투자 방법을 사람들에게 널리 전파했다. 많은 사람들이 그의 영향을 받아 가치투자를 시작했고, 또 수익을 올렸다. 그래서 벤저민 그레이엄은 가치투자의 아버지로 인정받게 되었다.

'주식투자는 그 기업을 사고파는 심정으로 하라'

가치투자에서 가장 중요한 것은 주식의 가치를 어떻게 측정할 것인가이다. 벤저민 그레이엄은 크게 두 가지 방법을 제시했다. 하나는 그 기업의 자산 가치이다. 1년 이내에 현금으로 바꿀 수 있는 유동 자산에서 부채를 뺀 것을 그 기업의 실제 가치로 보았다.

어떤 기업의 재산을 1년 사이에 모두 팔아버리면 모두 15억 원의 현금을 받을 수 있다고 하자. 그리고 빚이 5억 원이 있다. 그러면 그 기업의 가치는 15억 원에서 5억 원을 뺀 10억 원이 된다. 이 회사가 주식을 1만 주 발행했으면, [10억 원 ÷ 1만 주] 해서 1주당 가격은 10만 원이다. 이 10만 원이 주식의 진정한 가치가 된다. 만약 현재 주식 시장에서 이 주식이 7만 원에 팔리고 있으면 저평가된 것이기 때문에 매수해야 한다. 하지만 이 주식이 시장에서 13만 원에 팔리고 있다면 고평가된 것으로 매도해야 한다. 이 방법에 기초해서 현재의 PBRprice on book-value ratio, 주가순자산비율* 이 나왔다.

다른 방법은 기업의 수익성을 기반으로 한 가치 측정 방법이다. 한 기업이 매년 5억 원의 순이익을 낸다고 하자. 시장 이자율이 5%라고 하면 100억 원의 돈을 예금해두면 매년 5억 원의 이자를 받을 수 있다. 즉 이자율이 5%일 때, 매년 5억 원의 순이익을 내는 회사는 100억 원을 은행에 예금하고 있을 때와 같은 이익을 준다. 그러므로 매년 5억 원의 순이익을 내는 회사는 100억 원의 가치를 가지고 있다. 이 회사가 10만주를 발행하고 있다면 [100억 원 ÷ 10만 주] 해서 1주당 10만 원의 가치를 갖는다.

만약 시장 이자율이 10%라고 하면 50억 원을 은행에 예금할 때 5억 원의 이자를 받을 수 있다. 그러면 매년 5억 원의 이익을 내는 회사의 가치는 50억 원이 된다. [50억 원 ÷ 10만 주]가 되어 1주당 5만 원의 가치가 있다. 지금의 PERprice-earning ratio, 주가수익비율** 이 바로 이것을 바탕으로 만들어진 개념이다.

PBR, PER은 현재 기업 가치를 측정하는 가장 대표적인 수치이

---

* 주가를 1주당 순자산(장부가격에 의한 주주 소유분)으로 나눈 것. 주가가 1주당 순자산의 몇 배로 매매되고 있는가를 표시한다.
** 어떤 주식의 주당 시가를 주당 이익으로 나눈 수치. 주가가 1주당 수익의 몇 배가 되는지를 나타낸다.

다. 주식의 가치는 이런 기업의 가치에서 결정된다. 즉 가치투자는 단순히 주식의 가치를 측정하는 것이 아니라 기업의 가치를 측정하는 일이기도 하다. 어떤 기업을 인수합병하고자 할 때 가장 중요한 것은 그 기업이 얼마짜리인지를 파악하는 일이다. 기업의 가치를 파악해야 그 기업을 살 것인지 팔 것인지 결정할 수 있다. 벤저민 그레이엄의 가치투자는 기업의 가치를 측정하는 방법이기도 했기에 그로부터 기업 가치 평가론이 시작된다.

벤저민 그레이엄은 주식을 사는 것은 바로 기업을 사는 것과 마찬가지라고 보았다. 주식이 오를 것이라고 해서 매수하고 내릴 것이라고 해서 매도하지 말고, 그 기업을 사고파는 심정으로 거래에 나서라고 했다. 기업의 소유자는 주식 가격이 조금 올랐다고 해서 자기 주식을 팔지 않는다. 지금 당장 주식이 조금 오르는 것보다 장기적으로 그 기업이 이익을 낼 수 있는지 없는지가 중요하다. 주식 투자도 바로 그런 마음가짐으로 해야 한다.

주식을 사는 것은 기업을 사는 것이다. 주식의 움직임을 보고 주식을 사고팔면 투기이고, 기업의 가치를 보고 주식을 거래하는 것은 투자이다. 벤저민 그레이엄은 이런 가치투자의 사고방식도 만들었다.

가장 중요한 혁신은 고객이 돈을 지불하는 방법에 관한 것이다

산업의 발전에 거대한 기여를 한
GM의 할부금융 제도

자동차의 대중화를 가로막은 진정한 걸림돌

포드자동차를 만든 헨리 포드는 현재까지 경영학에서 위대한 구루 중 하나로 언급된다. 포드는 컨베이어 벨트 시스템을 만들어서 대량생산 시대를 열었다. 그리고 종업원들의 임금을 하루 사이에 2배 이상 올리는 조치를 취하면서 인사관리와 관련해서도 중대한 흔적을 남겼다.

그러나 무엇보다 포드가 존경받는 이유는, 자동차 대중화에 관한 그의 뚜렷한 소신이었다. 포드는 자동차를 만들어 팔면서 단순히 돈을 많이 벌려고 하지 않았다. 돈을 많이 벌기 위해서는 비싼 차를 만들어 상류층에 팔기만 해도 충분했다. 당시 자동차는 상류층만 구입할 수 있는 고급 제품이었다.

이와는 반대로 포드는 모든 가정에서 자동차를 구매하여 타고 다니기를 원했다. 모든 가정에서 자동차를 살 수 있으려면 자동차 생산량이 많아야 했다. 그래서 대량생산 체제를 만들었다. 모든 가정에서 자동차를 살 수 있으려면 사람들의 돈이 많아야 했다. 그래서 포드는 노동자의 월급을 올리는 데 적극적이었다. 노동자들의 수입이 많아야 자동차를 살 수 있기 때문이다.

이런 포드의 철학을 반영한 T모델은 자동차의 대중화를 이끌었다. 지금 대량생산 체제를 갖추지 않고 수작업 위주로 만들어지는 자동차의 가격이 얼마인지를 생각해 보면, 포드의 T모델이 자동차 가격을 얼마나 떨어뜨렸는지 알 수 있다. 대량생산되는 현대, 기아, 폭스바겐 등의 자동차 가격은 2,000만 원 정도이다. 하지만 수작업 위주로 만들어지는 페라리, 포르쉐 같은 슈퍼카는 아무리 싸도 1억은 훨씬 넘는다. 보통은 2~3억을 한다. 1900년대 초 자동차의 가격이 원래 그 정도였다. 그러나 포드가 대량생산을 하기 시작하면서 2,000만 원에 차를 구입할 수 있게 된다.

자동차 가격 2,000만원은 굉장히 저렴한 쪽에 속한다. 하지만 절대 적은 돈은 아니다. 이 돈을 모아서 한번에 차를 살 수 있는 사람은 적었다. 노동자들은 하루 평균 2.3달러의 임금을 받았다. 한 달 25일을 일한다고 하면 57.5달러 수입이다. 포드 T모델 한 대는 825달러였고, 그러면 14개월 동안 월급을 한푼도 쓰지 않고 모아야 살 수 있다는 결론이 나왔다.

하지만 월급을 받는다고 모두 모으기만 할 수는 없다. 먹고, 자고, 생활비로 써야 한다. 자기 수입의 20%를 매달 저축해도 굉장히 많이 모으는 것이다. 그렇게 6년이 지나야 자동차를 살 수 있게 된다. 하지만 중간에 병이 나서 병원에 간다거나, 결혼을 한다거나, 애가 생기거나 하면 지출을 더 하게 되고 저축한 돈을 빼서 쓰게 된다. 2,000만원이라는 돈을 꼬박 모으기는 이처럼 쉽지 않다. 더구나 2,000만원이란 돈이 모아지면 그것을 몽땅 털어서 차를 살 수 있을까? 돈이 더 많아야 2,000만 원 정도를 아낌없이 쓸 수 있다.

일반 가정에서 자동차는 집 말고는 가장 비싼 상품이다. 원래 대중화하기 힘든 가격의 상품이었다.

자동차 대중화 시대의 주역은 포드의 T모델이 아니었다

포드는 자동차의 대중화를 목표로 했고, 대량생산된 T모델은 이에 크게 기여했다. 하지만 그렇더라도 1918년 미국의 자동차 보급률은 7~8% 정도였다. T모델이 나오기 전보다는 엄청나게 높아졌지만, 이미 모델이 나온 지 5년이 지났는데도 겨우 그 정도의 보급률이었다. 그만큼 자동차는 비쌌고, 사람들은 한번에 자동차를 구입할 수 있을 만한 돈이 없었다.

1919년 GM은 GMAP General Motors Acceptance Corporation 를 설립했다. 이 회사는 제너럴모터스 차를 구매하는 사람들에게 할부금융을 제공하는 회사였다. 고객이 2,000만 원짜리 차를 사고 싶어 하지만 그 정도의 돈은 없다. 이때 GMAP가 2,000만원을 지불해주고, 그 대신 고객은 매달 30만 원, 50만 원 정도의 돈을 갚아나가는 방식이다.

지금 현대자동차를 사려고 하면 한번에 2,000만원을 모두 내야 되는 것이 아니다. 처음에 500만 원만 내고 그 후로 몇 년 동안 한 달에 30만 원, 50만 원 정도씩 갚아나간다. BMW, 벤츠 같은 고급차는 6,000만원이 넘는다. 이 돈을 한번에 지불하면서 사는 것이 아니라, 1,000만 원이나 2,000만 원만 내고 차를 구입한 뒤 이후에 다달이 100만 원 정도씩 몇 년에 걸쳐 나누어서 지불한다. 이른바 할부 제도이다. 이 할부 제도가 1919년 GM에 도입되었다.

사실 할부 제도를 GM이 처음 만들어낸 것은 아니다. 1850년대에 이미 재봉틀회사 싱거가 할부 제도를 만들었다. 그러나 컨베이어 벨트 시스템을 처음 만들어낸 것이 시카고 정육 공장이지만 모델이 된 것은 포드자동차이듯, 할부 제도가 사회에 진정한 파급을 만들어 낸 것은 GM에 이르러서였다.

GM이 이 할부금융 제도를 도입하자 목돈이 없는 사람들도 차를 살 수 있게 되었다. 지금 당장 몇백만 원만 있으면 차를 살 수 있다. 나머지 금액은 앞으로 벌면서 지불해나가면 된다. 2,000만원이라는 목돈이 없어서 차를 사지 못하던 사람들이 GM에서 차를 구입하기 시작했다. 이 할부금융 제도는 GM에서, GM 차를 구입하는 사람들을 대상으로만 시행했다. GM의 차 판매량이 급증하기 시작했다. 자동차를 구입하는 사람 75% 정도가 할부금융으로 차를 샀다. 자동차 구매자 75% 이상이 GM의 차를 구입했다는 말도 된다.

결국 GM의 차 판매량이 포드 사를 넘어섰다. 포드 사는 컨베이어 벨트 시스템을 도입해서 미국 자동차 시장점유율의 반 정도를 차지했던 기업이었다. 압도적 시장점유율 1위였던 포드가 이 GM의 할부판매 제도에 발목을 잡혔다. 결국 미국 자동차 시장에서 GM은 1위 기업으로 올라섰고, 이 순위는 지금까지 계속 이어지고 있다.

1918년 미국 자동차 보급률은 7%였다. 하지만 1930년에는 80%가 넘어선다. 정말로 포드가 꿈꾸었던 자동차의 대중화가 이루어졌다. 그런데 자동차 대중화는 포드의 기술 혁신으로 이루어진 것은 아니다. 물론 포드의 혁신도 큰 기여를 했지만, 본격적으로 자동차 대중화 시대를 연 것은 GM의 할부금융 제도였다.

기업 활동의 결정적 장면은 고객이 돈을 지불하는 순간

이 할부금융 제도는 이후 가격이 비싼 제품에 대해 일반적으로 적용되기 시작했다. 한국에서 정수기 혁명을 일으킨 것은 웅진코웨이이다. 웅진코웨이가 정수기를 만들어 사람들이 가정에서 수돗물 대신 정수기 물을 먹을 수 있게 했다. 사람들은 정수기 물을 좋아했지만 정수기는 비쌌다. 100만 원에 가까운 정수기를 사서 집에 놓기는 부담스러웠다.

사실 웅진코웨이 이전에도 정수기는 있었다. 하지만 그 가격이 부담되어서 사지 못했다. 웅진코웨이는 매달 몇만 원씩 지불하면 정수기를 살 수 있는 시스템을 만들었다. 사용료 명목의 할부로 구입할 수 있게 했다. 그러면서 정수기 판매가 급증했고, 웅진코웨이는 정수기 시장의 절대 강자로 자리 잡는다.

현재 아이폰은 기기 가격이 100만 원이 넘는다. 비싸서 사기 힘들다. 하지만 고객들은 이것을 매달 몇만 원 씩 나누어 지불할 수 있고, 그래서 비싼 아이폰도 판매된다. 이런 할부금융이 GM에서 시작된 것이다.

보통 우리가 기업의 혁신, 경영의 혁신이라고 하면 첫 번째로 혁신적인 제품을 만들어내는 것을 생각한다. 그동안 존재하지 않았던 새로운 제품, 기존의 제품을 완전히 개량한 제품 등을 만들어내는 것이 중요한 혁신이라고 생각한다. 마이크로소프트의 윈도우, 애플의 아이팟, 아이폰 등이 이런 것에 해당하는 혁신이다. 아니면 컨베이어 벨트 시스템과 같이 만들어내는 방법, 제조 과정을 바꾸는 것도 중요하게 생각하는 혁신이다. 상품을 어떻게 고객들에게 알리고 소개할까 하는 마케팅 방법도 중요한 혁신 대상으로 논의된다.

그런데 정말로 중요한 혁신 중 하나는 돈을 지불하는 방법에 대한 것이다. 아무리 상품이 좋아도, 광고를 잘해서 상품에 대해 많이 알게 되어도 고객이 돈을 지불하기 어려우면 상품을 판매할 수 없다. 기업 활동에서 가장 결정적인 순간은 고객이 돈을 지불하고 상품을 구매하는 것이다. 재무관리, 금융 제도가 그래서 중요하다. GM의 할부금융 제도는 산업 전반에 큰 기여를 한 혁신이었다.

금융 조직의 관리 시스템

금융 조직의 관리 시스템은
어떻게 작동해야 하는가?

단 한 사람의 사기행각으로 파산한 금융 기업 베어링

232년 역사의 금융 기업이 단돈 1달러에 매각된 이유

1995년 당시 세계에서 가장 오래된 금융회사는 베런베르크은 행이었고, 그 다음으로 오래된 곳이 베어링 금융회사였다. 베어링은 1762년 런던에서 설립되어 1995년까지 무려 232년 동안 이어져온 전통 있는 금융회사였다.

그 베어링 사가 1995년 2월에 파산을 한다. 베어링의 자본금은 7억 6천만 달러 정도였다. 그런데 이때 손실이 14억 달러였다. 자본 금을 완전히 잠식하는 엄청난 손실 앞에서 베어링은 두 손을 들 수 밖에 없었다. 베어링은 232년의 역사를 마감하고 ING 금융회사에 단돈 1달러에 매각되었다.

그런데 오랜 전통을 자랑하는 베어링회사가 망하게 된 것은 단지 한 명의 직원 때문이었다. 이 직원 혼자서 14억 달러의 손실을 냈다. 베어링은 런던에 본사를 두고 있는 금융회사였다. 전 세계에서 금융의 허브로 불리는 곳은 런던과 뉴욕이다. 다른 곳도 아니고 전 세계적인 경쟁력을 지니고 있는 런던의 커다란 국제금융회사가 오로지 한 명의 직원 때문에 망한다는 것은 상상할 수 없는 일이다. 그런데 그 일이 실제로 일어났다.

한 편의 영화와도 같았던 닉 리슨의 사기행각

닉 리슨은 20세의 나이에 세계적 금융회사인 모건스탠리의 선물, 옵션 결제부에서 일하기 시작했다. 여기에서 2년의 경력을 쌓은 뒤 1989년에 베어링 사로 옮겼고, 곧 베어링은행 싱가폴 지점에서 선물 및 옵션 거래 딜러로 활동을 시작했다. 당시에는 선물, 옵션 상품이 처음으로 개발되고 운영되기 시작할 때였고, 닉 리슨은 이 분야의 몇 안 되는 전문가 중 하나였다.

닉 리슨의 거래에서 처음 문제가 발생한 것은 1992년 7월이었다. 이때 약 3만 2천 달러의 거래 손실이 발생했는데, 본사에 실수라고 보고하기에는 좀 큰 액수였다. 그래서 닉 리슨은 이 거래를 숨긴다. 금융회사는 자체적으로 여러 개의 에러 계좌를 가지고 있다. 상품을 사기로 했는데 사지 못한 경우, 팔기로 했는데 잘못해서 다른 증권을 판 경우와 같이 회사가 실수하는 경우가 있는데, 이것을 일단 에러 계좌에 두고 손실 처리를 한다.

이 에러 계좌들 중에 더 이상 사용하지 않는 휴면 계좌가 있었는데, 닉 리슨은 자기 팀의 손실을 이 에러 계좌에 넣는다. 이후 닉 리슨은 손실이 날 때마다 이 계좌를 사용한다. 1992년 말에는 손실이 10만 달러까지 증가되었다.

1993년 1월에도 닉 리슨팀에는 24만 달러 이상의 손실이 발생했다. 이 거래도 닉 리슨은 에러 계좌에 넣었다. 이후 그는 모든 손실을 이 에러 계좌를 이용해서 본사에 숨긴다. 그 대신 자기가 성공한 거래만 본사에 보고를 했다. 그렇게 이익을 올린 거래만 보고를 하니 닉 리슨은 회사에서 굉장히 유능한 직원이 되었다.

1993년에 베어링의 세전 순이익은 1억 6천만 달러였다. 이 중에서 5,700만 달러가 싱가폴에서 얻은 이익이었다. 그런데 싱가폴 지점의 이익 중 3분의 1이 닉 리슨에 의해서 달성되었다. 그는 혼자서 거의 2,000만 달러 정도의 이익을 냈다. 닉 리슨은 그 공로를 인정받아 약 50만 달러의 연봉을 받았고, 수백만 달러의 성과급도 받았다. 닉 리슨은 명실공히 베어링을 대표하는 스타 딜러였다.

그렇지만 닉 리슨의 비밀 계좌에는 계속 손실이 쌓여갔다. 1993년 4월에는 숨겨진 손실이 3,700만 달러가 되었다. 1994년 7월에는 8,000만 달러의 손실이 축적되었다. 아무리 닉 리슨이라고 해도 이 돈을 그냥 손실로 두고 있을 수는 없었다. 손실이 나는 만큼 어떻게든 메꾸어야 했다.

닉 리슨은 자신의 운영 자금을 늘려달라고 요구했고, 본사는 실적이 좋은 그의 요구를 받아들여 돈을 송금했다.닉 리슨은 그렇게 본사에서 들어온 돈으로 자신의 손실을 메꾸었다. 본사에서 보낸 돈은 그가 운영 자금으로 사용하는 것으로 포장되었지만 실질적으로는 사라진 돈이었다.

1995년 1월, 고베에서 대지진이 났다. 닉 리슨은 일본 주가 지수가 변동이 없을 것으로 보고 주식에 엄청난 양을 투자하고 있었다. 그런데 고베 대지진의 후폭풍으로 주가가 폭락을 했다. 이때 미국의 금리도 변동했다. 변동이 없을 것으로 보고 투자를 했는데 상황이 변하니 손실이 났다. 닉 리슨은 이 손실들을 한번에 만회하기 위해서 무모한 투자를 계속했고, 여기에서 실패하면서 손실액은 기하급수적으로 늘어났다.

1995년 2월, 결국 닉 리슨의 숨겨진 계좌가 들통이 났다. 이때 닉 리슨의 손실은 14억 달러까지 늘어났다. 베어링은 이 새롭게 드러난 손실을 감당할 수가 없었다. 자기자본금보다 2배나 되는 손실이었다. 결국 베어링은 어쩔 수 없이 파산을 신청하기로 했다. 232년의 전통을 가진 유수한 금융회사 베어링은행은 이렇게 망한다.

어떤 관리 시스템이 필요한지에 대한 반면교사가 되다

베어링이 망하게 된 이유는 무엇 때문이었을까? 가장 큰 문제는 한 명의 직원에게 너무 큰 권한을 준 것이다. 닉 리슨은 싱가포르에서 한 팀을 담당하는 리더로서 상품 거래를 주도했다. 그리고 그 팀의 모든 거래들을 확인하고 감시하는 역할도 맡았다. 팀 내에서 상품 거래를 하는 사람과 그것을 확인하는 사람은 달라야 하는데, 베어링의 싱가포르팀은 이 역할을 모두 닉 리슨이 맡고 있었다. 그래서 그는 모든 거래를 자기 마음대로 할 수 있었고, 어떤 거래가 어떻게 이루어지는지 팀 내에서 아무도 알지 못했다.

팀 내에서 그것을 하지 못하면 외부에서 해야 한다. 더 높은 직급자가 이 팀의 거래에 대해서 확인하고 검사를 했어야 했다. 그런데 이 당시 선물, 옵션 상품은 금융에서 처음 개발되어 이용되는 신제품이었다. 관리자들은 오랫동안 금융계에서 살아온 사람들이기는 하지만 선물, 옵션에 대해서는 몰랐다. 자기들이 선물, 옵션에 대해서 모르니 닉 리슨에게 이러쿵저러쿵할 수가 없었다. 닉 리슨이 롱 포지션, 숏 포지션, 스트래들 거래 등 전문용어를 써서 설명을 하면 무슨 말인지 알 수도 없었고 이해하는 것도 불가능했다. 말을 해봤자 자기가 선물, 옵션에 대해 무식하다는 것을 드러낼 뿐이다. 상급자들은 닉 리슨에 대해 별말 하지 않고 그냥 맡겨 놓았다.

베어링의 조직 체계에서 닉 리슨의 상급자가 여러 명이라는 것도 문제였다. 이때 닉 리슨이 자기 업무를 보고하는 상급 라인은 모두 네 명이었다. 네 명이 상사이다 보니, 각 상사들은 그의 업무에 대해 큰 책임감을 갖지 않았다. 자기가 관리하지 않아도 다른 상급자들이 잘 하겠거니 하고 닉 리슨을 특별히 관리할 생각은 하지 않았다.

감사팀도 문제였다. 닉 리슨은 손실을 숨긴 2년 반 동안 두 번 이상 본사의 감사를 받았다. 특별한 잘못이 있어야만 감사를 받는 다른 분야와 달리, 돈을 다루는 금융회사에서는 이런 감사가 일상적으로 일어난다. 그런데 그렇게 몇 번이나 감사를 했음에도 감사팀은 닉 리슨의 문제를 발견하지 못했다. 감사 때마다 무언가 규정에서 어긋난 것은 발견했다. 계좌에 있어야 하는 돈이 실제 액수와 맞지 않는 등의 문제가 있었다.

하지만 닉 리슨은 그 문제에 대해 이런저런 변명을 했고, 뭔가 다른 서류를 들이밀면서 송금, 입금 과정에서 좀 늦어지고 있는 일시적인 오류일 뿐이라는 식으로 응대했다. 감사팀은 닉 리슨을 믿었고 결국 감사 때마다 문제가 없다는 보고서를 제출했다.

닉 리슨은 자신이 실패한 거래를 숨겨온 것이 들통나자 말레이시아로 도망쳤다. 이후 브루나이, 독일 등으로 도망다녔으나 결국 독일에서 체포된다. 닉 리슨은 배임, 공문서 위조 등의 죄목으로 6년 6개월 징역을 선고받았다. 하지만 감옥 안에서 대장암 진단을 받았고, 또 모범적인 수인 생활을 했다 하여 1999년에 석방된다.

닉 리슨은 석방 이후 전 세계 금융회사를 대상으로 강연을 다니게 된다. 자신이 어떻게 금융 거래를 했는지, 그리고 그 금융 거래를 어떻게 회사에 숨길 수 있었는지에 대한 경험담을 이야기했다. 금융회사들은 닉 리슨의 이야기를 들으면서 어떻게 직원들을 관리해야 하는지, 어떤 식으로 직원들의 행태를 감시, 감독해야 하는지에 대한 시사점을 얻을 수 있었다.

베어링 금융회사의 파산은 한 명의 직원이 회사를 망하게 할 수 있을 만큼 금융 기업의 시스템이 치밀하지 못하다는 점, 직원들에 대한 명확한 관리 시스템을 갖추어야 한다는 점, 직원들에게 통제되지 않은 권한을 너무 많이 주면 안 된다는 점 등을 보여주는 벤치마킹 사례가 된다.

부도덕한 기업의 종말

회계 조작이 밝혀져 파산한 에너지 기업 엔론

176억 달러의 순자산을 갖고도 파산한 엔론

미국 역사에서 가장 거대한 기업 파산 중 하나로 언급되는 것이 에너지회사 엔론의 파산이다. 엔론은 1985년, 송유관회사인 휴스턴내추럴가스와 천연가스 유통업체인 인터노스가 합병해서 만들어진 회사이다. 2000년에는 미국에서 7위, 세계에서 16위의 거대 기업이었다. 그런데 그런 거대 기업이 2001년 갑자기 파산을 한다.

엔론의 파산을 보면 이상한 점이 있다. 엔론이 파산할 때 총자산은 498억 달러, 총부채는 312억 달러였다. 부채가 많기는 하지만 순자산이 176억 달러나 된다. 순자산 대비 부채 비율이 177%로 그리 높은 편도 아니다. 2016년도 기준 한국에서 주식 시장에 상장된 기업들 중 부채 비율이 200%가 넘는 곳만도 16%가 넘는다. 엔론은 부도가 나서 파산할 정도의 부실기업은 아니었다. 그럼에도 불구하고 파산을 한다. 엔론이 부도덕한 기업으로 사회적으로 낙인찍히는 바람에 아무도 도와주려 하지 않았기 때문이다.

기업의 순자산이 100억 달러가 넘는다고 해도 이 자산은 대부분 토지, 공장, 건물 등으로 갖고 있는 것이고, 현금으로 보유하는 것은 아니다. 회사의 부채는 계속해서 갚아야 할 만기가 오고, 이 부채를 갚기 위해서는 계속해서 돈을 대출받아야 한다. 대부분 회사는 돈을 꿔서 빚을 갚고, 다시 돈을 꾸어서 그 빚을 갚고 하는 식으로 운영된다.

그런데 2001년, 아무도 엔론에게 돈을 꿔주지 않았다. 엔론이 부도덕한 기업이라는 이유였다. 엔론은 새로 부채를 얻을 수 없어 만기가 돌아오는 빚들을 갚을 길이 없었고, 아직 순자산이 충분히 많았음에도 불구하고 파산을 하게 된다. 현대 사회에서 부도덕한 기업은 생존할 수 없다는 것을 극명하게 보여준 사례가 된 것이다.

원래는 가장 혁신적이고, 가장 존경받던 기업

엔론은 세계에서 가장 혁신적인 회사로 칭송을 받던 회사였다. 에너지 생산 및 유통 회사였던 엔론은 1999년 엔론온라인을 자회사로 설립한다. 에너지 거래를 온라인상에서 할 수 있도록 한 회사였다. 1990년대 말은 인터넷이 보급되면서 각 부분에서 인터넷 상거래 혁신이 이루어지고 있을 때였다. 엔론은 에너지 분야에서 처음으로 온라인 유통 혁명을 시작했다.

전 세계에 석유, 가스 등의 생산지는 굉장히 많다. 그리고 이 생산지마다 가격과 생산량이 조금씩 다르다. 에너지 상품을 사고자 하는 사람들은 여러 생산지를 돌아다니면서 가격과 생산량을 조사하고 자기에 맞는 공급 조건을 제시하는 업체와 계약을 한다. 에너지 상품을 팔고자 하는 사람도 여러 수요자를 만나 가격 조건과 생산량 등을 협상해야 했다. 하나의 계약이 성사되기 위해서는 몇 달이 걸리곤 했다.

그런데 엔론온라인은 그 과정을 온라인으로 이루어지도록 했다. 모든 생산지의 가격과 생산량을 인터넷에 정리해서 올리고, 수요자가 원하는 가격과 생산량도 인터넷상에 올렸다. 인터넷상에서 생산자와 수요자가 직접 거래를 할 수 있도록 온라인 마켓을 만들었고, 거래가 성사되면 수수료를 받았다. 에너지 분야의 아마존, 이베이가 바로 엔론온라인이었다.

엔론온라인은 에너지 거래, 에너지 유통 단계에서의 혁명을 이끌었다. 엔론은 대표적인 혁신 기업이었다. 《포춘》은 엔론을 6년 연속 가장 혁신적인 기업 명단에 올렸고, 하버드 MBA에서도 엔론은 주요 혁신 사례로 소개되었다. 애널리스트들도 모두 엔론을 칭송했고, 세계에서 가장 존경받는 기업 25위로 선정하기도 했다.

이런 실적과 칭송 덕분에 엔론의 주가는 폭등을 했다. 1991년부터 2000년까지 엔론의 주식은 1400% 이상 상승해서, 주당 90달러까지 올라갔다. 주주, 경영자, 직원 등 회사 내부자뿐 아니라 애널리스트, 펀드매니저, 언론기관, 경영교육기관 등 이해관계자 모두에게 엔론은 이상적인 기업이었다.

회사 경영진이 주도한 조직적인 회계 조작

그런데 2001년 9월 중순 충격적인 일이 벌어졌다. 이때 엔론은 회계 장부에서 3,500만 달러의 이익이 잘못 계상되었고, 또 엔론의 계열사인 금융회사에서도 약 12억 달러의 주주 손실이 발생했다는 사실을 발표했다. 그리고 2001년 10월 16일, 엔론 사가 그동안 계속해서 분식회계, 즉 매출을 높이고 이익을 증가시키는 식으로 회계를 조작해왔다는 사실이 밝혀진다.

2001년 가을, 엔론사의 분식회계가 밝혀지게 된 것은 미국의 경기를 급속도로 냉각시킨 9.11 사태 때문이었다. 9.11 사태가 발생하면서 미국 경제는 거의 마비 상태가 되고, 자금이 돌지 않았다. 엔론 사는 실제로는 자금이 부족한 상태였는데, 회계 조작을 해서 흑자인 것으로 꾸며오고 있었다.

경기가 좋을 때는 자금이 부족해도 어찌어찌 회사를 유지할 수 있지만, 경기가 안 좋을 때는 자금이 부족하면 버티기 힘들다. 회계상으로는 돈이 많이 있지만 실제로는 그렇지 않았기 때문에 거래에 문제가 발생하기 시작했고, 결국 엔론은 그동안 분식회계를 해왔다는 것을, 그래서 실제로는 돈이 없다는 것을 밝힐 수밖에 없었다.

엔론의 회계 조작은 어쩌다 한번, 단기간에 이루어진 일이 아니었다. 회사 전체적으로 장기간, 계획적으로 회계 조작을 해왔다.

엔론온라인의 경우, 그 역할은 어디까지나 에너지 공급자와 수요자를 연결시켜주고 중간 수수료를 받는 것이었다. 그런데 엔론온라인의 매출액 중에는 에너지 공급자가 수요자에게 판 상품 가격이 그대로 잡히는 경우가 있었다. 공급자가 수요자에게 100만 달러어

치를 판매하고, 엔론온라인에 수수료 1만 달러를 지불하는 거래가 있다고 하자. 그러면 엔론 온라인의 매출은 수수료 1만 달러로 표시되어야 한다. 그런데 공급자의 판매 가격 100만 달러가 엔론온라인의 매출로 잡혔다. 매출액의 과다 계상이다.

또 엔론은 다른 회사를 인수합병하는 경우가 많았다. 그런데 이때 발생하는 기대 매출액과 이익을 실제 매출액과 이익으로 반영했다. A라는 기업을 인수합병하면서 예상 기대 이익이 1억 달러가 나왔다고 하자. 그런데 실제 인수합병을 해보니 이익이 1000만 달러밖에 나지 않았다. 이런 경우 회계 장부에는 이익 1,000만 달러로 적어야 한다. 하지만 엔론은 원래 예상 기대 이익이었던 1억 달러를 이익으로 계상했다.

계열사를 이용해서 부채를 의도적으로 줄이는 작업도 했다. 엔론의 계열사가 채권을 발행할 때 엔론이 지급보증을 선다. 그런데 엔론의 계열사는 채권 발행으로 모은 돈을 엔론 본사에 빌려주었다. 실질적으로는 엔론의 부채이지만, 이 당시 회계 법칙상으로는 부채로 잡히지 않았다. 또 사설 펀드들을 만들어서 엔론의 자산과 부채들을 그곳들에 판 것으로 처리하기도 했다. 실질적으로는 엔론의 자산이고 부채이지만, 회계상으로는 엔론의 자산이 팔렸으니 수익이 발생했고, 부채들이 처분되었으니 부채 규모가 줄어든 것이다.

어느 한 항목에서만 회계 조작이 있는 것이 아니라, 다른 많은 부분에서 조작이 있었다. 이런 정도로 광범위하게 회계 조작이 이루어지기 위해서는 어느 한 부서의 힘만으로는 안 된다. 회사 경영진 차원에서 의도적으로 회계 조작을 한 것이었다.

미국 증권거래위원회가 조사를 시작해서 엔론의 재무제표를 재작성했다. 원래 1997년에서 2001년 3분기까지 엔론의 순이익은 29억 달러인 것으로 발표되었다. 그런데 실제 순이익은 23억 달러였다. 순이익을 20% 정도 과대 계상한 것이다. 또 부채는 6억 2천만 달러 정도를 줄여서 발표해왔다. 엔론이 발표한 매출액은 미국에서 7위 수준이었는데, 실제 매출액을 다시 계산해 보니 287위가 되었다.

시장의 철저한 버림을 받다

엔론이 이익과 매출을 과다 계상해왔지만 그렇다고 해서 적자 기업을 흑자 기업으로 포장한 것은 아니었다. 매출 규모나 자산 규모를 고려할 때 절대로 망할 기업은 아니다. 하지만 엔론은 시장의 신뢰를 잃었다. 모든 투자자들은 주식을 팔기 시작했다. 기관 투자가, 일반 투자가 할 것 없이 모두가 주식을 팔기 시작해 주가는 폭락을 한다. 2001년 10월에 엔론의 주가는 35달러 정도였는데, 12월에는 20센트까지 떨어졌다.

또 은행들은 자기가 빌려준 돈을 돌려달라고 요구했다. 은행이 기업에 돈을 빌려주었을 때 특별한 문제가 없으면 계속 대출 계약이 연장된다. 하지만 이때 은행들은 엔론에 대해 대출 연장을 해주지 않았다. 만기가 돌아온 빚을 그대로 다 갚으라고 요구했다. 엔론은 대출 만기가 된 빚을 갚기 위해 새로 돈을 빌리고자 했지만 빌려주는 데가 없었다. 투자를 해주는 곳도 없었다. 결국 엔론은 어디에서도 돈을 구할 수가 없어서 파산을 한다. 엔론이 분식회계를 했다는 것이 밝혀진 지 단 두 달 만에 이뤄진 일이었다.

엔론의 파산은 기업이 신뢰를 얻는 것이 얼마나 중요한지를 말해주는 고전적인 사례가 된다. 시장의 신뢰를 잃으면 아무리 크고 좋은 기업이라 하더라도 한순간에 망할 수 있다. 신뢰의 문제가 기업 경영에 미치는 영향을 엔론 사례는 충격적으로 보여주었다.

가장 완벽한
수학적 투자 이론의 실패

롱텀인베스트먼트의 파산

어떤 경우에도 이익을 내게 하는
혁명적 투자론, 블랙-숄스 모델

경영학의 투자론 부문에서 가장 중요하게 논의되는 것 중 하나가 블랙-숄스 모델이다. 블랙-숄스 모델은 옵션 가격 모델인데, 쉽게 말해 어떤 경우에도 손실을 보지 않고 이익을 볼 수 있도록 포트폴리오를 구성하는 방법이다.

이 세상의 금융 상품들은 서로 상관관계를 가지고 움직이고 있다. A가 상승할 때 B도 상승하는 관계, A가 상승할 때 C는 하락하는 관계, A가 상승할 때 D는 더 높은 비율로 상승하는 관계 등 모든 금융 상품은 서로 영향을 주고받으며 오르내린다.

이때 이런 상품 간 상관관계를 완전히 알고 있으면, 시장이 어떻게 움직이든 반드시 수익을 낼 수 있는 방법을 찾아낼 수 있다. 시장이 오르거나 내리거나 상관없이 조금이라도 수익을 낼 수 있는 포트폴리오를 만든다. 이런 포트폴리오를 만들면 투자자는 어떤 경우에든 수익을 올릴 수 있다. 블랙-숄스 모델은 바로 그 포트폴리오 구성 방법을 설명한다.

블랙-숄스 모델은 워낙 혁명적인 모델이기 때문에 이것을 만든 사람들에게 노벨경제학상이 수여되었다. 로버트 머튼과 마이런 숄스는 1997년 노벨경제학상을 수상한다. 원래 이 모델을 만든 사람은 숄스와 블랙이었다. 그래서 블랙-숄스 모델이라고 부른다. 머튼은 이들이 만든 모델을 수학적으로 정립화하는 데 공헌을 했다. 그런데 블랙은 1995년에 사망했고, 살아있는 사람에게만 수여한다는 원칙에 따라 노벨상을 받지 못했다.

금융공학의 탄생

원래 금융 투자의 세계는 직감이나 통찰력을 기반으로 이루어지던 곳이었다. 분석이라고 해도 추세분석, 재무분석이 주로 이루어졌는데, 이것은 과거 자료에 대한 분석이다. 과거에 이런 식으로 주식 가격이나 채권 가격이 변동되었다는 것은 말해주는데, 이것이 과연 미래에도 그대로 적용될지에 대해서는 이론적으로 말해주지 않는다. 그냥 단순히 과거에 이랬으니 앞으로도 이럴 것이라는 비논리적인 추론을 바탕으로 분석하는 것이었다.

즉, 투자론은 비과학적인 부문이었다. 어떻게 하면 수익을 올릴 수 있는지 이론으로 논리적으로 설명할 수 없었다. 그런데 블랙-

숄스 모델은 그런 투자론에서의 비논리적인 부분을 완벽하게 치유해주는 모델이었다. 블랙-숄스 모델에서는 직감이나 통찰력이 작용하지 않는다. 오로지 수학적 분석을 바탕으로 어떤 경우에도 적용할 수 있는 모델을 제공한다.

블랙-숄스 모델이 적용되기 시작하면서 투자와 재무 분야는 금융공학이라는 말을 사용하기 시작했다. '공학'은 기계적으로, 원리원칙대로 작동되는 분야이다. 사람에 따라, 감성에 따라, 시대에 따라 달라지지 않는다. 금융공학이라는 표현은 금융 부문이 수리적으로 확실하게 움직인다는 것, 그리고 사람, 감성, 시대와 상관없이 투자 수익을 얻을 수 있다는 확신에서 나온 것이었다.

금융공학의 바탕 위에 만들어진 투자 드림팀

이러한 블랙-숄스 모델, 금융공학의 이론적 바탕 위에 만들어진 최초의 대규모 투자회사가 바로 롱텀인베스트먼트이다. 롱텀인베스트먼트는 1994년, 당시 유명한 트레이더였던 메리웨더, 블랙-숄스 모델을 만들어낸 숄스와 머튼, 그 외 쟁쟁한 월 스트리트 실력자들이 모여서 만든 투자회사였다. 그야말로 드림팀이었다.

1994년에 롱텀인베스트먼트는 자금을 모아서 블랙-숄스 모델을 바탕으로 투자를 하기 시작했다. 그 실적은 그야말로 경이로웠다. 1994년, 롱텀인베스트먼트의 수익률은 19.9%였다. 그리고 1995년은 42.8%, 96년은 40.8%, 97년은 27.7%였다.

2010년대에 세계 최고의 투자 천재로 항상 세계 부호 1, 2위를 다투는 워렌 버핏의 수익률은 평균 연 20% 정도이다. 그런데 롱텀인베스트먼트는 1994년부터 1997년까지 평균 수익률이 32.8%였다. 다른 투자회사와 비교할 수조차 없는 월등한 성과였다. 1997년에는 롱텀인베스트먼트에 파트너로 참여하고 있는 숄스와 머튼이 블랙-숄스 모델을 만든 공로로 노벨경제학상을 받는다. 그야말로 롱텀인베스트먼트의 전성시대였다.

사실 블랙-숄스 모델이라 해서 완벽하게 100% 수익을 올릴 수 있는 방법을 제시하는 것은 아니었다. 투자를 했을 때 5만분의 1의 확률로 돈을 잃을 수도 있다. 하지만 5만분의 1의 확률은 현실에서 거의 나타나지 않는다.

동전을 던진다면 앞면만 연속으로 16번 정도 나오는 것이 5만분의 1 정도 된다. 앞면이 16번 연속으로 나오면 돈을 잃는다. 하지만 중간에 한 번이라도 뒷면이 나온다면 이익을 얻는다. 이런 정도의 확률이라면 돈을 걸어도 충분하다. 16번 연속으로 동전 앞면이 나오면 돈을 잃고 그 외의 경우에는 항상 돈을 따는 도박이 있으면, 돈을 거는 것이 합리적이라 할 수 있다.

그 대신 이 모델의 단점이 하나 있기는 하다. 16번 연속으로 앞면이 나오지 않으면 돈을 따기는 하는데 1억 원 정도 투자해서 1만 원 정도만 딴다. 그 대신 16번 연속으로 앞면이 나오면 1억 원의 돈 모두를 잃는다. 거의 다 돈을 따기는 하는데, 굉장히 조금만 딴다. 돈을 잃는 경우는 몇만 분의 일인데, 잃으면 막대한 돈이 나간다. 그런 위험이 있기는 하지만, 16번 계속해서 앞면만 나올 확률은 정말 희박하다. 롱텀인베스트먼트는 계속해서 투자를 했고, 실제로 높은 수익률을 올렸다.

실패 확률 5만분의 1, 운명의 장난이 실제로 일어났다

문제는 1997년 말부터 발생하기 시작했다. 이때 동아시아에서 금융위기가 발생한다. 1997년 7월, 태국에 금융위기가 발생했고, 12월에는 한국도 국가 부도가 나서 IMF 구제금융을 받아야 했다. 그리고 1998년 8월, 러시아가 모라토리엄-국가 부도를 선언한다.

블랙-숄스 모델은 주식, 채권들의 가격이 일정한 규칙에 따라 변동한다는 것을 가정한다. 어느 한 시점에서 가격이 올라가는 금융 상품들이 있고 내려가는 상품들도 있다. 이 금융 상품들을 잘 조합하고, 상품 옵션 등을 잘 활용하면 몇몇 상품 가격은 오르고 몇몇은 내리지만, 전체적으로는 조금 오르는 상품군을 만들 수 있다.

만약 모든 금융 상품들이 오르거나 내리면 블랙-숄스 모델은 작동하지 않는다. 하지만 모든 금융 상품들이 한꺼번에 오르거나, 한꺼번에 내리기만 하는 경우는 현실에서 발생하지 않는다. 모든 금융 상품들이 한꺼번에 오르기만 하는 것은 동전 앞면만 16번 이상 나오는 것과 같이 말도 안 되는 일이다.

그런데 1997년 태국, 한국의 금융위기, 1998년 러시아의 모라토리엄이 일어나면서, 그 말도 안 되는 일이 실제로 발생했다. 롱텀인베스트먼트가 갖고 있는 포트폴리오의 금융 상품들이 모두 한 방향으로만 움직였다. 사람들이 수익성과 관계없이 상품의 안정성만을 원하면서, 가장 안전하다고 여기던 미국 금융 상품 가격이 오르기만 했다. 이렇게 포트폴리오의 모든 상품 가격들이 한쪽 방향으로만 움직이는 것은 5만분의 1의 확률이었다. 현실적으로 절대 나타날 수 없는 확률이다. 그런데 1998년, 이런 확률의 사건이 실제로 발생한다.

블랙-숄스 모델은 5만 번 중에서 49,999번은 1만 원씩 벌고, 5만 번 중 한 번은 1억 원을 잃는 모델이다. 1998년, 5만분의 1의 확률이 발생했고, 롱텀인베스트먼트에는 어마어마한 손실이 발생했다.

1억 원의 투자금을 갖고 있는데 한 번 투자에서 1만 원만 벌면 수익성이 너무 낮다. 그래서 롱텀인베스트먼트는 자기 돈이 1억일 때 25억 원 정도의 돈을 빌려서 투자를 했다. 그러면 한번에 25만 원을 벌 수 있었다. 그런데 25억 원을 가지고 투자를 하다가 5만분의 1의 사건을 맞는다. 투자금 25억 원을 모두 잃게 된다. 자기 돈 1억원 이외에 빌린 돈 24억 원까지 모두 잃어버렸다.

롱텀인베스트먼트는 1994년부터 1997년까지 번 돈을 모두 토해내고, 추가로 엄청난 손실을 내고 파산을 한다. 노벨상까지 받은 블랙-숄스 모델이 실질적으로는 제대로 작동하지 못한다는 것을 보여준 것이다.

그러나 이런 한계에도 불구하고 아직까지 투자론에서는 블랙-숄스 모델을 중요하게 가르치고 있다. 문제점은 존재하지만 그래도 이만큼 수학적으로 투자 모델을 설명하고 있는 것이 없기 때문이다. 이것을 받아들이지 않으면, 투자론은 과거 추세가 앞으로 계속될 것이라는 비논리적인 분석, 그리고 개인의 통찰력에 기댈 수밖에 없게 되는 문제가 있기 때문이다.

금융 기업의 도덕적 해이와 성과급 설계

세계 금융위기와 월 스트리트 금융회사의 성과급 지급 논란

부동산 대폭락으로 쑥대밭이 된 월 스트리트

2008년, 세계 금융위기가 발생했다. 이 위기는 미국 월 스트리트의 금융회사 위기에서 시작된다. 유명한 금융회사였던 리먼브러더스가 파산했고, 아메리칸인터내셔널AIG, 메릴린치, 골드만삭스, 모건스탠리 등 굴지의 금융회사들이 한꺼번에 부도 위기에 내몰리게 되었다. 이렇게 월 스트리트 금융회사들이 한꺼번에 부도 위기에 빠지게 된 것은 미국 부동산 가격의 하락 때문이었다.

월 스트리트 금융회사들은 미국 부동산 가격과 연동이 되는 금융 상품들을 많이 갖고 있었다. 이 부동산 관련 파생 상품들은 몇몇 부동산들이 하락하더라도 손해가 나지 않도록 설계되어 있었다. 그런데 이때 미국 전역의 부동산 가격이 내린다. 거의 폭락 수준으로,

모든 지역의 부동산 가격이 떨어진다. 이른바 서브 프라임 모기지 사태가 발생한 것이다.

이렇게 모든 부동산 가격이 폭락하면서 부동산 관련 파생 상품들도 휴지조각이 되어버렸다. 부동산 상품에 많은 금액을 투자하고 있던 월 스트리트 금융회사들은 큰 손실을 보고 부도 위기에 내몰릴 수밖에 없었다.

은행의 파산과 후폭풍

자본주의를 신봉하는 미국 정부는 기업들이 망한다고 해서 구제금융을 하지는 않는다. 회사가 어려우면 그냥 문을 닫게 하는 것이 원칙이다. 하지만 이때 미국 정부는 월 스트리트 금융회사들에게 구제금융을 실시했다. 이렇듯 예외적으로 자금 지원을 한 것은, 금융회사들이 한꺼번에 망했을 때 타격이 너무 크기 때문이다.

금융회사가 망한다는 것은 일반 기업이 망하는 것과는 차원이 다르다. 일반 기업이 망했을 때는 그 회사의 종업원들이 직장을 잃고, 거래하는 기업들이 손해를 본다. 그 기업에 자재를 공급하고 돈을 받아야 하는데, 부도가 나면 돈을 받지 못한다. 그래서 채권자나 거래자 등이 손실을 본다.

금융회사가 망했을 때도 마찬가지다. 그 회사의 직원들, 거래를 하고 있는 사람들이 손해를 본다. 그런데 금융회사와 거래하는 사람은 누구일까? 가장 많은 수가 그 금융기관에 예금을 하고 있는 사람들이다. 은행이 망한다는 것은 예금을 하고 있는 사람들이 돈을 돌려받지 못하게 된다는 의미이다. 한국의 신한, 국민, 우리은행 등에 예금을 넣고 있는 사람들은 각각 1천만 명이 넘는다. 하나의 은행이 망하면 몇백만 명이 넘는 예금주들이 재산을 날린다. 금융회사가 망하는 것은 워낙 사회적으로 큰 문제가 되기 때문에 정부는 최대한 부도를 막으려 한다.

그래서 미국 정부도 월 스트리트 금융회사들에 구제금융을 실시했다. 무려 7,000억 달러의 돈이 월 스트리트 금융회사들의 부도를 막기 위해 지원되었다. 뱅크오브아메리카는 250억 달러, 아멕스는 57억 달러, AIG는 1,800억 달러 등 모든 주요 회사들이 막대한 돈을 지원받았다. 유명한 곳만이 아니라 작은 규모의 은행들도 모두 몇천만 달러에서 몇억 달러까지 구제금융 지원을 받았다.

파산 위기에도 수억 원의 보너스를 받은 직원들

그런데 2009년, 이 구제금융을 받은 금융회사들이 자기 직원들에게 천문학적인 성과급을 지불했다는 소식이 알려진다. 미국에서 소득이 있는 사람들은 종합소득세 신고 기간 동안 전년도에 자기가 번 돈이 얼마인지, 성과급이 얼마인지를 신고한다. 그 과정에서 월 스트리트 금융회사에서 일하는 금융인들이 금융위기 이후에 엄청난 성과급을 받았다는 사실이 밝혀졌다. 성과급으로 지급한 돈이 무려 184억 달러가 넘었다.

골드만삭스와 모건스탠리는 합해서 110억 달러를 보너스로 지불했다. 메릴린치는 총 36억 달러가 넘는 돈을 직원들 성과급으로 주었다. 더 큰 문제가 된 것은 1인당 평균 금액이었다. 골드만삭스는 직원 1인당 평균 약 5억 9천만 원의 보너스를 지불했다. 일반 노동자들은 상상할 수 없는 큰돈이 성과급으로 지급된 것이다.

월 스트리트 금융회사는 원래 돈이 많은 곳이다. 이렇게 돈이 많으면서 성과급을 지불했다면 아무런 문제가 없다. 하지만 금융위기 이후 월 스트리트 금융회사들은 돈이 없어서 정부의 구제금융을 받아야 했다. 그들은 그 구제금융을 받은 돈으로 자기 직원들에게 성과급을 지불했다. 몇백만 원, 몇천만 원 수준도 아니고 몇억 원이라는 돈을 성과급으로 주었다.

미국의 일반 시민들의 입장에서는 분명 들고일어날 수밖에 없는 일이었다. 세계적으로도 금융계의 이 성과급은 이슈가 되고 성과주의의 문제점, 한계점이 지적되었다.

도덕적 해이? 성과급 제도의 한계?
아직 정답은 내려지지 않았다

이처럼 월 스트리트 금융회사의 성과급이 사회적으로 문제가 되었지만, 결국 이를 회수한다거나, 취소한다거나 하는 일은 벌어지지 않았다. 월 스트리트 금융회사 입장에서 이 성과급은 지불할 수밖에 없는 돈이었다. 돈을 지불하지 않으면 소송이 들어오고, 그 소송에서 져서 더 큰 배상금을 지불해야 한다. 그 사정을 알기에 미국 정부도 비난만 할 뿐 성과급 지급을 막을 수는 없었다.

금융계, 특히 월 스트리트의 금융계는 굉장히 살벌하고 엄격한 곳이다. 수익을 올리면 높은 보상을 주고, 적자를 내거나 적정한 수준의 수익을 올리지 못하면 바로 쫓겨난다. 이때 직원들은 회사에 몸을 담고 있기는 하지만 정규직 직원이라기보다는 프리랜서에 가깝다. 실적을 내면 많은 수익을 얻고, 그러지 못하면 바로 옷을 벗는다.

월 스트리트 금융회사들은 소속 금융 거래인들에게 일정한 금액을 주고, 그 돈을 바탕으로 수익을 내라고 한다. 예를 들면 100억 원을 주고, 그 돈으로 1년간 얼마나 수익을 올리는가로 실적을 평가한다.

100억 원을 주었는데 10억 원을 잃고 90억 원이 되었다면 그 다음해에 바로 해고된다. 100억 원을 가지고 105억, 110억 정도를 벌었다면 계속 그 회사에서 일을 할 수 있다. 그런데 100억 원을 가지고 150억 원을 만들었다면? 110억 정도를 벌면 충분한데 40억 원이 넘는 추가 수익을 올렸다. 그러면 그 40억의 추가 수익 중에서 20~30% 정도를 성과급으로 지불한다. 150억 중에서 140억을 회사가 가져가고 10억 원을 성과급으로 금융 거래인에게 지불한다. 10억 원이라는 성과급이 엄청나기는 한데, 이 직원으로 인해서 회사는 50억 원을 벌었다. 그런 상황에서 단지 몇천만 원의 보너스만 준다면 오히려 그것이 불공정한 것이다.

월 스트리트 금융인들은 많은 수익을 올리면 자기도 큰 부자가 될 수 있다. 그래서 월 스트리트 금융인들은 열심히 일하고, 세계적으로도 경쟁력을 인정받는다.

그런데 2008년도에 문제가 된 것은 다음의 표와 같은 이유 때문이다. 월 스트리트 금융회사 내에는 많은 팀들이 서로 독자적으로 움직인다. A팀, B팀이 막대한 적자를 냈다. 이 적자로 회사 전체가 적자가 되고 부도 위기에 처했다. 정부의 구제금융으로 간신히 회사가 살아남을 수 있었다.

	A 팀	B 팀	C 팀	D 팀	회사의 이익
초기 자본	100억원	100억원	100억원	100억원	
수익금	-100억	-50억	5억	50억	-95억
성과급	해고	해고	성과급 없음	성과급 10억원	-105억

그런데 이렇게 많은 팀들이 큰 손해를 보는 와중에 이익을 낸 팀도 있다. 50억 원이라는 큰 이익을 올린 D팀이다. 원래 계약대로 이런 경우에 D팀에는 10억 원의 성과급이 지불되어야 한다. 그런데 회사 전체적으로는 95억 원의 손실이다. 이때 D팀에게 성과급을 지불해야 하는가, 말아야 하는가?

구제금융을 받는 처지에 10억 원이라는 고액의 성과급을 지불하기는 어렵다. 하지만 분명히 좋은 성과를 올리면 10억 원의 성과급을 주겠다고 계약한 것도 사실이다. 계약서가 있는 이상 소송에 들어가면 회사가 진다.

이 문제는 성과급을 어떻게 설계해야 하는가에 대한 많은 시사점을 던졌다. 회사가 어려우니 네가 아무리 좋은 성과를 내도 성과급을 지불할 수 없다고 하는 것은 부당하다. 그렇다고 회사가 어려운 상황에서 높은 성과급을 주는 것도 이상하다. 정답은 아직 모른다. 하지만 2008년 월 스트리트의 성과급 사태는 제대로 된 성과급 시스템은 어떻게 설계돼야 하는가에 대한 큰 숙제를 남겼다.

경영학은 쉽다 현대 경영학을 만든 기업 이야기

초판 1쇄 발행 2018년 3월 9일

지은이 최성락
펴낸이 최용범

편집 이우형, 김정주
디자인 신정난
영업 손기주
경영지원 강은선

펴낸곳 페이퍼로드
출판등록 제10-2427호(2002년 8월 7일)
주소 서울시 마포구 연남로3길 72 2층
이메일 book@paperroad.net
홈페이지 http://paperroad.net
블로그 blog.naver.com/paperoad
페이스북 www.facebook.com/paperroadbook
전화 (02)326-0328
팩스 (02)335-0334
ISBN 979-11-88982-00-4 (03320)